Band 14

forschungen zur fränkischen

kirchen- und theologiegeschichte

herausgegeben von Klaus Wittstadt
und Elmar Klinger

Harald Schwillus

Die Hexenprozesse gegen Würzburger Geistliche

unter Fürstbischof Philipp Adolf von Ehrenberg (1623–1631)

Echter Verlag

Druck und buchbinderische Verarbeitung: Echter Würzburg,
Fränkische Gesellschaftsdruckerei und Verlag GmbH
ISBN 3-429-01229-5

INHALT

VORWORT S. II

ABKÜRZUNGSVERZEICHNIS S.III

ERSTER TEIL: DIE WÜRZBURGER HEXENPROZESSE S. 1
ERSTES KAPITEL: Die Hexenprozesse im Fürstbistum Würzburg- ein Überblick S. 1
ZWEITES KAPITEL: Leben im Würzburg des frühen 17.Jahrhunderts S. 12
1.Die Not der Zeit S. 12
2.Der Fürstbischof S. 15
DRITTES KAPITEL: Geistliche als Opfer in den Würzburger Hexenprozessen unter Philipp Adolf von Ehrenberg S. 20

ZWEITER TEIL: HEXENPROZESSE GEGEN GEISTLICHE DER STADT WÜRZBURG S. 42
VIERTES KAPITEL: Der Beginn des Prozesses S. 42
1.Denunzianten und Denunzierte S. 42
2.Die Verhaftung der hexereiverdächtigen Geistlichen S. 46
FÜNFTES KAPITEL: Die Untersuchung S. 48
1.Befragung mit und ohne Folter S. 48
2.Geständnisse S. 58
3.Vom Geständnis zum Urteil S. 74
4.Die Haft S. 76
SECHSTES KAPITEL: Das geistliche und weltliche Urteil S. 79
1.Die Ankündigung des geistl.Urteils der Degradation S. 79
2.Bedeutung und Geschichte der Degradation S. 79
3.Die Durchführung der Degradation in Würzburg S. 84
4.Die Verurteilung durch das weltliche Gericht S. 89
5.Der 'endliche Rechtstag' S. 90
6.Die Hinrichtung S. 91
SIEBTES KAPITEL: Die finanzielle Seite der Würzburger Hexenprozesse gegen Geistliche S. 94
1.Die Konfiskation S. 94
2.Die Abrechnung einer Konfiskation S. 98
3.Die Gesamtabrechnung der Konfiskationen S.101
4.Letztwillige Verfügungen der hingerichteten Geistl. S.104
5.Ein Versuch privater Bereicherung? S.106
6.Die Gesamtabrechnung S.107

SCHLUSSBETRACHTUNG S.109

BIOGRAPHISCHES MATERIAL ZU DEN VERBRANNTEN GEISTLICHEN S.111

ANHANG 1 S.140
ANHANG 2 S.141
ANHANG 3 S.143

LITERATURVERZEICHNIS S.144

VORWORT

Die vorliegende Untersuchung wurde im Dezember 1987 fertiggestellt und von Prof. DDr. Klaus Wittstadt am Lehrstuhl für fränkische Kirchengeschichte und Kirchengeschichte der neuesten Zeit an der katholisch- theologischen Fakultät der Universität Würzburg als Diplomarbeit angenommen. Für den Druck ist der Text nochmals durchgesehen und an einigen Stellen leicht überarbeitet worden.

Den Damen und Herren des Diözesan-, Stadt- und Staatsarchives Würzburg möchte ich an dieser Stelle meinen Dank aussprechen.

Danken möchte ich ebenfalls Herrn Prof. DDr. Klaus Wittstadt, der die Entstehung der vorliegenden Arbeit durch sein Interesse und seine Hilfe nachdrücklich förderte. Mein besonderer Dank gilt ihm für die Aufnahme dieser Untersuchung in die von ihm herausgegebene wissenschaftliche Reihe.

Berlin, im Januar 1989

ABKÜRZUNGSVERZEICHNIS

CCC	Constitutio Criminalis Carolina
CIC	Codex Iuris Canonici
CpIC	Corpus Iuris Canonici
DAW	Diözesanarchiv Würzburg
StAW	Bayerisches Staatsarchiv Würzburg
StadtAW	Stadtarchiv Würzburg
UB	Universitätsbibliothek Würzburg
ad.	alter Dukaten
d.	ducatus (Pfennig)
fl.	Gulden
lb.	libra (Pfund)

ERSTER TEIL
DIE WÜRZBURGER HEXENPROZESSE

ERSTES KAPITEL
Die Hexenprozesse im Fürstbistum Würzburg - ein Überblick

Eine der ersten Verfolgungen des *crimen magiae* im fränkischen Raum ist für die Regierungszeit des Fürstbischofs Johann II. von Brunn im Jahre 1439 nachzuweisen. Er ließ die Ehefrau des Freiherren Dietz V. von Thüngen, Else, unter der Anklage der Zauberei vor das geistliche Gericht laden, weil sie ihre Söhne zu Fehden ermuntert hätte. Hierbei handelt es sich allerdings noch nicht um ein eigentliches Hexereiverfahren mit tödlichem Ausgang für die Beschuldigte.[1]

Entgegen den Überlieferungen der Würzburger Chronik[2] haben Archivforschungen ergeben, daß Hexenprozesse im Hochstift Würzburg bereits vor der Regierungszeit Julius Echters von Mespelbrunn nachzuweisen sind.[3] Der Akt Admin. 857/18781 im Staatsarchiv Würzburg beinhaltet Untersuchungsaufzeichnungen aus dem Jahr 1545 gegen den der Zauberei verdächtigten Unterpropst des Klosters Wechterswinkel.[4] 1569 bezichtigte man in Bildhausen das *Dadtfreulein* der Hexerei.[5]

Unter der Regierung Julius Echters von Mespelbrunn (1573-1617) finden im Jahre 1590 die ersten eindeutig durch Akten belegbaren Hexenverfolgungen statt.[6] Das Staatsarchiv Würzburg besitzt in einem Aktenbündel mit Hexenprozeßakten

---

[1] Friedrich Merzbacher, Die Hexenprozesse in Franken, München 1957, S.30; vgl. Rudolph Frhr. von Thüngen, Das reichsritterschaftliche Geschlecht der Freiherren von Thüngen, I.Bd., Würzburg 1926, S.96; Georg Sticker, Entwicklungsgeschichte der Medizinischen Fakultät an der Alma Julia, in: Aus der Vergangenheit der Universität, hrsg.v.Max Buchner, Berlin 1932, S.473.

[2] vgl.Gropp- Reuß- Heffner, Würzburger Chronik, Bd.II, Würzburg 1849, S.182; Merzbacher, Franken, S.30; ders., Geschichte des Hexenprozesses im Hochstifte Würzburg, in: Mainfränkisches Jahrbuch für Geschichte und Kunst, Bd.2, Würzburg 1950, S.165.

[3] Merzbacher, Franken, S.31; ders., Hochstift, S.165; Hermann Knapp (Hg.), Die Zenten des Hochstifts Würzburg. Ein Beitrag zur Geschichte des süddeutschen Gerichtswesens und Strafrechts Bd.II., Das Alt-Würzburger Gerichtswesen und Strafrecht, Berlin 1907, S.563; Otto Dürr, Philipp Adolf von Ehrenberg, Bischof von Würzburg (1623 bis 1631), Quakenbrück i.H.1935.

[4] vgl. Merzbacher, Franken, S.31; ders., Hochstift, S.165.

[5] vgl. Merzbacher, Franken, S.31.

[6] Dürr, S.102; Merzbacher, Franken, S.31; ders., Hochstift, S.165.

der Jahre 1590-1626 die Verhörprotokolle einiger wegen Hexerei verhafteter Frauen.[7] Für die Jahre 1593 und 1594 läßt sich ein Verfahren am Zentgericht Arnstein nachweisen.[8] Auch 1595, 1597 und 1600 fanden weitere Hexenprozesse statt.[9] Daneben weisen die Akten der Würzburger Geheimen Kanzlei weitere Prozesse für die Jahre 1595 bis 1617 nach.[10] 1598 verhaftete man, wie Akten des Juliusspitals belegen, im Amt Wolfsmünster bei Gemünden die Hausfrau des Adam Röden von Gräfendorf, die unter der Folter starb.[11] Im Jahre 1600 wurden im gleichen Amt eine Mutter und ihr Sohn[12] und in Arnstein zwei Frauen hingerichtet.[13] Für das folgende Jahr 1601 sind ebenfalls Verfahren nachweisbar.[14] Im Würzburger Juliusspital wurden 1602 durch üble Nachrede und Streitereien zwischen einer Viehmagd und einer Pfründnerin Hexenprozesse ausgelöst.[15] 1603 werden Frauen aus Lauda in derartige Verfahren verwickelt.[16] Besonders eifrig war man 1616 in Gerolzhofen mit dem Hexenbrennen beschäftigt, wo in jenem Jahr neun Frauen und ein Mann hingerichtet wurden.[17] Insgesamt sind in den Jahren von 1615 bis 1618 in dieser Stadt 261 Menschen verbrannt worden. Zehn Jahre später begannen dort die Verfolgungen von neuem.[18] Ein Aktenbündel des Historischen Vereins, das im Stadtarchiv

---

[7] StAW Misc.1954.

[8] Merzbacher, Hochstift, S.166; StAW Misc.2879.

[9] StAW Misc.1954.

[10] Merzbacher, Hochstift, S.166; StAW Hist.Saal VII f.25, Nr.374.

[11] Merzbacher, Hochstift, S.166; Fridolin Solleder, Hexenwahn, Zauberei und Wunderglauben in Franken. Nach neuen Quellen des Juliusspital- Archivs, in: Frankenland 1.Jg. 1914, S.116.

[12] Solleder, Hexenwahn, S.117f.

[13] Merzbacher, Hochstift, S.166.

[14] Merzbacher, Hochstift, ebd.; StAW G 19149.

[15] Merzbacher, Franken, S.31; ders., Hochstift, S.166; Solleder, Hexenwahn, S.118.

[16] Walter Scherzer, "...bis daß der Tod euch scheide", in: Die Mainlande. Geschichte und Gegenwart. Beilage zur Main-Post 6.Jg. Nr.11 (23.Mai 1955), S.41f.; Merzbacher, Franken, S.31; Jäger, Geschichte des Hexenbrennens in Franken im siebzehnten Jahrhundert aus Original- Prozeß-Akten, in: Archiv des historischen Vereins für den Untermainkreis, Würzburg 1834, S.4.

[17] Merzbacher, Franken, S.31; Michael Pfrang, Der Prozeß gegen die der Hexerei angeklagte Margaretha Königer. Ein Hexenverfahren in der Zent Gerolzhofen, in: Würzburger Diözesangeschichtsblätter Bd.49, Würzburg 1987, S.155-157.

[18] StAW Misc.2884; Ger Gerolzhofen 346 (XIV); vgl. Merzbacher, Franken, S.35.

Würzburg aufbewahrt wird, enthält etliche Aufzeichnungen von weiteren Hexenprozessen der Jahre 1596 bis 1617.[19] Eine interessante zeitgenössische Quelle für das Hexenbrennen unter Fürstbischof Julius Echter von Mespelbrunn sind die Tagebuchaufzeichnungen des Würzburger Tuchscherers Jacob Röder, der am 21. Januar 1617 die Verbrennung eines Mannes und dreier Frauen verzeichnet. Unter dem Datum vom 11. Juni 1617 schreibt er, daß im Dom von der Kanzel verkündet worden sei, daß innerhalb Jahresfrist 300 Hexen hingerichtet worden seien.[20]

Wie schon Merzbacher[21] dargelegt hat, ist die Meinung Bechtolds[22] zurückzuweisen, daß die Hexenprozesse unter dem Nachfolger Echters, Johann Gottfried von Aschhausen (1617-1622), zum Stillstand gekommen seien. Die Aktenlage spricht dagegen.[23] Aschhausen, der erstmals die beiden geistlichen Fürstentümer Würzburg und Bamberg in einer Hand vereinigte, hatte schon am 30. März 1610 für Bamberg ein Mandat "gegen das greuliche hochsträfliche Hauptlaster der Zauberei, Wahrsagerei, verdächtige, unnatürliche, verbotene Kunst"[24] erlassen und mit dem Mainzer Erzbischof und Kurfürsten Johann Schweikart von Kronberg (1604-1626) ein Abkommen bezüglich der Verfolgung und Auslieferung von Hexen geschlossen.[25] Auch Gropp schreibt in seiner Chronik, daß Johann Gottfried von Aschhausen im Jahre 1618 nach der entgegengenommenen Huldigung der Würzburger daran ging, "sein Land von dem Hexen- Geschmaiß zu säubern."[26] Für das gleiche Jahr berichtet Franck in seiner *Geschichte der Franken*, daß "Bischof Johann Gottfried, aus dem ehemaligen Müntz-Haus, in dem Cantzley-Höfgen, ein Gefängniß von 8. Gewölben und 2. Stuben, für die Hexen, damit man sie nicht

---

[19]StadtAW Ratsbuch 409 (Hist.Ver. MS. f.19).

[20]Merzbacher, Franken, S.31; ders., Hochstift, S.167; A.Bechtold, Beiträge zur Geschichte der Würzburger Hexenprozesse, in: Frankenkalender 53.Jg. 1940, S.177; Gerhard Schormann, Hexenprozesse in Deutschland, Göttingen 1981, S.67; vgl. UB Würzburg Rp. V. 51 [es handelt sich hierbei um eine Sammlung "Newer und alter Schreib- Calender" (1598-1618)].

[21]Merzbacher, Franken, S.32; ders., Hochstift, S.169.

[22]Bechtold, Würzburger Hexenprozesse, S.117.

[23]vgl. StAW Histor.Saal VII 25/376.

[24]Merzbacher, Hochstift, S.169; vgl. StAB Rep.B.26c, Nr.44.

[25]Merzbacher, Franken, S.32, Anm.189.

[26]Ignatius Gropp, Wirtzburgische Chronick... Erster Teil von dem Jahr 1500 biß 1642, Würzburg 1748, S.790.

über die Strasse führen dürfe," errichtete.[27] Im Staatsarchiv Würzburg sind einige Aktenstücke der Prozesse unter Aschhausen aufbewahrt.[28] Als Landesherr bestätigte Aschhausen zwar die von den Zentgerichten gefällten Todesurteile, machte aber von seinem Recht auf Begnadigung Gebrauch und milderte die Todesstrafe des Verbrennens bei lebendigem Leib in eine Hinrichtung durch Enthaupten mit anschließender Verbrennung der Leiche ab. Diese Praxis wird uns durch ein von ihm nach Gerolzhofen an das dortige Zentgericht gesandtes Reskript vom 15.Juni 1618 belegt. In ihm schreibt Aschhausen: "...Soviel aber die überschickte Urteil belangt, haben wir selbige bei Unser Canzley beiliegender massen enderen lassen, die wollet auf den Rechtstag publiciren, an der malstatt aber in Unsrem Nahmen gnad eintretten, solche alle, wie auch Kunegunt Dornnerin von Dingolzhausen, so die Ursach Ihrer revocation angezeigt hat, mit dem schwert richten, und die Cörper verprönnen lassen."[29]

Am 13.April 1620 gab der Dekan dem Stiftskapitel des Neumünsterm die Anordnung des Fürstbischofs bekannt, daß "zu mehrer abhelffung dessen so weit überhand genommenen übels veneficiorum und haeresis" besondere Kollekten in den Kirchen gelesen werden sollten.[30] An den Tagen der Urteilsvollstreckung ließ der Fürstbischof für die Gerichteten eine *missa de tribulatione* und am folgenden Tag ein Requiem lesen. Zusätzlich ordnete er ein jährliches Seelgedächtnis für sie an und errichtete dafür testamentarisch eine Stiftung.[31]

---

[27]Theophilus Franck, Kurtzgefaßte Geschichte des Francken-landes, Frankfurt 1755, S.412; vgl. Gropp, S.389: "Im Jahr 1618 hat der Lands- Fürst Johann Godfrid aus dem Müntz- Hauß in dem Cantzley- Höfflein ein Gefängnuß mit 8. Gewölben oder Cammern, sambt zwo Stuben für die Unhulden oder Hexen bauen lassen, damit man sie nicht über die Gassen darffe führen, Gott gebe sein Gnad, daß solches Unkraut und Geschmaiß möge ausgereut werden."; vgl. W.G.Soldan u. H.Heppe, Geschichte der Hexenprozesse. Neu bearbeitet von S.Ries, Bd.2, Kettwig 1986, S.43f.; Bechtold, Würzburger Hexenprozesse, S.117; Merzbacher, Franken, S.92.

[28]StAW Histor.Saal VII 25/376.

[29]vgl.Friedrich Sixt, Chronik der Stadt Gerolzhofen in Unterfranken, Archiv d.hist.Vereins von Unterfranken Bd.35, 1892, S.178; Jäger, S.69f.; Merzbacher, Franken, S.32f.; ders., Hochstift, S.170.

[30]StAW Kap.Prot.Neumünster vom 13.April 1620; vgl. A.Bechtold, Aus dem alten Würzburg. Beiträge zur Kulturgeschichte der Stadt, Würzburg 1940, S.183, Anm.67.

[31]Merzbacher, Franken, S.134; ders., Hochstift, S.170f.

Nachdem Philipp Adolf von Ehrenberg (1623-1631) im Jahre 1623 die Regierung des Hochstifts übernommen hatte, stieg die Zahl der wegen angeblicher Hexerei hingerichteten Menschen ins kaum mehr Vorstellbare. Allein für die Stadt Würzburg werden 219 Justizmorde angegeben,[32] während ein mit bischöflicher Erlaubnis 1630 gedruckter Bericht für die Jahre von 1627 bis 1629 900 Verbrannte im ganzen geistlichen Staat angibt.[33]

Die erste Hinrichtung während der Amtszeit Philipp Adolfs läßt sich für den 3.Februar 1625 nachweisen.[34] Seit 1626 nahmen die Denunziationen und Verfahren immer mehr zu, um dann ab 1627 zu einer zweiten großen Verfolgungswelle im Fürstbistum Würzburg - nach der ersten in den Jahren 1616/1617 - anzuwachsen.[35] Insgesamt gab es von 1627 bis 1629 in der Stadt Würzburg 42 Hexenverbrennungen.[36] Für die ersten 29 derartigen Massenhinrichtungen ist uns eine Liste mit über 150 Namen überliefert.[37] Dieses Verzeichnis zeigt sehr deutlich, daß bei längerer Dauer einer Verfolgung weder Frauen, noch Männer, noch Kinder vor der Verurteilung als Hexe sicher waren. Bei Betrachtung der sozialen Stellung der Getöteten fällt auch auf, daß es Menschen aus allen Bevölkerungsschichten sind. Da steht die arme Witwe neben dem Adeligen und dem Geistlichen. Eine Aufstellung im Staatsarchiv Würzburg führt für 1628 die Namen von vier Adeligen auf, die "newlicher Zeit Hexerey halber" hingerichtet worden

---

[32] vgl.Gropp, S.402; Franck, S.414; Merzbacher, Franken, S.33; ders., Hochstift, S.171.

[33] Bechtold, Altes Würzburg, S.169; ders., Würzburger Hexenprozesse, S.121f; Merzbacher, Franken, S.33; ders., Hochstift, S.171.

[34] StAW Misc.1954; vgl. Merzbacher, Franken, S.33; ders., Hochstift, S.171; Dürr, S.104; Bechtold, Würzburger Hexenprozesse, S.117.

[35] Schormann, S.67; Merzbacher, Franken, S.33f.; ders., Hochstift, S.171f.

[36] vgl. Bechtold, Altes Würzburg, S.169; Gropp, S.402.

[37] vgl. Eberhard David Hauber, Bibliotheca, acta et scripta magica. Nachrichten, Auszüge und Urtheile Von solchen Büchern und Handlungen, Welche Die Macht des Teufels in leiblichen Dingen betreffen, Zur Ehre GOttes, und dem Dienst der Menschen heraus gegeben. Sechs und dreyssigstes Stück, Lemgo 1745, S.808-814; H.C.Erik Midelfort, Witch Hunting in Southwestern Germany 1562-1684. The Social and Intellectual Foundations, Stanford 1972, S.179f.; vgl.Harald Schwillus, "Der bischoff läßt nit nach, bis er die gantze statt verbrennt hat". Bemerkungen zu der 1745 veröffentlichten Liste der unter Fürstbischof Philipp Adolf von Ehrenberg wegen angeblicher Hexerei hingerichteten Menschen, in: Würzburger Diözesangeschichtsblätter 49.Bd., Würzburg 1987, S.145-154.

sind.[38] Eine auf die Verbrennungen vom 15. Mai 1627 bis zum 30. August 1629 bezogene Liste im Diözesanarchiv Würzburg überliefert uns die Namen von 43 hingerichteten Würzburger Geistlichen.[39]

Neben Geistlichen waren auch Studenten der Würzburger Universität von der Hexenverfolgung betroffen.[40] Allerdings gab es dabei einige Mißtöne zwischen dem Rector magnificus der Hochschule und den Hexenrichtern, denn die Alma Mater Julia besaß aufgrund der ihr verliehenen Privilegien eine Sondergerichtsbarkeit (das *beneficium fori*) über ihre Studenten und den Lehrkörper. Allerdings galt dieses Gerichtsprivileg nur innerhalb der Stadt Würzburg.[41] Mit Ausnahme der an der Universität eingeschriebenen Kleriker und Mönche, die ihren Oberen unterstellt blieben, übte der Rektor Vogteirechte (die *bassa iurisdictio*) über alle Universitätsangehörigen aus.[42] Andererseits fielen aber Kriminalsachen, die Studenten betrafen, in die Zuständigkeit der *iudices ordinarii*, da sich das universitäre *beneficium fori* nicht auf zentbarliche Sachen erstreckte.[43] Allerdings versuchte die Universität immer wieder ihre Kompetenz auch auf diese Fälle auszudehnen, was ihr aber nicht gelang.[44] Als man die beiden Studenten der Rechte Hir und Schwegler ohne Unterrichtung des Rektors verbrannt hatte, beschwerte sich dieser 1629 wegen Verletzung der Universitätsprivilegien beim Fürstbischof.[45] Um derartige Beschwerden in Zukunft zu unterbinden, haben der Fürstbischof und seine Räte die Kompromißlösung erarbeitet, daß "...hinfuro, gleich, wie diß auch in captura aines Gaystlichen zuebeschehen pflegt, vor allwegen mit vorwißen D. Rectoris Magnifici, oder aber in deßen abwesen unius ex DD. Decanis illius facultatis, soviel möglich, deßen der Studiosus ist, solcher Captur vorgehen" sollte.[46] Die Universität bekam also nicht mehr als ein bloßes Informationsrecht zugesprochen.[47]

---

[38] StAW Adel 14/205: "Hector Hieronymus Christoph von Rotenhan, Julius Gotfrid von Reitzenstein, Julius Schliderer von Lachen, Eberhard Adolph von Fischborn."; vgl. Merzbacher, Hochstift, S. 172.
[39] Ebd.; vgl. Schwillus, S. 147.
[40] Merzbacher, Franken, S. 34f.
[41] Merzbacher, Franken, S. 68.
[42] Ebd., S. 69; Knapp, S. 133f.
[43] Merzbacher, Franken, S. 69.
[44] Ebd.
[45] Knapp, S. 134; Bechtold, Altes Würzburg, S. 217.
[46] DAW Hexenprozesse, Geistliche der Stadt Würzburg, Verlassenschaftsakten 1628-1630, Fasz 1.
[47] Merzbacher, Franken, S. 69.

Nicht allein Erwachsene und ältere Jugendliche, sondern auch Kinder fielen in die Hände der Inquisitoren und Folterknechte. Besonders das Juliusspital war ein Hauptschauplatz der Würzburger Hexenprozesse gegen Kinder.[48]

Aber nicht nur in der Hauptstadt Würzburg, sondern auch in anderen Orten des Hochstifts wurden Untersuchungen durchgeführt und Scheiterhaufen für Hexen errichtet. 1627 verurteilte man in Königshofen vier Bürger, darunter den Ratsherren Michael Geißler, zum Tode. Im selben Jahr wurden in Markrtheidenfeld 16 und in Stadtvolkach vier angebliche Hexen hingerichtet. Weitere Verfahren sind uns für Zeil am Main und Ochsenfurt überliefert.[49] In letztgenannter Stadt gab es v.a. 1627 und 1628 Hexereifälle.[50]

Am 10.Juni 1627 hatte Philipp Adolf von Ehrenberg ein Mandat veröffentlicht,[51] in dem er befahl, die Güter der wegen Hexerei Verurteilten einzuziehen und unter Amtsverwaltung zu stellen. In der dafür eingerichteten amtlichen Kasse befanden sich am 25.März 1629 80.000 Gulden.[52]

Um dieses Mandat aber in der Praxis anwenden zu können, erschien am 28.Juli 1627 eine *Instruction. Vor die jenige/ welche so wol in der Stadt Wirtzburg/ als auff dem Land/ zu Einnehmung deren Hexerey wegen justificirter Personen verfallener Güter verordnet seynd.*[53]

Ein Jahr später, 1628, kam es zu einer neuerlichen Beratung über das weitere Vorgehen der Behörden gegen die Hexen, da sich mittlerweile anscheinend auch kritische Stimmen zu Wort gemeldet hatten: "Demnach In wehrenden Execution vnd außreutung des erschröcklichen Lasters der Hexereÿ gemaine bedencken vmb den Hexen process vorkommen, solchen bey Zeitt vorzuebauen vnd abzuhelffen, damitt sie nitt zu großem Unhail erwachsen, vnd auch etliche eingeris-

---

[48]StAW Hist.Saal VII 25/377; vgl. Merzbacher, Franken, S.35; ders., Hochstift, S.174; Solleder, Hexenwahn, S.125f.; ders., Zu Würzburg brennen sie Kinder. Etwas vom Hexenwahn, in: Die Frankenwarte. Blätter für Heimatkunde. Beilage zum Würzburger General- Anzeiger Nr.34, Würzburg, 24.August 1933.

[49]Merzbacher, Franken, S.35.

[50]StAW Würzburger Domkapitelsprotokoll (WDKP) 78, fol. 18' u. 90'.

[51]Zum Streit zwischen Fürstbischof und Domkapitel in Bezug auf dieses Mandat vgl. Bechtold, Würzburger Hexenprozesse, S.124ff.

[52]StAW Geistl. Sachen 1240; vgl. Merzbacher, Franken, S.35.

[53]StAW Geistl.Sachen 61/1240, fol.6-8. Die letzte Seite dieser Instruktion ist in diesem Aktenbestand zweimal vorhanden; einmal mit dem Datum vom 14.Juni 1627 und einmal mit dem Datum vom 28.Juli 1627. Dies spricht wohl dafür, daß die Veröffentlichung dieses Dokuments verschoben worden ist.

sene mißverstandt vnd Irrungen abzuwenden ... hatt der hochwürdig vnßer gnediger Furst vnd Herr p. aus seiner Vätterlichen vorsicht vnd sorgfeltigkait gnedig laßen beratschlagen, Wie vnd auf welche mittel vnd wege solches hailsames werckh der execution hinfortan, souiel möglich, allerseits ohnklagbar möchte continuirt vnd fortgesezt werden, vnd seindt volgende puncta beschloßen worden..."[54] Diese insgesamt elf Punkte werden dann im einzelnen aufgeführt: zunächst erinnert Punkt 1 an die "Vor einem Jar vffgesezte" Instruktion für die Güterkonfiskation, in "der alles der notturfft nach genuegsamb versehen" sei und die den Direktoren und Examinatoren vorzulesen sei. Nun scheint es von Seiten dieses Personenkreises aber scheinbar zu Übertretungen gekommen zu sein, denn es soll ihnen ihre Verantwortung eingeschärft werden. Punkt 2 fügt dann noch hinzu, es solle "hinforten einem Jeden sowol Directori alß Examinatori ein Exemplar von solcher Jnstruction zugestellt werden, vnd auch eins in loco examinis reponirt, vnd vffbehalten, deßen man sich in allen fürfallenden fällen hette zugebrauchen."[55] Der dritte Punkt weist darauf hin, daß "dieses werckh der Execution fürnemblich an einem gueten Directorio bestehet."[56] Zwar seien zu Beginn der Hexereiprozesse derartige Direktoren ernannt worden, aber ihre Anzahl sei "...aber durch absterbung herrn Doctoris Erbermanß[?] seligen, wie auch baldt stettigs verwaißens vnd abwesung herrn Hoffmaisters gemindert" worden.[57] Daher wurde der Fürst gebeten, durch neuerliche Besetzung der Stellen diesem Mißstand Abhilfe zu schaffen. Desweiteren ist gemäß Punkt 4 "...darauff achtung zugeben, damitt bestendige Examinatores, die deß gantzen verlauffenen process wissenschafft haben, erhalten werden."[58] Die Punkte 5 bis 9 beschäftigen sich ausführlich mit der Folter und der Haft der vermeintlichen Hexen:

"5o. Damitt die Captur vnd einziehung, an welcher Jm process am allermaisten gelegen, desto sicherer geschehe, soll mitt dem Beichtvatter weißige vnd getreüliche communication gepflegt werden, wie einer oder der ander maleficant biß zue seinem Todt sich verhalten, vnd was für glauben seinen denunciationibus zuezustellen, ..., Jn der Captur

---

[54]DAW Hexenprozesse, Geistliche der Stadt Würzburg, Verlassenschaftsakten 1628-1630, Fasz.1. Dieses Beratungsprotokoll ist selbst nicht datiert, aber aus aus seinem Punkt Nr.1, der Bezug auf die ein Jahr zuvor veröffentlichte Instruktion des Fürstbischofs nimmt, läßt sich das Jahr 1628 als Termin der Abfassung wahrscheinlich machen.

[55]Ebd.

[56]Ebd.

[57]Ebd.

[58]Ebd.

sollen die sonderlich Jnn achtung genommen werden die am maisten grauirt, vnd khain respect an Reichen vnd Armen gehalten.

6o. Zur abschaffung hinfuro vielfaltiges Klagen der Tortur halben, soll ferner durch den Prothocollisten weißige ins prothocoll verzaichnet werden, Wie viel Jeder maleficant straich empfangen, Wie lang mit dem Bockh, Bainschrauben oder anderer weiß torquirt.

7o. Soll der Prothocollist sowohl die Jnterogatoria der Examinatorn, allß die responsa der maleficanten, souiel möglich, formaliter weißige verzaichnen.

8o. Dieweil die Examina nacher mittag zimblich beschwerlich, wie auch gefehrlich, solche souiel möglich ein zu stellen.

9o. Wie auch zue Verhütung deß Außbraitens alles deßen so in Judicio gehandlet, soll weißige vuffsicht vff die Wächter gehaltzen werden, sie nitt zue nahe ad locum indicij zuezulaßen, weder die maleficanten zubelaidigen vnd zubetrüeben, auch nitt sowohl mündtliche alß schriftliche befelch von Jnen anzunehmen vnd iren befreundten zuezutragen, weniger ein eintzigs Klaidt, gewandt, buech, oder was sein mag, ohn verwilligung der Examinatoren den Freundten zuezustellen."[59]

Der zehnte Punkt des Protokolls beschäftigt sich mit der Verhaftung von Studenten der Würzburger Universität, die in Zukunft nur noch mit Vorwissen des Rectors oder des jeweilgen Dekans stattfinden soll (s.o).[60]

Schließlich beschäftigte man sich unter Punkt 11 mit dem Problem, "was mitt den inconfessis vnd in verhafft ligenden zuethuen" sei. Um in dieser Frage möglichst schnell zu einer Lösung zu kommen, erachtete man es "fur ein notturfft...," den Rat, der aus Ingolstadt (wohl von der dortigen Juristenfakultät) nach Würzburg geschickt worden war, zu beachten und "...auch auß den Prothocollen alle indicia vnd denunciationes so wider einen Jeden vorgangen vffzuweisen."[61]

Wie die vier Verhörprotokolle von Geistlichen im Diözesanarchiv belegen, hat man sich gerade auch in Fragen der Protokollierung der Folter und der übrigen gesamten Befragung der Hexereiverdächtigen zumindest bei diesem Personenkreis weitgehend an die in der oben zitierten Ratssitzung aufgestellten Grundsätze gehalten.[62]

---

[59]DAW Hexenprozesse, Geistliche der Stadt Würzburg, Verlassenschaftsakten 1628-1630, Fasz.1.

[60]Ebd.

[61]Ebd.

[62]Vgl.v.a.den zweiten Teil dieser Arbeit!

Nach Francks Meinung wären die Hexenverfolgungen unter Ehrenberg nicht zum Stillstand gekommen, wenn nicht ein *mandatum inhibitorium* des kaiserlichen Reichskammergerichts in Speyer das Inquisitonstreiben in Würzburg verboten hätte.[63]

Der Nachfolger Philipp Adolfs auf dem Würzburger Bischofsthron, Franz von Hatzfeld (1631-1642) mußte bald nach seiner Wahl vor den vordringenden Schweden aus seiner Residenzstadt fliehen, wo eine *königlich- schwedische Landesregierung Herzogtum Franken* unter dem Generalstatthalter Graf Krafft von Hohenlohe- Langenburg errichtet wurde. Nach dem Tod König Gustav Adolphs von Schweden nahm Herzog Bernhard von Sachsen- Weimar 1633 Franken als schwedisches Lehen an. Unter schwedischer Oberhoheit konnten die Hexenprozesse aber nicht weitergeführt werden.

Nachdem Hatzfeld am 23. Dezember 1634 in seine Residenzstadt Würzburg zurückgekehrt war, lassen sich zwar wieder einzelne Prozesse nachweisen, doch zu Massenverfolgungen ist es nicht mehr gekommen.[64]

Wie sehr man aber auch noch unter diesem Fürstbischof von der wirklichen Existenz von Hexen und Zauberern überzeugt war, zeigt eine am 14.Februar 1637 in der geistlichen Ratsstube "wegen des, sonderlich aber bei der Jugend wider einreißenden hochschädlichen lasters der hexerej..." in Anwesenheit des Fürstbischofs abgehaltene Beratung.[65] Einer der Räte ist der Meinung, "daß der anfang [der Verfolgung] von den weltlichen zumachen und der Process[us] gegen deme so vor 10 Jahren gehalten worden, etwas gelindert und gemiltert ... auch nit allein uf die blosse denunciationes gegangen werden solle,..."[66] Doch gleich im Anschluß an diese Ausführungen fühlt er sich veranlaßt hinzuzufügen: "...nit daß der vorige Process [also der 10 Jahre zurückliegende] uitios gewesen sey."[67] Sollte er etwa Angst bekommen haben, im Beisein des Fürstbischofs ein wenig zu offen in der Bewertung der letzten großen Hexenverfolgung im Hochstift Würzburg gewesen zu sein? Jedenfalls ließ sich kein anderer der fürstbischöflichen Räte zu solchen Äußerungen bei dieser *Consultation* hinreißen. Daß man jedoch in der Frage des Vorgehens gegen vermeintliche Hexen etwas vorsichtiger geworden war, zeigt der Umstand, daß man bei dieser Beratung erstmals ernsthaft darüber nachdachte auch geistliche Mitteln bei den angeblich vom Teufel verführten Menschen anzuwenden und nicht sofort ohne Unterschied alle zu verbrennen. Zunächst äußerte der Weihbischof die Meinung,

---

[63]Franck, S.419.

[64]Merzbacher, Franken, S.36; ders., Hochstift, S.176,

[65]DAW Hexenprozesse, Geistliche der Stadt Würzburg, Verlassenschaftsakten 1628-1630, Fasz. 1.

[66]Ebd.

[67]Ebd.

daß "...aber ein Sequestration oder abtheilung gemacht werden [könne], der ienigen denen zuhelfen, und welchen nit."[68] Allerdings sei es, wie der Domdekan zu bedenken gibt, "...den HH. geistlichen Rhäten, sich dieses werckhs zu undernehmen, nit zuzumuthen, sonder were besser wan es den Religiosis [also den Ordensleuten] anbefohlen wurde,..."[69] sich dieser Aufgabe anzunehmen. "Jedoch halt er auch für gut daß ein absönderung zwischen Ihnen gehalten werde, welchen durch Geistliche mittel zuhelffen und welchen nit, dan wo die geistliche mittel umb sonst, müsse der weltliche Magistrat das seinige thun. Idipsum sentit D[omin]us Decanus Noui Mon[aste]rij."[70] Bezüglich der Frage, ob man eine Anklage und Verfolgung einer vermeintlichen Hexe ausschließlich, wie unter Ehrenberg geschehen, auf Denunziationen stützen können, oder ob daneben noch ein "Corpus Delicti externum" vorhanden sein müsse, meinte Dr.Ganzhorn, daß sich, wenn man nicht auch auf der Basis einer bloßen Denunzierung ein Verfahren einleite, "...gar wenig finden wurden."[71] Am Ende der Sitzung faßte man die vorgetragenen Äußerungen der einzelnen Räte nochmals zusammen und stellte als die Überzeugung der Mehrheit fest, daß gegen die nicht mehr korrigierbaren angeblichen Hexen mit der Schärfe des Gesetzes vorzugehen sei, während "die corrigibiles aber vnd von denen eine hofnung ist, den Geistlichen ubergeben" werden sollen.[72] Die Art der gerichtlichen Vorgehensweise soll aber von den weltlichen Räte beraten werden.[73]

Erst der von Spees *Cautio criminalis* nachhaltig beeindruckte Fürstbischof Johann Philipp von Schönborn (1642-1673) beendete die Hexereiprozesse.[74]

Als umso bedauerlicher und geradezu anachronistisch muß man daher den noch 1749 in Würzburg durchgeführten Prozeß gegen die Subpriorin des Klosters Unterzell, Maria Renata Singer von Mossau, ansehen. Dieses letzte Nachspiel der Hexenverfolgungen in Franken endete am 21.Juni 1749 mit der Enthauptung und Verbrennung der Leiche der Ordensfrau.[75]

---

[68]DAW Hexenprozesse, Geistliche der Stadt Würzburg, Verlassenschaftsakten 1628-1630, Fasz.1.

[69]Ebd.

[70]Ebd.

[71]Ebd.

[72]Ebd.

[73]Ebd.: "...de modo Processus [muß] von den weltlichen berathschlagt [werden]."

[74]Ders., Franken, S.36f.; ders., Hochstift, S.177.

[75]DAW Hexenprozesse, Geistliche der Stadt Würzburg, Verlassenschaftsakten 1628-1630 (darin eine neuere kurze Zusammenfassung des Falles Maria Renata Singer von Mossau); StAW Hist.Ver. MS f.20; Soldan- Heppe Bd.II, S.260-266; Merzbacher, Franken, S.37.

ZWEITES KAPITEL
Leben im Würzburg des frühen 17. Jahrhunderts

Die Hexenprozesse, die unter Philipp Adolf von Ehrenberg in Würzburg stattfanden, kann man nicht einfach als ein in sich geschlossenes historisches Phänomen betrachten. Vielmehr müssen sie im Zusammenhang der Lebensbedingungen ihrer Zeit gesehen werden. Nur auf diesem Wege ist es möglich, zu einer Erklärung für die vielen Justizmorde wegen angeblicher Hexerei zu gelangen.

Diese notwendige Betrachtung des gesellschaftlichen Umfeldes im Hochstift Würzburg des frühen 17. Jahrhunderts kann aber im Rahmen dieser Arbeit nur angerissen werden. Daher soll der Blick schlaglichtartig auf zwei Grundgegebenheiten der angesprochenen Zeit gelenkt werden: erstens auf die schwierigen Lebensbedingungen der ersten Jahrzehnte des 17. Jahrhunderts und zweitens auf die Person des regierenden Fürstbischofs Philipp Adolf von Ehrenberg.

1. Die Not der Zeit

Nachdem die ersten zwei Drittel des 16. Jahrhunderts durch einen stabilen Verlauf der Konjunktur und Bevölkerungszunahme gekennzeichnet waren, ging diese Entwicklung in den Jahrzehnten um 1600 zu Ende. Nun begann eine langanhaltende Phase ökonomischer Depression, die soziale Spannungen und politische Repressionen nach sich zog.[1]

Fragt man nach den Ursachen dieser Entwicklung, so ist zunächst auf die Bevölkerungsexplosion des 16. Jahrhunderts hinzuweisen: seit ca. 1480 stieg die Bevölkerungszahl stetig an. Bis etwa 1550/60 konnte der wirtschaftliche Ausbau, insbesondere der Ausbau der Landwirtschaft mit der ständig steigenen Menschenzahl Schritt halten. So erzielte man durch Rekultivierung von im 14. Jahrhundert zu Wüstungen gewordenen Flächen, durch Rodungen und Meliorationen, durch Intensivierung des Anbaus und durch neue Methoden der Feldbestellung Produktionssteigerungen. Doch nach der Mitte des 16. Jahrhunderts traten in verschiedenen europäischen Ländern immer mehr Probleme bei der Arbeitsbeschaffung und Ernährung der weiter wachsenden Bevölkerung auf. Die Folge war eine voranschreitende Pauperisierung der Unterschichten der Gesellschaft mit den daraus resultierenden sozialen Spannungen. In dieser Zeit erschienen nun vermehrt sozial-defensive Publikationen, die eine Disziplinierung der Unterschichten empfahlen, wie auch sozial- aggressive Schriften, die die Armen verhöhnten und diffamierten. Ebenso tauchten in größe-

---

[1] Hartmut Lehmann, Frömmigkeitsgeschichtliche Auswirkungen der 'Kleinen Eiszeit', in: Wolfgang Schieder (Hg.), Volksreligiosität in der modernen Sozialgeschichte (=Geschichte und Gesellschaft. Zeitschrift für Historische Sozialwissenschaft, Sonderheft 11), Göttingen 1986, S.31.

rer Zahl sozial- restaurative Veröffentlichungen auf, die das Vorbild des patriarchalisch herrschenden christlichen Hausvaters propagierten.

Gegen 1570/80 läßt sich in den Bereichen Produktion und Handel eine Stagnation feststellen, deren Ursache allerdings umstritten bleibt. Auffällig ist aber, daß in den ökonomisch führenden Staaten während des 16. Jahrhunderts ein immer größerer Holzmangel auftrat. Da die Nutzung von Wind und Wasser als weiterer Energiequellen auf Grenzen stieß und keine zusätzlichen Energien erschlossen werden konnten, zeichnete sich hier das vorläufige Ende des Wachstums der europäischen Wirtschaft ab. Durch den Holzmangel ist aber auch der Schiffbau eingeschränkt worden. Im übrigen war man nicht in der Lage gewesen die Finanz- und Kreditwirtschaft neu zu organisieren, als die Zufuhr von Edelmetallen aus Amerika gegen Ende des 16. Jahrhunderts langsam abnahm.[2]

Zu diesen Bedrückungen trat nun in den Jahren um 1560/70 ein neues Problem hinzu: in ganz Europa begann sich das Klima zu verschlechtern. Seit etwa 1570/80 häuften sich extrem naßkalte Sommer und lange kalte Winter. So kam es zu vielen ungewöhnlich schlechten Ernten und sogar zu völligen Ernteausfällen. Erst seit dem zweiten Drittel des 18. Jahrhunderts stabilisierten sich die klimatischen Verhältnisse wieder, um sich zu Beginn des 19. Jahrhunderts dann entscheidend zu verbessern. Aufgrund des durch die Kriege im 16. Jahrhundert unterbrochenen Fernhandels konnten sich auch lokal oder regional begrenzte Versorgungsengpässe dramatisch auswirken: der Überschuß, der vielleicht andernorts erwirtschaftet wurde, gelangte nicht zu den Hilfsbedürftigen.[3]

Interessant ist in diesem Zusammenhang die Beobachtung, daß viele Hexenprozesse in Deutschland während wirtschaftlicher Krisen entstanden. Im Südwesten Deutschlands traten derartige Vorfälle auf, nachdem die Wirtschaft durch Stürme, Hungersnöte und Seuchen schwer geschädigt worden war. Auch die überwiegende Mehrheit der Hexenprozesse in Westfalen und Paderborn entstand, als dort Seuchen und dramatische Erhöhungen der Lebensmittelpreise zu verzeichnen waren.[4]

Auch unter Philipp Adolf von Ehrenberg lassen sich für das Hochstift Würzburg für die Jahre 1624-1628 Mißwuchs und schlechte Ernten nachweisen. Über die Situation in seinem Land schrieb der Fürstbischof am 27. Mai 1626 nach Wien: "gott der almechtig hat... uns also gestraft, daß berg und thal erfroren ist: es ist hier in der stat und in den umligenten dörfer ein groß heulen und schraien, denn die hecker in den schulten stecken biß über die oren."[5] Im Juni 1626 vernichtete ein Sommerfrost fast die gesamte Korn- und

---

[2]Lehmann, S. 31f.

[3]Ebd., S. 32-35.

[4]Robert Walinski-Kiehl, 'Godly States', Confessional Conflict and Witch-Hunting in Early Modern Germany, unveröffentlichtes Manuskript 1986, S. 18.

[5]Zit. n. Dürr, S. 83.

Weinernte.[6] Auf dieses fatale Ereignis kommen am 4.Februar 1627 auch die Bürger der Stadt Schweinfurt zu sprechen, die beim Kapitel des Stift Haug um eine Reduzierung der Zehntforderungen bitten, da neben einer auferlegten Kriegskontribution auch das vergangene "Mißjahr vnd [der] eingefallene Frost" die Stadt zugrundezurichten drohten. Das Stift lehnte damals - fast möchte man sagen: natürlich - die Petition der protestantischen Stadt ab.[7]

Die erwähnte Vernichtung der Ernte des Jahres 1626 bedeutete für die Würzburger Bevölkerung eine Zeit des Hungers. Gleichzeitig war seit Beginn der 1620er Jahre der Wert des Geldes gesunken. Hinzu kam noch die seit 1625 nach langer Zeit wieder in der Stadt grassierende Pest, vor der der Fürstbischof nach Schlüsselfeld floh.[8]

Der 30jährige Krieg trug das seine zur Verarmung der Bevölkerung des Hochstiftes bei. Durch Regimentsbesoldungen und andere Ausgaben war der von Julius Echter von Mespelbrunn angesammelte Stiftsschatz bald aufgezehrt. Die Landstände mußten schon 1621 unter Johann Gottfried von Aschhausen höhere Steuern hinnehmen. Als Philipp Adolf 1623 die Regierung übernahm, hatte er ein verschuldetes Land zu leiten.[9] Von 1623 bis 1631 zogen in mehreren Schüben verbündete Truppen durch das Hochstift.[10] Für sie mußte es freien Durchgang zusichern, sowie Quartiere, Musterungs- und Sammelplätze zur Verfügung stellen. Ehrenberg schrieb darüber am 21.August 1625 an Maximilian von Bayern: "wie dieses in so großer anzahl durchkommene, quartirte, undisciplinirte kriegsvolkh insgemein sich gebahret, die... berürte stätt, fleckhen und dörffer zugerichtet und darinn gehauset, in dem nur nach eigenem willen gehandelt, von sich selbsten quartir an unversehenen ortten genommen... langwirige, unnötige stilläger und rasttäg gehalten, sich mit costbarlicher... lieferung nach belieben keineswegs begnüget worden; umb deren erzaigten guten willen... die leuth gar von dem ihrigen verjagt, offs höchste ranzionirt, gefoltert, geprügelt und mit anderen unzehligen martern und bedrangnussen gequelet und gepeinigt. Kisten und kasten uffgeschlagen, fenster und öffen verwüstet und alles was ihnen gefallen, abgeraubt. Vornehmlich das noch befundene viehe entweder unnotwendiger ding nieder gestochen, oder gar mit sich hinweg geschleppt; dann fast allenthalben die beste pferdt gewalttätig abgetrungen, entritten und entführt, auch wider allen kriegsbrauch... die zugebrachte proviant selbsten angegriffen und geplündert; zu geschweigen wie viel unschultiger leuth, mann und weib, jung und alt gar erschlagen, erschossen, zu todt gemarttert oder sonst in andere weiß ums leben gebracht worden... Sowohl reiter als knecht dermaßen übel in Unserm stift gehauset, daß wir fast nit darfür

---

[6] Dürr, S.94.

[7] StAW Prot.Stift Haug Nr.5 (1627-1639).

[8] Dürr, S.88 u.93f.

[9] Ebd., S.14.

[10] Ebd., S.40.

halten, ob es auch der feindt erger machen könte."[11] Auf das Treiben der Soldateska im Hochstift weist auch das Protokoll der Sitzung des Kapitels von Stift Haug vom 7.Januar 1627 hin, wo der Herr von Fischborn daran erinnerte, daß man den Stiftswein der Soldaten wegen "woll in acht" nehmen sollte.[12]

In einem Schreiben Philipp Adolfs von Ehrenberg an den kaiserlichen Hofabgeordneten und Rat Christoph Eberman von Biebelheim vom 10.Juni 1626 wird die Verknüpfung zwischen der vorfindlichen Notsituation und angeblicher Hexerei sehr deutlich. Die aufgestaute Aggression des Volkes entlud sich in Grünsfeld, Lauda und Königshofen gegen Frauen, die die Bedrängnisse verursacht hätten. Im erwähnten Brief schrieb der Fürstbischof, daß es zu "einem allgemeinen ufstand" kommen würde, wenn weitere Soldaten ins Hochstift einzögen. "Wie das albereit an etlichen underschiedtlichen herrschaften auch in unserm Ambt Laudta, und Grünßfeldt, ein zimblicher umfang dazugemacht worden, in dem sie versucht, unser und unsrer beambten, die der Zauberey halben beschraite personen, nit allein aigenthettiger weiß angriffen, und dießelben zur verhafft nehmen, sondern auch bereit zwey alte weiber mit stainen, die eine gleich todt, und die andere bis ufm todt, die schwerlich mit dem leben darvonkommen wirdt, geworffen, und do unser keller zue mehr besagtem Laudta nit so discret wehre, hetten sie denselben gleichfalß todt geschlagen, und haben sich dieselben gegen ihme auß trücklich verlauten lassen, wofern man hirinnen nemblich mit auß reütung der hexerey kein einsehens haben werde, sie weder unser, noch unserer beamten schonen wollen..."[13]

2. Der Fürstbischof

Philipp Adolf von Ehrenberg ist ein Vertreter eines neuen Typs von geistlichem Fürsten. Wie sein Onkel und großes Vorbild Julius Echter von Mespelbrunn versuchte auch er dem Bischofsideal des Tridentinums zu entsprechen. Ein letzter Vertreter der vortridentinischen Reichskirche regierte 1599-1609 in Bamberg: Johann Philipp von Gebsattel. Dieser vom späten Humanismus durchdrungene Kirchenfürst entsprach aber ganz und gar nicht den Wünschen und Vorstellungen seines Zeitgenossen Echter.[14] Während seiner ganzen Regierungszeit konnte sich Gebsattel trotz dringender Wünsche aus Rom nicht dazu durchringen, die Jesuiten in die Stadt zu holen und ihnen das Priesterseminar anzuvertrauen. Ebenso wollte er die angestammten Rechte des Domkapitels

---

[11] Zit.n.Dürr, S.35.

[12] Prot.Stift Haug Nr.5 (1627-1639).

[13] Zit.n. Elmar Weiß, Geschichte der Stadt Grünsfeld, Grünsfeld 1981, S.370f.

[14] Erik Soder u. Hans Roßmann, Johann Philipp von Gebsattel. Fürstbischof zu Bamberg (1599-1609), in: Homburg am Main. 1200 Jahre Hohenburg. 880 Jahre Kallmuth- Weinbau. 550 Jahre Stadt Homburg. Beiträge zur Geschichte des Marktes Triefenstein, Bd.3, Triefenstein 1982, S.17.

nicht zugunsten eines geistlichen Rates einschränken, wie dies Echter in Würzburg getan hatte. Auch die vom Tridentinum streng geforderte Beachtung der Zölibatspflicht unterstützte der Bamberger Bischof nur wenig, da er selbst in einer eheähnlichen Verbindung gelebt und fünf Söhne und zwei Töchter gezeugt hatte.[15] Interessant ist nun die Beobachtung, daß unter seiner Regierung keine großen Hexenverfolgungen stattfanden. Erst unter seinen Nachfolgern Johann Gottfried von Aschhausen (1609-1622), der später auch in Würzburg zum Fürstbischof gewählt wurde, und Johann Georg II. Fuchs von Dornheim (1623-1633) wurden in großer Zahl Prozesse gegen vermeintliche Hexen geführt.[16]

Ähnlich wie in Bamberg fallen die Massenverfolgungen von Hexen auch in Würzburg mit der Herrschaft von Fürstbischöfen zusammen, die sich vorgenommen hatten, in ihrem Staat tridentinische Vorstellungen durchzusetzen.[17] Philipp Adolf von Ehrenberg erhielt seine theologische Ausbildung in den Hochburgen der Scholastik, an der sich das Konzil von Trient orientierte: in Rom und Salamanca.[18] Zum Bischof und Fürsten von Würzburg erwählt, setzte er die von seinen Vorgängern Echter und Aschhausen begonnene Reformpolitik mit starker Hand fort. Alle Teilgebiete des gesellschaftlichen Lebens sollten nach den sittenstrengen und ernsten Vorstellungen des Konzils neu geordnet werden, um so katholische Staaten mit gehorsamen und glaubenstreuen Untertanen zu schaffen.[19] Eine im März 1624 erlassene neue Polizeiordnung ging hart gegen alle Belustigungen der Bevölkerung vor. Aufgrund der Notzeit wurden zudem alte überkommene Sitten und Bräuche abgeschafft: die öffentliche Bürgermeistermahlzeit zu Neujahr und die Fastnachtsmahlzeit der Stadt Würzburg. Letztere wurde 1625 wegen der dort herrschenden Unordnung und Unsicherheit verboten.[20] Schon Julius Echter von Mespelbrunn hatte versucht die Sittlichkeit und Moralität seiner Untertanen durch verstärkte Überwachung und Verbote zu verbessern.[21] Ehrenberg führte diese Aufgabe fort. So erschienen am 27.Januar 1627 auf seinen Befehl der Generalvikar Johann Riedner und der Fiskal Zacharias Stumpf vor dem Kapitel des Stiftes Neumünster und brachten vor, "waß masen Jhre f[ü]r[st]l[iche] Gn[aden], alß ein sorgfeltiger fürst vnd vatter sich auf d[a]z höchste angelegen sey Liessen,... nit allein dero Vntergebenen Weltlichen Vnderthanen mit Gettl: Beystand recht vorstehen, sondern auch dieselben in guter Disciplin erhalten, vnd vff Ihr thun vnd lassen ein billichs gutes auffsehen haben mögten: Jnsonder-

---

[15]Soder, S.25f.

[16]Ebd., S.28.

[17]Walinski- Kiehl, S.3.

[18]Dürr, S.4.

[19]Walinski- Kiehl, S.10.

[20]Dürr, S.92f.

[21]Vgl.Götz Frhr.v.Pölnitz, Julius Echter von Mespelbrunn. Fürstbischof von Würzburg und Herzog von Franken (1573-1617), Schriftenreihe zur bayerischen Landesgeschichte Bd.17, München 1934, S.276f.

heit aber liessen dieselb sich die geistligkeit gantz eifferig anbefohlen sein, vff d[a]z dieselbe mit gutem exemplarischen Leben den Weltlichen vorleüchten, vnd dem gemeinen Man Zu allen tugenden aufferbawlich sein möchten...So müsten aber Jhre frl.Gn., leider bei etzlichen d[a]z Widerspil erfahren, hören vnd sehen, d[a]z Sie mit Jhren excessen, vnd Epicurischen Leben bei dem gemeinen Man sehr grosse ergernuß erweckhen..."[22] Wegen dieser Vorwürfe verlasen dann die beiden geistlichen Räte im Beisein der Kanoniker mit und ohne Sitz im Kapitel, sowie der Vikare ein mit dem Siegel des Fürsten versehenes Mandat zur Hebung von Sittlichkeit und Moral der Würzburger Geistlichkeit.[23]

Ehrenberg hatte, wie der zitierte Text zeigt, seine Regierungstätigkeit mit der Fürsorge und dem Wirken eines Vaters verglichen. In dieser Selbstbezeichnung zeigte sich schon bei Julius Echter von Mespelbrunn, der sie auch für sich benützte, ein "tragender Gedanke der obrigkeitlichen Ordnungsarbeit, die der beginnende geistliche Absolutismus verfolgte.... Es war die Vorstellung eines rechtlichen, treubesorgten Hausvaters, der sich um Sicherheit und wirtschaftlichen Wohlstand seiner Untergebenen eifrig kümmert und jede gegenseitige Übervorteilung ihnen verweist."[24]

Im Sinne der tridentinischen Idee einer von ihrem Bischof ungehindert geleiteten Diözese versuchten seit dem späten 16. und frühen 17.Jahrhundert die geistlichen Herren der Hochstifte die weitreichenden Rechte des Domkapitels bei der Verwaltung ihres Landes zurückzudrängen. Diese mehr geistlichen Überlegungen eines vom Bischof zentral regierten Staates verbanden sich mit den Maßnahmen des Frühabsolutismus. Dieser versuchte einen neuen systematisch organisierten und zentral geleiteten Verwaltungs- und Rechtsapparat an die Stelle der komplexen, mit verschiedenen Kompetenzen ausgestatteten spätmittelalterlichen Ordnung zu stellen.[25] Die Errichtung des Hofrates, der in einen geistlichen und einen weltlichen Rat aufgeteilt war und der als ein reines Beratungsgremium für den Fürsten geschaffen wurde, diente diesem Prozeß der Entmachtung des Domkapitels. Wenn nun, wie im Falle Ehrenbergs ein Fürstbischof an der Spitze des Staates steht, der von der Existenz der Hexen überzeugt ist, dann muß sich auch der Hofrat diese Überzeugung zu eigen machen. Dies bedeutet, daß die Räte nur noch Aussagen darüber machen konnten, wie die Behandlung und Verurteilung angeblicher Hexen auszusehen habe. Eine Diskussion über Sinn und Zweck dieser Maßnahme als solcher war nicht mehr möglich.[26] Zudem war das Würzburger Domkapitel bei den

---

[22]StAW Kap.Prot.Neumünster Bd.9 (1624-1629), fol.170v.
[23]Ebd.
[24]Pölnitz, S.264.
[25]Vgl.Walinski- Kiehl, S.7f.; vgl.a.Christian Grebner, Hexenprozesse im Freigericht Alzenau (1601-1605), in: Aschaffenburger Jahrbuch für Geschichte, Landeskunde und Kunst des Untermaingebietes Bd.6 (1979), S.231-235.
[26]Vgl.hierzu die in Kap.1 ausführlicher dargelegte Sitzung des Geistl.Rates vom 14.Februar 1627!

Hexenverfolgungen im Gegensatz zum Fürstbischof eher zurückhaltend. Hier ergab sich dann womöglich eine gute Möglichkeit für die Hofräte, sich vor Philipp Adolf zu profilieren, wenn sie sich als forsche Hexenjäger erwiesen.[27] Besonders Ehrenberg selbst dürfte für sich aus der Untätigkeit des Domkapitels die Notwendigkeit abgeleitet haben - ganz im Sinne eines verantwortlichen Hausvaters - gegen die Hexen noch aktiver vorzugehen. Nebenbei wäre dies u.U. eine elegante Möglichkeit, den Einfluß des Domkapitels auf die Regierung weiter einzudämmen.

Denn gerade auch die Nachlässigkeit der Obrigkeit führte, nach der Auffassung des Trierer Jesuiten und Hexenjägers Peter Binsfeld, neben anderen Gründen dazu, daß sich die Hexerei immer mehr ausbreitete. Diese Ansichten hatte er 1589 im *Tractatus de Confessionibus Maleficorum et Sagarum* veröffentlicht.[28]

Durch eine Analyse von religiösen Texten des 16.und 17.Jahrhunderts konnte Hartmut Lehmann aufzeigen, wie es möglich war, gleichzeitig an die Wirklichkeit von Schadenszauber und Hexerei und an Gottes Allmacht zu glauben: "Vor allem ist auffällig, daß die Hexen nach der im 16.Jahrhundert weithin akzeptierten Vorstellung mit ihrem Schadenzauber genau in dem Raum operieren, der auch von der Klimaverschlechterung zuerst und vor allem betroffen war: Hexen schädigten durch ihren Zauber, so glaubte man, primär das Wachsen und Reifwerden der Ernte sowie die Gesundheit von Mensch und Vieh. Kleinere Unglücksfälle, wie ein verletzter Finger, wurden demgegenüber in der Regel mit einem Fluch abgetan, größere Unglücksfälle wurden nach wie vor als Strafe Gottes verstanden. Hexen agierten, so scheint es, zwischen den Extremen, und der Schadenzauber, den man ihnen zuschrieb, war in der Regel zeitlich limitiert, örtlich begrenzt und auf bestimmte Personen oder Sachen bezogen."[29]

In den hier aufgezeigten geistigen und politischen Zusammenhang paßt sich auch das Gottesbild Ehrenbergs ein, soweit es sich aus seinem 1627 erlassenen Hexenmandat und dem von ihm gutgeheißenen und in seinem Namen ausgesprochenen stereotypen Degradationsurteil gegen Geistliche, die sich der Hexerei für schuldig bekannt hatten, erschließen läßt. Hier tritt uns ein strafender und zorniger Gott entgegen, der Schwefel und Feuer vom Himmel senden wird, wenn die Obrigkeit, d.h. der Fürstbischof, der von Gott das Schwert anvertraut bekam, nicht "das Laster aller Laster", die Hexerei, ausrotten wird. Denn die bisher "ergangene Straffen/ deren so vielfaltigen Kriege/ Hunger/ Pestilenz vnd anderer Vnfäll/ so gar nichts gefruchtet..."[30] Also auch Ehrenberg begreift die überregionalen Krisen seiner Zeit als Strafen Gottes, der durch die Untaten und Gottesverleugnun-

---

[27] U.a.scheinen dies besonders der Generalvikar Riedner und der Fiskal Stumpf getan zu haben, die als Examinatoren bei den Prozessen gegen Geistliche wirkten.

[28] Lehmann, S.40.

[29] Lehmann, S.43f.

[30] StAW Geistl.Sachen 61/1240.

gen der Hexen beleidigt worden ist. Als illustrierendes abschreckendes Beispiel des vernichtenden Eingreifens Gottes, vor dem der Fürstbischof durch seine richterliche Tätigkeit das Land und seine Untertanen bewahren will, führt er in seinem Mandat die biblischen Städte Sodom und Gomorra an, die durch das Strafgericht des Allmächtigen vernichtet worden sind.[31] In den Urteilen des geistlichen Gerichts, das die angeblichen 'Hexenpriester' degradierte, um sie anschließend der weltlichen Gerichtsbarkeit zur Verurteilung zu übergeben, wird als Kern aller einzelnen Vergehen, die sie begangen haben sollen, die Beleidigung des allmächtigen Gottes, dem sie ein großes Unrecht zugefügt hätten, genannt.[32] Der Fürstbischof sah sich also als Inhaber der ihm von Gott verliehenen geistlichen und weltlichen Gewalt veranlaßt, den zürnenden Gott zu besänftigen und so seinem befürchteten vernichtenden Eingreifen zuvorzukommen.

---

[31] StAW Geistl.Sachen 61/1240.

[32] DAW Hexenprozesse, Geistliche der Stadt Würzburg, Verlassenschaftsakten 1628-1630, Fasz.1.

DRITTES KAPITEL
Geistliche als Opfer in den Würzburger Hexenprozessen unter Philipp Adolf von Ehrenberg

Den Beginn der Hexenprozesse gegen Würzburger Geistliche überliefert uns das Protokoll der Sitzung des Domkapitels vom 4.September 1627.[1] Dort wird von den Geistlichen Räten des Hochstifts verlangt, daß der Domvikar Johann Schwerdt verhaftet werden solle, da er "am Stattgericht wegen itzig wehrender Hexen Jnquisition pro Complice Veneficij denuncirt" worden sei.[2] Daher wird "wegen zimblich grauirter Jndicien von den Geÿstlichen Räthen, biß so lang sich Ihre F[ürstl].G[nad]. die itziger Zeit ausser der Statt weren, weß gegen Ihme weiters würde vorzunehmen sein, erklehren würd[en], Jnmittelß Jhnen Schwerdten incarceriren zulassen begert..."[3] Negativ für Johann Schwerdt wird schon dieser Anfangsphase des Hexenprozesses bemerkt, daß "...Er ohne dieß in der Statt sehr beschraÿet" sei.[4] Jemandem, der sowieso schon einen schlechten Ruf hatte, traute man also auch zu, in das 'Verbrechen der Hexerei' verwickelt zu sein. Falls es sich herausstellen sollte - so ist im genannten Protokoll weiter zu lesen -, daß Schwerdt tatsächlich mit dem Laster der Hexerei "behafft sein soll," dann obliege es "Jhren F.G. vnnd dessen Consistorio" dies zu bestrafen.[5] Da "Auch deß Fiscalß Anzaig nach, die Jndicia gegen Ihme Schwerdten starkh erscheinen, vnnd nit wenig grauiren wollen, Jn deme Er gleichsam vor Einen Lehrmaister Einer Eingefangenen angeben worden soll," beschloß das Domkapitel durch Abstimmung, daß es unvermeidlich sei, "daß Er Schwerdt, doch sub praetextu seines Frischen vnnd zugar vnpriesterlichen lebens, Auch daß Er unlangsten über die Zeit zu Bamberg vnnd anderstwo sich vffgehalten, Jn die Prisaun zur verhafft genommen werden soll."[6]

Anschließend ließ man Johann Schwerdt rufen und eröffnete ihm die gegen ihn gerichtete Anklage und den Beschluß der Domherren, in ins Gefängnis zu werfen. Der Schrecken, der Schwerdt nach dieser Eröffnung ergriff, läßt sich noch aus den eher nüchternen Worten des zitierten Domkapitelsprotokolls erspüren. Dort ist seine Reaktion so beschrieben: "...Er [hat] zum Hoehsten gebetten, mit vermelden, es würde Jhn nunmehr Jederman vor einen Hexen, dessen Er iedoch in seinem gewissen gesichert vnnd Freÿ seÿ, halten..."[7]

Doch diese Befürchtung - die sich später dann doch auf dem Scheiterhaufen bewahrheiten sollte - wiesen die Herren des Domkapitels zurück, da "dergleichen gefängnuß für solche

---

[1] StAW Domkap. Protokolle 1627 (Bd.78), fol.206v-207v.
[2] Ebd., fol.206v.
[3] Ebd.
[4] Ebd.
[5] Ebd.
[6] Ebd., fol.206v-207r.
[7] Ebd., fol.207r.

Persohn [d.h.Hexen] nit gemaint sein..."[8] Im übrigen wäre "die Prisaun" sowieso der Ort, an den er auch nach der Meinung des Domvikars Wilhelm Rüdinger gehöre. Dieser hielt Schwerdt vor, "daß Er [Schwerdt] seine Magdt, welche von Jhme vor lengsten deß bösen verdachts willen abgeschafft, de nouo widerumb annehmen, vnnd gantz frecher weiß, Ob khönte Er mit keiner alten nit Haußhalten, gegen Ihrer HochEhrw. vnnd G.H. Dombprobst [durch den Protokollanten verbessert aus *Dombdechanten*] sich vernehmen Zulassen keinen scheuw getragen..."[9]

Durch den Syndicus wurde dann dem Weihbischof der Verlauf der Domkapitelssitzung mitgeteilt. Dieser schickte daraufhin Dr.Stumpf nach Schlüsselfeld, wo sich Philipp Adolf von Ehrenberg aufhielt.[10] Dorthin war der Fürstbischof aus Furcht vor Ansteckung mit der seit 1625 in seiner Residenzstadt Würzburg grassierenden Pest geflohen.[11] Am Montag nach der Domkapitelssitzung vom 4.September 1627 kam Dr.Stumpf zusammen mit Dr.Johann Rittner [Riedner] "mit dem bevelch, Jhnen den Schwerdten zuliefern..."[12] Am folgenden Dienstagvormittag ist der Angeklagte dann "den Geistlichen Räthen, Alß H.Vicario vnnd Fiscaln,... vff den Leichhoff [heute: Kiliansplatz] von der Prisaun vnnd domb auß gelie- fert, vnnd sobald[en] mit weÿlandt H.Lt.[?] Andreß Schultheÿsen gewesenen Cantzlers zu Aÿchstatt hinderlassenen Ledigen dochter Anna Maria, so ebenmessig Hexereÿ wegen in verhafft gelegen, in der Stattgerichts stuben vff dem saal confrontirt worden."[13]

Die Denunziationen, die gegen Johann Schwerdt gerichtet waren und die dann schließlich zu seiner Verhaftung führten, sind wohl insgesamt nicht aus dem kirchlichen Milieu, sondern von den weltlichen Bewohnern der Stadt Würzburg gekommen. Mit Anna Maria Schultheys läßt sich zumindest eine Denunziantin namentlich benennen, die mit ihrer - wahr- scheinlich auf der Folter erzwungengenen - Aussage den Domvikar Johann Schwerdt als Hexereikomplizen angab. Ob dies deshalb geschah, weil er schon längere Zeit einen schlechten Ruf in der Stadt besaß, wie aus dem zitierten Domkapitels- protokoll hervorgeht, oder ob er der Tochter des ehemaligen Eichstätter Kanzlers persönlich bekannt war und sie so auf der Folter, bei der von den Inquisiten immer eine Reihe von Namen aus den Opfern herausgequält wurden, die Namen der ihr zunächst in den Sinn kommenden Personen aufzählte, um schnellstmöglich von den Schmerzen der Tortur befreit zu werden, muß unbeantwortet bleiben.

Am 30.Oktober 1627 läßt Johann Schwerdt das Domkapitel aus dem Gefängnis durch den Syndikus bitten, "sich seines

---

[8]StAW Domkap. Protokolle 1627 (Bd.78), fol.207 (4.Sept.1627).

[9]Ebd.

[10]Ebd.

[11]vgl.Dürr, S.93.

[12]StAW Domkap.Protokolle 1627 (Bd.78), fol.207^{r}.

[13]Ebd., fol.207^{v}.

bey Randerß Ackher gelegenen, vnnd in daß gehabte Dominical Weinsperg gehörigen weingarts bey dieser Herbst Zeit anzunehmen, Sintemal Jederman darin treübel abschneid[en] vnnd sonderlich seines bruders leüth sich dapffer darinnen brauchen sollen, daß zubesorgen, es mochte in einherbstung desselben wenig zu seinem angewendet werden."[14] Schwerdt spricht hier von seinem "gehabten Dominical Weinsperg." Daraus läßt sich mit einiger Sicherheit schließen, daß er wohl zum Zeitpunkt der protokollierten Kapitelssitzung nicht mehr Inhaber dieses Hofes war. D.h., er war wahrscheinlich schon degradiert und in den Stand eines Laien zurückversetzt worden. Dies bedeutete, daß er nicht mehr dem Schutz der Kirche unterstand und somit von der weltlichen Gewalt abgeurteilt werden konnte.[15]

Da "diese erinnerung nit vnbillich [geschehe], Sintemal Er Schwerdt ein Zimbliches schuldig sein soll," beschlossen die Domherren in derselben Sitzung, der "Obleyschreiber solle den weingart lesen, die Beer nach[er] Randerß Ackher zum außkaltern in den Zehendthoff führen, wievil es Eymer geben möchte, vffzaichnen lassen, vnnd darüber rechnung zulaisten."[16]

In einem weiteren Protokoll des Würzburger Domkapitels vom 27.November 1627 beschäftigt man sich mit dem Nachlaß Johann Schwerdts. Das bedeutet, daß die elfte Würzburger Hexenverbrennung, die uns in der Liste Haubers genannt wird,[17] zwischen dem 30.Oktober und dem 27.November 1627 stattgefunden haben muß. Schwerdt ist bei diesem *Hexenbrand* unter den Hingerichteten aufgezählt. In der Kapitelssitzung vom 27.November 1627 berichtet nun der Obleischreiber, "Es hetten deß Johan Schwerdts gewesenen Vicarij weingarten bey Randerß Ackher .22. gemoste butten beer ertragen, hingegen fordere ein Meurer so die weingarts mauer gemacht .5fl. zu lohn. Jtem sein Schwertens Vatter daß Bawlohn vom weingarten, auch die Holtz vnderkauffer für Holtz .17.fl. den männern soll sein lohn gevolgt, wegen deß übrigen aber, Jn bedenckhen sein Vatter, so ohne Zweiffel bey seines sohns Kost die Arbeit verrichtet, noch innen gehalten, vnnd biß zu Angeben Anderer Creditorn, auch vffschüttung der Außstendigen Korngült gewartet werden."[18]

Auch am 11.Dezember 1627 beschäftigte sich das Domkapitel mit dem Nachlaß und den Schulden Johann Schwerdts: "Obleyschreiber bericht vnderthenig, Es weren von deß Justificierten Schwerdten Vicarey weingarten im Meysenbod[en] 22. Eymer most gelesen, vnnd in die gemeine Obleyweinaußtheylung gebracht worden, Ob nun der Eymer vmb 3.fl. Zuuerrechnen, oder aber von dem im Zehendthoff vffbehaltenem most souiel Zuuerkhauffen, vnnd an die Schulden Zuwenden sey erwart Er

---

[14] StAW Wzbg.Domkap.Protokolle 1627 (Bd.78), fol.252v-253r.

[15] Zur Degradierung s.u., Kap.6.

[16] StAW Domkap.Protokolle 1627 (Bd.78), 30.Oktober 1627, fol.253r.

[17] S.o., S.5.

[18] StAW Wzbg.Domkap.Protokolle 1627 (Bd.78), fol.269v.

g[näd]. beschaidts."[19] Das Kapitel beschließt daraufhin, "weiln der wein allberaith außgetheilt, solle der Eÿmer vmb 3.fl. angenommen, vnnd zu bezahlung sein Schwerdtens schulden angewendet werden."[20]

In der gleichen Sitzung übergab der Obleischreiber den Domherren eine Aufstellung des Schwerdtschen Hausrats. Darunter befand sich ein "Bethwerck" (Bett), dessen "sich Niclaß Schwerdt Chorherr Zu Haug sein Bruder deßwegen annehmen [wolle], weiln Er selbiges noch nit bezahlet, vnnd Er darfür bürg worden seÿ neben Anderm mehr."[21] Ferner machte der Obleischreiber davon Meldung, daß etliche Zehntabgaben von Bauern aus Gaubüttelbrunn, Lindflur und Geldersheim, die der Vikarei des Hingerichteten zustehen, noch nicht abgeliefert worden wären und daß auch seiner Meinung nach dort nichts mehr zu holen sei und nur weiterer Botenlohn und andere Unkosten zu erwarten wären. Demgegenüber beschloß das Domkapitel, daß die zuständigen Beamten der jeweilgen Orte sich darum kümmern sollten, daß das ausstehende Getreide von den Bauern abgeliefert werde. Auf die Frage des Obleischreibers, ob Nikolaus Schwerdt "ichtwaß von Haußrath einzuraumen seÿe," beschloß das Kapitel, daß das, "waß H.Nicolauß Schwerdt erweyßlich an Haußrath geliehen restituirt, deß Beths aber neben Andern Creditorn Zur außtheÿlung remittirt werden."[22]

Welche Schwierigkeiten das Eintreiben des ausstehenden Getreides bereitete, macht das Domkapitelsprotokoll vom 22. Januar 1628 deutlich. Dort heißt es: "Wegen Johan Schwerdten zu Lindtfluhr, Mainstockheim vnnd Gewbüttelbrun außstehendte 29½ Malter gült, habe Er [der Obleischreiber] durch außgeschickte botten souiel erfahren, daß der verwalter im Julier Spietal Hanß Martin Riesinger solch getraidt zu sich genommen; auß praetendirter ursach, Als hab Ihme der Schwerdt solches getraidt Laut habender rechnung, vorlengst abkhaufft, vnnd die gültleüth selbsten angewiesen,..."[23] Vom Kapitel wollte der Obleischreiber jetzt wissen, wie er sich verhalten sollte. über das weitere Vorgehen in dieser Sache waren sich die Domkapitulare aber nicht recht schlüssig. Teils wurde die Meinung geäußert, "es werde sich an diesem getraidt wegen so beschaffenen sachen, wenig mehr zuerholen sein."[24]

Noch am 18.März 1628 beschäftigte sich das Domkapitel mit dem Nachlaß und den Schulden Johann Schwerdts und hörte sich folgende Abrechung des Obleischreibers an: "Deß hingerichten Johan Schwerdten Haußrath seÿe durch die geschworne vff .97.fl. 3lb. 9d. 2ad. geschatzt word[en], darzu der

---

[19]Ebd., fol.275v.

[20]Ebd.

[21]Ebd., fol.275v-276r. Der hier genannte Bruder des Hingerichteten, Nikolaus Schwerdt, ist selbst bei der 28. Hexenverbrennung, die nach dem 27.Januar 1629 stattfand, ums Leben gekommen.

[22]StAW Domkap.Protokolle 1627 (Bd.78), fol.276r.

[23]StAW Domkap.Protokolle 1628 (Bd.79), fol.21r.

[24]Ebd.

wein .66.fl. mache, daß seÿe sein gantzes vermögen, Hingegen were Er schuldig 440.fl 2.lb. 25.d. darbeÿ Heinrich Thurnes ein bethladen, so vmb .6. fl. gewürdiget, für daß seine Ansprache, so seÿen vff die .38.fl. in daß Pforten, Praesentz: vnnd Ornat Ambt schuldig Zubezahlen, verbleib[en] allso noch .120 fl. vnder 403.fl. Zuuertheÿlen, der Julier Spietal verwalter nehme daß getraidt alles Hinwegkh ohne einige special Rechnung, wofür dasselbe genommen werde, sondern setze nur in ...[?] hab es außgeben für Artzlohn vnnd den Medicin in deß Schwerdten kranckheit, da Er doch inner .2.Jahren vber .50.M[al]t[e]r getraidt eingenommen: praetendire noch darbeÿ, Er habe Jhme auch daß bethwerckh, darfür H.Niclaß Schwerdt bürg word[en], für 92. fl. geben, so noch nit bezahlet seÿ, da doch daß gantze bethwerckh nur vmb 46 fl. geschatzt word[en]."[25] Da nun die Forderung des Verwalters des Juliusspitals derart hoch war, wußte der Obleischreiber nicht, wie er die Gläubiger weiter zufriedenstellen sollte und erbat daher vom Domkapitel einen Bescheid darüber, wie er sich in dieser Sache verhalten solle. Die Kapitulare entschieden dann, daß zunächst einmal die "Domb-Capitulische Ämpter",[26] d.h. das Pforten-, das Präsenz- und das Ornatamt, mit dem wenigen vorhandenen Kapital zu bezahlen seien. Das Bett sollte, falls es wirklich noch nicht bezahlt sei, an Heinrich Thurnes übergeben werden und vom Spitalmeister des Juliusspitals verlangte man "ein specification seines Außlegen..."[27]

Bei diesem ersten Hexereiverfahren gegen einen Würzburger Geistlichen fällt, im Vergleich zu den späteren das noch ziemlich umständliche und aufwendige Verfahren bei der Festnahme Johann Schwerdts und bei seiner Übergabe an die geistlichen Räte auf. Bei den Prozessen der Jahre 1628 und 1629 ist der Vorgang des Verfahrens wesentlich kürzer. Dies zeigt sich u.a. an einem für alle Degradationen gleichen Standardformular für die nötigen Degradierungen der für den Scheiterhaufen bestimmten Kleriker. Auch scheint man in den späteren Verfahren die Oberen der Geistlichen nurmehr über die beabsichtigte Verhaftung informiert zu haben, statt, wie bei der Verhaftung Johann Schwerdts noch geschehen, das jeweilge Stiftskapitel zu bitten, über Auslieferung oder Nichtauslieferung des Hexereiverdächtigen an die Gerichtsbarkeit abzustimmen. Dies legt v.a. die Beobachtung nahe, daß für die späteren Fälle in den Protokollbüchern der Stifte keine Eintragungen über eventuelle Beschlüsse zur Auslieferung einzelner Stiftsmitglieder an die geistliche oder weltliche Gerichtsbarkeit nachzuweisen sind. Die Auflösung der Nachlässe der Verbrannten und die Abtragung eventuell vorhandener Schulden wurde allerdings auch später in ähnlich minutiöser Weise wie beim Domvikar Johann Schwerdt protokollarisch festgehalten.

Nach diesem ersten Hexenprozeß gegen einen Geistlichen wurde über zehn Monate hin kein Kleriker mehr in einen

---

[25]Ebd., fol.99^{v}-100^{r}.
[26]Ebd., fol.100^{r}.
[27]Ebd.

solchen verwickelt, obwohl zwischenzeitlich einige Massenhinrichtungen in Würzburg stattfanden. Ob dies vielleicht daran lag, daß Johann Schwerdt seinerseits keinen seiner Standesgenossen denunzierte, muß dahingestellt bleiben.

Erst im September 1628, also etwa zehn Monate nach dem Tode Johann Schwerdts, sind wieder Geistliche wegen angeblicher Hexerei zum Scheiterhaufen verurteilt worden. Am 16.September 1628 wurden der Subdiakon Bernhard Wolfart und der Tonsurist Caspar Eiring [Eyering; Eyrich] degradiert und bald darauf hingerichtet.[28]

Im Catalogus Alumnorum des Würzburger Priesterseminars findet sich neben dem Eintrittsdatum Bernhard Wolfarts (7.12.1622) folgender Zusatz: "Hic ordini Levitarum adscriptus de veneficio confessus et damnatus partem ignis [habet] 1628 Sept.1."[29] Dieses Datum kann sich aber nicht auf auf den Hinrichtungstag beziehen, da Wolfart ja erst am 16.September 1628 degradiert wurde und folglich an diesem Tag noch am Leben war.

Auch Caspar Eiring ist im Catalogus Alumnorum nachweisbar. Er trat am 16.12.1625 in das Seminar ein. Neben diese Eintragung ist hinzugefügt: "+ Sept.1628."[30]

Die "zween Alumni", die im 21.Hexenbrand, den die Liste Haubers für Würzburg verzeichnet,hingerichtet wurden, waren diese beiden Seminaristen.[31]

Für die oben erwähnte Degradation[32] dieser beiden Geistlichen existiert im Diözesanarchiv Würzburg noch das *Instrumentum super Degradatione*, d.h. die offizielle Urkunde über den an Wolfart und Eiring vollzogenen Akt der Aberkennung der geistlichen Würde.[33] Sie entspricht im Wortlaut genau allen weiteren in demselben Bestand des Diözesanarchivs aufbewahrten Degradationsurkunden von den in den Jahren 1628 und 1629 wegen Hexerei hingerichteten Geistlichen.[34] Für diese scheint sie das Musterformular abgegeben zu haben. Dies ist ein deutlicher Hinweis darauf, wie schnell sich ein bürokratischer Automatismus für die möglichst reibungslose und zeitsparende Abwicklung von Degradation und der sich daran anschließenden Hinrichtung in Würzburg etabliert hatte.

Dem eigentlichen Instrumentum der Rangerniedrigung Bernhard Wolfarts und Caspar Eirings ist noch ein Vorentwurf dieser Urkunde beigelegt, der noch deutliche Spuren von

---

[28]DAW, Hexenprozesse, Geistliche der Stadt Würzburg, Verlassenschaftsakten 1628-1630, Fasz.2.

[29]DAW Catalogus Alumnorum (Abschrift von E.Eisentraut und F.J.Bendel), S.63.

[30]Ebd.

[31]Zur Liste Haubers und zu Fragen der Datierung der einzelnen Hinrichtungen vgl.Schwillus, S.145-154.

[32]Zur Frage der Degradation s.u. Kapitel 6!

[33]DAW Hexenprozesse, Geistliche der Stadt Würzburg, Verlassenschaftsakten 1628-1630, Fasz.2.

[34]Ebd.

Überarbeitungen und Verbesserungen zeigt, die dann im offiziellen Exemplar berücksichtigt wurden und somit auch Eingang in alle von dieser endgültigen Fassung abhängigen weiteren Instrumenta gefunden haben.[35] Im gleichen Bestand

---

[35]Vergleich der im Entwurfsexemplar gestrichenen Textpassagen mit den an ihrer Stelle eingefügten Veränderungen (vgl. DAW, Hexenprozesse, Geistliche der Stadt Würzburg, Verlassenschaftsakten 1628-1630, Fasz.2):

Ursprüngl. Text	*Eingefügte Veränderungen*
Comparuit Bernhardus Wolfart Vestibus Subdiaconi, atq[ue] clerica[tus], nec non Casparus Eiring etiam clericat[us], coram Reuerendissimi ac Jllustrissimi Principis ac D[omi]ni, D[omi]ni Philippi Adolphi Episcopi Herbipolensis Franciæq[ue] Orientalis Ducis Vicario in Pontificalib[us], in habitū Pontificali sedente, et perorante, causamq[ue] degradationis in linqua Vulgari exponente,	Coram Admodum R[eueren]do et Eximio D[omi]no Joanne Riednero SS. Theologiæ Doctore, Canonico in Haugis, R[everendissi]mi ac Jllust[rissimi] Principis ac D[omi]ni D.p. in Spiritualibus vicario generali infrascriptæ Causæ Judice æq[ui]ssimo.
...plurib[us] alijs clericis & Ministrantib[us] praesentibus Diaconi Subdiaconi, officio fugentib[us], alias Vicarijs in Summo atq[ue] Ceteris quibuscunq[ue] etiam de Vulgo in Cancellaria in Sacello S.Briccij, præsentib[us], Vtpote Accusatis Clericis de Criminib[us], Et proposuit, Procurator Fisci Magister Georgi[us] Neidlein Recessum in Scriptis, eumq[ue] legit publice implorans officium Vicariat[us], contra prænominatos Bernhardum Wolfart et Casparum Eiring, ut propter suorum criminum confessatoru[m], Beneficijs priue[n]tur, immunitateq[ue] clericali et Ordinib[us] degradentur, Curiæq[ue] Sæculari tradantur...	Comparuit M.Georg Neidlein substitutus Procurator Fisci generalis & specialis R[everendisi]mi Herbipol: & contra Bernhardum Wolffartt Subdiaconum & Casparu[m] Eÿring Minorista[m] & Tonsurista[m] R[everendissi]mi Herbipo: Alumnos de Crimine Maleficij delatos Reos in forma quæ sequitur et Jmplorans officium D[omi]ni Judicis & Vicarij generalis contra præno[m]i[n]atos Reos accusatos & delatos, ut propter Eorum grauissima & nefandissima Crimina confessata, sacris ordinib[us] immunitateq[ue] clericalj priuentur & degradentur, Curiæq[ue] Sæculari tradantur.

des Würzburger Diözesanarchivs[36] befindet sich im ersten Faszikel ein Vorentwurf für den wichtigsten Teil der einzelnen Degradationsurkunden, die "Forma Sententiæ definitiuæ in Crimine Maleficij",[37] d.h. für das eigentliche Urteil des geistlichen Gerichts über die Kleriker, die ihren Rang verlieren sollten. Dieser Vorentwurf setzt dort, wo die Namen der Abgeurteilten einzufügen sind "NN". Er ist also schon auf ferneren Gebrauch hin angelegt und nicht auf einen bestimmten individuellen Fall zugeschnitten. Diese *Forma Sententiæ definitiuæ* ist dann in alle Degradationsurkunden, angefangen mit der Wolfarts und Eirings, als fester Bestandteil aufgenommen worden. Da sie derart universell verwendbar sein mußte, enthält sie eine recht allgemeine Auflistung der angeblichen Vergehen der 'Hexengeistlichen': sie werden verurteilt wegen "...horrendissima, grauissima, nefandissima et damnabilissima Apostasiæ consumatae, Sodomiæ veræ, Idolatriæ perfectæ, Sortilegij, maleficij, sacrilegij, aliaq[ue] in actis designata et expressa, in Omnipotentis DEI omnium Creatoris manifestam et intolerandam contumeliam et Jniuriam directa, atq[ue] ... confessata maleficia..."[38]

Die nächste Untersuchung wegen Hexerei eines Geistlichen begann bald nach der Verurteilung und Hinrichtung der beiden Alumnen Wolfart und Eiring am Montag, den 2.Oktober 1628 mit der Verhaftung des Hauger Vikars Melchior Hammelmann.[39] Dieser wurde an jenem Tag "der verdechtig und angebenen Hexerei halb erfordert, vnd in der Stadtgerichtsstuben gehört..."[40] Als er sich bei der gütlichen Befragung nicht zu der ihm vorgeworfenen Hexerei bekannte, wurden die Personen, die ihn der Hexerei bezichtigt hatten, ins Spiel gebracht. Sie alle hatten auf der Folter bereits ein erpreßtes Geständnis abgelegt, in dem sie sich selbst als Hexen bezichtigten und Melchior Hammelmann als ihren Kompli-

---

[36]DAW Hexenprozesse, Geistliche der Stadt Würzburg, Verlassenschaftsakten.

[37]Ebd., Fasz.1(der vollständige Text dieses Urteils ist im Anhang 3 abgedruckt).

[38]Ebd.; den gesamten Text dieses Vorentwurfs der *Forma Sententiæ definituæ* veröffentlichte zum ersten Mal N.Reininger in seinem Buch: Die Weihbischöfe von Würzburg. Ein Beitrag zur fränkischen Kirchengeschichte, Würzburg 1865, S.227. Allerdings macht er dort keine Angaben zu seiner Quelle. Aufgrund der Textgleichheit der angegebenen Stelle bei Reininger und des handschriftlichen Dokuments im Diözesanarchiv steht zu vermuten, daß letzteres die Vorlage für Reiniger war.

[39]DAW Hexenprozesse, Geistliche der Stadt Würzburg, Verlassenschaftsakten 1628-1630, Fasz.2. Auf diesen Fall wies auch Klaus Wittstadt in einem Vortrag am 12.November 1986 hin; vgl. Klaus Wittstadt, Der Hexenwahn- seine Ursachen und Auswirkungen, in: Hexen. Veranstaltungsreihe vom 12.11. bis 11.12.1986. Dokumentation, Würzburg [1986], S.26.

[40]DAW Hexenprozesse, Geistliche der Stadt Würzburg, Verlassenschaftsakten 1628-1630, Fasz.2.

zen nannten. Nachweislich haben, wohl bei der Tortur, folgende Personen den Hauger Vikar denunziert: der Haubenschmidt, der Scheinhoff- Büttner[41] und sein Sohn, sowie die junge Stolzenbergerin. Aber auch die Nennung dieser Personen, die ihn bei Hexentänzen gesehen haben wollten, führte nicht zu einem Geständnis Hammelmanns. Daher wurde er nun mit dem verhafteten Sohn des Scheinhoff- Büttners konfrontiert, "der ihme vnder augen gesagt, daß er ihnen draußen beim Gericht habe mesßlesen sehen, hab etwas wie ein Mesßgewandt angetragen. 2. böße geister in weibs gestalt hetten ihme Zu Altar gedient, vnd hab er Hammelmann die hostien wid[er] die erd[en] geworffen, darüber die hexen gedanzt vnd gesprungen, hernach[er] seÿ der böße geist in Bockhsgestalt vf den altar gestande[en], dene sie alle im hindern Küsßen müsßen."[42] Die Inquisitoren schickten den Büttnerssohn nach dieser Aussage wieder hinaus und befragten Hammelmann nochmals. Dieser konnte aber nur sagen, "daß ihme Vnrecht geschehe..."[43] Da er also immer noch abstritt eine Hexe zu sein, wurde er zunächst mit den Folterwerkzeugen "terrirt" und, nachdem ihn auch dies nicht zu einem Geständnis bewegen konnte, den Folterknechten übergeben.[44]

Anhand des genannten Protokolls läßt sich gut verfolgen, wie es nun zu einem lawinenartigen Anwachsen der Klerikerverfolgungen in Würzburg kam. Hammelmann nannte nämlich unter den 51 von ihm denunzierten Menschen auch etliche Kleriker, die alle später in Hexenprozesse verwickelt und bis auf einen hingerichtet wurden. Der Hexereikomplizenschaft bezichtigte er Lorenz Nöth, Lorenz Hoffman, Christoph Rüger, Friedrich Wasser (ihn widerrief Hammelmann zwar später, doch kam es auch gegen diesen Geistlichen zu einem für ihn tödlich endenden Prozeß), Conrad Marck, Gottfried Raab (ihn habe Hammelmann "vermeintlich gesehen" bei den Hexentänzen; auch er starb später durch Henkershand wegen angeblicher Zauberei und Hexerei), Nikodemus Hirsch und Johann Mohr (er wurde zwar in die Hexenprozesse verwickelt, wurde aber nicht mehr verurteilt). Neben diesen direkt gegen Geistliche gerichteten Bezichtigungen finden sich im Verhörprotokoll Hammelmanns auch Denunziationen gegen Mägde anderer Geistlicher. Diese Geistlichen, die alle auch in die Prozesse verwickelt wurden, scheinen dann wohl wieder von ihren Angestellten als Hexen angegeben worden zu sein. Melchior Hammelmann bezichtigte aus dem Personenkreis der Bediensteten von Klerikern im einzelnen folgende Personen auf der Folter: die Magd des Vikars Michael Wagner, die Magd des Vikars Friedrich Wasser, die Magd des Vikars Johann Reich, die Magd des Vikars Gottfried Raab und die Magd des Vikars Johann Mohr.[45]

---

[41] Dieser denunzierte am 26.September 1628 auch Nicodemus Hirsch (s.u.)!

[42] Ebd.

[43] Ebd.

[44] Ebd.

[45] Ebd.

Neben Geistlichen und neben Personen, die mit Geistlichen in besonderem Kontakt standen, denunzierte Hammelmann auch, wie schon gesagt, etliche andere Bewohner der Stadt. Darunter findet sich beim Verhör vom 4.Oktober 1628 auch die "verhaffte Anna Maria der Canzlerin dochter," die "er vor dißem ehe sie eingefangen worden offt beim Gericht vfm Kleesberg vnd auch anderwerts gesehen" haben will.[46] Es handelt sich bei dieser Frau um die schon im Zusammenhang mit der Verhaftung Johann Schwerdts (Sept. 1627) erwähnte Anna Maria Schultheys, die Tochter des ehemaligen Kanzlers von Eichstätt. Dies bedeutet, daß sie im Oktober 1628 schon etwa ein Jahr im Gefängnis gelegen haben muß.[47]

Während Melchior Hammelmann noch der Folter ausgesetzt war und dann im Gefängnis seine Degradation und Hinrichtung erwartete, wurden weitere Geistliche verhaftet: am 3.Oktober 1628 Caspar Herbert (Minorist) und am 5.Oktober 1628 Johann Holtzmüller (Tonsurist); beide Alumnen des Würzburger Priesterseminars. Am Ende der Rechnung des Kerkeressens für Herbert ist vermerkt: "Freitags den 14 decembris [1629] ist dise Perschon entlasen wordten.[48] Johann Holtzmüller wurde schon am 11.Dezember 1629 auf freien Fuß gesetzt.[49]

Am 9.Oktober 1628 wurde Melchior Hammelmann zusammen mit dem ebenfalls der Hexerei 'überführten' Subdiakon Caspar Metz degradiert. Hiervon ist uns, wie auch für die weiteren derartigen Rangerniedrigungen ein *Instrumentum* in der weiter oben angedeuteten schematisierten Form erhalten.[50] Der darin erwähnte Caspar Metz aus Gefäll war erst am 8.April des gleichen Jahres zum Subdiakon geweiht worden.[51]

Der 9.Oktober 1628, der Degradationstag Hammelmanns und Metz', war für Nicodemus Hirsch, Kanonikus im Neumünsterstift, der Beginn seines Hexereiverfahrens. An diesem Tag wurde er der gütlichen Befragung unterzogen. Zur Verhaftung von Nicodemus Hirsch war es gekommen, nachdem mehrere Personen ihn denunziert hatten. Es ist uns ein "Extract Auß etzlicher Persohnen außagen welche den Hirschen Canon: im Newen Münster der Hexerej angeb[en] vnd besagt haben", d.h. also ein Exzerpt aus verschiedenen Verhörprotokollen, mit vier Aussagen gegen Hirsch erhalten geblieben.[52] Im einzelnen gaben ihn folgende Verhafteten als Hexe an: ".1.Conrad Groll. 12.Järiger Junge [!] sagt den .14.[Septem]bris 1628. Das er vor .14.tagen vfm Renweg gesehen habe, Den H.Hirschen Canon: od[er] Vicar: im Newen Münster... .2.Sabina Schötterlin wäscherin sagt den .30.[Septem]bris daß Sie auf ihrem

---

[46] DAW Hexenprozesse, Geistliche der Stadt Würzburg, Verlassenschaftsakten 1628-1630, Fasz.2.

[47] Bechtold, Würzburger Hexenprozesse, S.129, Anm.12: am 6.Oktober 1628 ist sie hingerichtet worden.

[48] DAW Hexenprozesse, Geistliche der Stadt Würzburg, Verlassenschaftsakten 1628-1630, Fasz.1.

[49] Ebd., Fasz.20.

[50] Ebd., Fasz.2.

[51] DAW Liber ordinationum.

[52] DAW Hexenprozesse, Geistliche der Stadt Würzburg, Verlassenschaftsakten 1628-1630, Fasz.1.

letztem dantz vor vngefehr .14.tagen aufm Sanderwaßen .N. gesehen habe, dieße N. so ein Fraw hab vor .4. wochen beim Creütz hinderm Bruderhoff mit dem H.Hirschen im Newen Münster gedanzt, vermein gewiß er seie es geweßen. .3.Johann Sigler .15.Järiger Jung [!] von Geroltzhouen sagt, das er verschienen Mathei aufm Sanderwasen beim letztern dantz geweßen, dabei hab er gesehen, den Hirschen im Newen Münster,... .4.Johann Scheinhofman Bütner [dieser hatte auch Melchior Hammelmann denunziert!], sagt den .26.[Septem]bris das er bei vngefehr einem Jahr aufm Hexendantz beim Gericht gesehen habe, Einen Geistlichen ..., dene er vor den Hirsch zur Schleier Eülen angesehen,..."[53] Am 4.Oktober 1628 bezichtigte ihn auch Melchior Hammelmann der Hexerei.[54] Diese fünfte Denunziation scheint wohl der endgültige Auslöser für die Einleitung eines Verfahrens gegen Hirsch gewesen zu sein.

Interessant ist beim Verfahren gegen diesen Geistlichen v.a. der Anfang des Untersuchungsprotokolls, denn dort antwortet Hirsch auf die Frage des Generalvikars, ob er (Hirsch) wisse, daß er diffamiert worden sei: "der H.Hanß wiber Vicarius zu Haidingsfeldt hab ihme an einem Sambstag vor Michaelis gesagt, daß er im ganzen Haidingsfeldt der Hexerei sehr beschrayt were, wie er dan da er ihm newlich besucht sehr frohe geweßen vnd Zu ihme gesagt ich erfrewe mich daß ich den H. noch siehe, dan bei vnß die sag gehet, daß der H.eingezogen sein solle."[55] Hirsch sagte weiter aus, er sei dann diesem Gerede nachgegangen und hätte den Bürgermeister von Heidingsfeld, Lechner, befragt, ob er wisse woher diese üble Nachrede komme. Der sagte ihm, "daß die Hellerigs Clara solches ausgeben, vnd von dem Birndempfel gehört haben solle, die dan so bald[en] vorgefordert vnd darüber gehört word[en], hat aber zu andtwort geben wolle nach Wirzburg gen vnd den H. so ihrs gesagt fragen, obs er wolle gestendig sein? dan sie habs von ihrem Vettern dem H.Birndempfel gehört. Wie nun er Hirsch auch den Birndempfel gefragt, soll dißer daß ers von seinem Kostgeher verstand[en] gesagt haben." Hirsch schließt dann diese Darstellung mit den Worten: "Hab also vf kheinen rechten grundt kom[m]en können."[56]

Anhand dieser Aussage läßt sich sehr leicht eine Vorstellung davon gewinnen, wie leicht jemand in den Ruf der Hexerei kommen konnte. Das Gerücht war ja sogar schon so weit gegangen zu behaupten, Nicodemus Hirsch sei bereits verhaftet.

Als die Inquisitoren immer stärker auf Hirsch eindrangen, bat er sie: "Ihr ehrliche herrn, ..., weil ihr ie so starckh vf mich tringt stellet mir eine Person vor die mir solches nachsagen könne? Andtwortten die H. obs er dan gestehn wolle, so ihme ein solche person vorgestelt werd[en]

---

[53]DAW Hexenprozesse, Geistliche der Stadt Würzburg, Verlassenschaftsakten 1628-1630, Fasz.1.

[54]Ebd., Fasz.2.

[55]Ebd., Fasz.1.

[56]Ebd.

solle? Ja sagt Hirsch, so sie wahr sagen."[57] Daraufhin las man ihm eine der Denunziationen ohne Namensnennung des Denunzianten vor, über deren Inhalt er sich sehr verwundert zeigte. Wieder beteuerte er dann unter Anrufung Gottes seine Unschuld. Damit hatte die Untersuchung für diesen Tag ein Ende, weil die Zeit mittlerweile "vf 12.Uhr verloffen" war. Nicodemus Hirsch wurde in Haft genommen.[58]

Am folgenden Tag, am Dienstag, den 10.Oktober 1628, begannen die Inquisitoren - der Generalvikar Dr.Riedner, Dr.Gantzhorn, Dr.Faltermair, der Fiskal und M.Johann Erthel - die gütliche Befragung von neuem. Als dies wieder nicht zum gewünschten Erfolg einer Selbstbezichtigung von Hirsch führte, wurde er, wie wir das schon bei Melchior Hammelmann sahen, mit den "instrumentis terrirt", wobei er "sich sehr zweifelhafftig angestelt" hätte.[59] Weiter heißt es: "Letzlich fengt er an daß er eins malß a[nn]o 25 40fl. nacher Escherdorff dem Gerig alda geliehen so hab ein alt weib bei der er daselbsten kranck zu hauß gelegen, neben ihrer Tochter gesagt hu [?] H.Hirsch lustig, wollen einmal hinauß, weiters sey nichts vorgangen. Weiln aber dises nihil ad rem ist er ausgezogen in den rockh [ein schwarzes Kleidungsstück, das den Folteropfern angelegt wurde] gesteckht, zur Tortur gebunden, ...mit rutten gehawen worden, hat bey ohngefehr 315 straich empfang[en]."[60]

Durch die Folter erpreßt bezichtigte Nicodemus Hirsch nun seinerseits am 10. und 11.Oktober 1628 insgesamt 22 Menschen der Hexerei. Darunter neun Geistliche: "...den Schwatzen [Melchior] Hammelman..., den hingerichten [Johann] Schwerten..., den Christoff Rüger Vic: ..., Andream Kleinschhmitz auch Vic: N[oui]: Mona[ster]ij..., Lorentz Stauber Vic: [ihn widerruft Hirsch am 19.Oktober]..., Caspar Hohenrain an ÿtzo Vic: zu St.Burckhardt..., Den Rothkopfeten Kirchners Martin im Newen Münster..., Den H.Fridrich Wasser Vic: in Sum[mi]:[61][ihn widerruft Hirsch am 19.Oktober]..., H.Paul Lamprechten Canonicu[m] N.Monast:[auch ihn widerruft Hirsch am 19.Oktober]..."[62] Bis auf Andreas Kleinschmitz und Caspar Hohenrain sind alle genannten Kleriker in die Würzburger Hexenprozesse verwickelt und schließlich - mit Ausnahme Martin Kirchners - auch hingerichtet worden.

Am Montag, den 16.Oktober 1628 wurde Nicodemus Hirsch noch einmal seine gesamte Aussage vorgelesen. Darauf fragte man ihn, ob er sich aufgrund dieser seiner Aussagen degradieren lassen wolle und darauf zu leben und zu sterben bereit sei. Er hat dann seine 'Geständnisse' "nit allein bestettiget, sondern die H.Geistl. gebetten bei Ihrer f[ürst]l[ichen]. Gn[aden]. vor ihn zu intercediren, wolle

---

[57]DAW Hexenprozesse, Geistliche der Stadt Würzburg. Verlassenschaftsakten 1628-1630, Fasz.1.

[58]Ebd.

[59]Ebd.

[60]Ebd.

[61]D.h. im Domstift.

[62]DAW Hexenprozesse, Geistliche der Stadt Würzburg, Verlassenschaftsakten 1628-1630, Fasz.1.

hergegen im him[m]el auch vor sie bitten, hat auch gewaint daß die Träher vfn backhen gelegen... Vf dißen seinen ernstlichen bestandt ist absente ipso sein Aussag den H.Prælaten vorgeleßen, er aber ob er all noch dabei verbleibe gefragt vnd vf beiahen, so bald[en] vf der Cantzlei in Sacello S: Briccij solemniter degradirt vnd dem weltlich[en] Magistratui vbergeben worden."[63] Dieser Protokolltext ist eines der ergreifendsten Dokumente, die uns von der Unmenschlichkeit einer sich angeblich zur Beförderung des Rechts und der Wahrheit auf das Mittel der Folter stützenden Justiz und Gesellschaftsordnung Zeugnis geben.

Die über die an Nicodemus Hirsch in der Bricciuskapelle am 16.Oktober 1628 vollzogene Degradation angefertigte Urkunde nennt als zweiten an diesem Tag degradierten Kleriker auch den von Hirsch und Hammelmann denunzierten Christoph Rüger.[64]

Melchior Hammelmann, Nicodemus Hirsch und Christoph Rüger sind am 20.Oktober 1628 enthauptet und ihre Leichen anschließend im 23.Hexenbrand in Würzburg mit vier anderen zuvor Geköpften -unter diesen ein Alumnus des Priesterseminars- verbrannt worden. Mit diesen Leichen wurden aber auch zwei Personen lebendig dem Feuertod übergeben: "Der Vogt im Brembacher Hof, und ein Alumnus..."[65] Bei diesem Seminaristen handelt es sich um Caspar Remmenbarn, der am 17.Oktober 1628 von den niederen Weihen degradiert worden ist.[66] über ihn vermerkt der Catalogus Alumnorum: "Hic vivus Herbipoli rogo impositus et combustus de maleficii crimine damnatus 1628 Oct.20."[67]

Sechs Tage nach der 23.Hexenverbrennung, am 26.Oktober 1628, wurde der Vikar Heinrich Betz (Bötz) aus dem Stift Neumünster zur gütlichen Befragung wegen Hexereiverdachtes vor die Untersuchungskommission geladen. Auf die Frage des Generalvikars, ob Betz wisse, daß er diffamiert worden sei, antwortete er: "Nein habs nit gewußt biß daß der Rüger eingefangen word[en], dan die Schusterin beim Eichhorn habe eben selbigen tag alß er Rüger eingefangen word[en], zu ihme gesagt O H.Bötz sehet damit ihr nit auch eingefangen werdet. Er hab darzu gelacht, wisse sich aber sonst nichts schuldig."[68] Da also auch Heinrich Betz sich nicht

---

[63]DAW Hexenprozesse, Geistliche der Stadt Würzburg, Verlassenschaftsakten 1628-1630, Fasz.1.

[64]Ebd., Fasz.2.

[65]Eberhard David Hauber, Bibliotheca, acta et scripta magica. Nachrichten, Auszüge und Urtheile Von solchen Büchern und Handlungen, Welche Die Macht des Teufels in leiblichen Dingen betreffen, Zur Ehre GOttes, und dem Dienst der Menschen heraus gegeben. Sechs und dreyssigstes Stück, Lemgo 1745, S.812.

[66]Vgl. DAW Hexenprozesse, Geistliche der Stadt Würzburg, Verlassenschaftsakten 1628-1630, Fasz.2.

[67]DAW Catalogus Alumnorum, S.58.

[68]DAW Hexenprozesse, Geistliche der Stadt Würzburg, Verlassenschaftsakten 1628-1630, Fasz.1.

freiwillig der Hexerei bezichtigen wollte, ging das Verfahren seinen gewohnten Gang. Zunächst drohte man ihm mit der Folter, dann zog man ihn aus, steckte ihn in den *schwarzen Rock* und fesselte ihn für die Tortur. Die Folter selbst wurde aber an diesem Tag nicht mehr angewandt, da es unterdessen vier Uhr geworden war. Daher ermahnten die Inquisitoren ihr Opfer eindringlich und ließen es bei Wasser und Brot einsperren. Am nächsten Morgen (Freitag, den 27.Oktober 1628) wurde Heinrich Betz nochmals gütlich befragt und dann den Folterknechten übergeben. Nach 129 Rutenschlägen bezichtigte auch dieser Vikar sich selbst des Teufelsbündnisses und der Hexerei. Seiner Aussage nach hatte ihn Christoph Rüger zu diesem Delikt verführt.[69]

Insgesamt denunzierte Heinrich Betz 19 Personen als angebliche Komplizen; darunter insgesamt 11 Kleriker: Hirsch, Rüger, David Haas (Kanoniker im Neuen Münster), Nöth (Vikar im Neuen Münster), Hans Haas, Wasser (Vikar im Domstift), Bauenhemmel [?] (Vikar im Domstift), Raab (Vikar im Stift Haug), Grünewaldt (Kanoniker im Neuen Münster), Lorenz Stauber, Rützel (Vikar im Neuen Münster; ihn widerrief Betz am 30.Oktober 1628).[70] Mit Ausnahme von Bauenhemmel(?) und Rützel sind alle Denunzierten in die Hexenprozesse verwickelt worden. Bis auf Grünewaldt wurden sie hingerichtet.

Am Montag, den 6.November 1628, "...ist diser Bötz gefragt word[en] ob er bei diser seiner Außag bestendig verbleiben vnd daß es wahr sey den H.Prælaten bekhennen wolle, hat ers zugesagt vnd vor den H.Prælaten zubekhennen versprochen vnd gehalten, dan folglich darauf in Sacello S:Bricij publice d[e]gradirt worden."[71] Die über diese Degradation angefertigte Urkunde nennt neben Heinrich Betz auch die Geistlichen Lorenz Nöth und Lorenz Stauber.[72] Sie alle wurden am 10.November 1628 verbrannt.[73]

Bei den Hexenprozeßakten im Diözesanarchiv Würzburg befindet sich ein Bittschreiben Lorenz Staubers, das er kurz vor seinem Tode im Gefängnis geschrieben hat. Dieses sei "den hochEhrwirdigen, Auch hoch vndt woll gelerten gnedigen Herenn geistlichen Rehten, gantz demittigklich Zu vberantwordten."[74] Entstanden ist dieser Brief zwischen dem 6. und dem 10.November 1628, denn Lorenz Stauber nannte sich darin selbst "gewesener Vicari[us] vndt prespiter Noui Monast[erii]:,"[75] d.h. er war zu diesem Zeitpunkt bereits degradiert. Den terminus ante quem der Entstehung dieses Schreibens legt der Tag der Hinrichtung, eben jener 10.November 1628, fest. Zunächst führte Stauber in dem

---

[69]DAW Hexenprozesse, Geistliche der Stadt Würzburg, Verlassenschftsakten 1628-1630, Fasz.1.

[70]Ebd.

[71]Ebd.

[72]Ebd., Fasz.2.

[73]Vgl.Schwillus, S.152.

[74]DAW Hexenprozesse, Geistliche der Stadt Würzburg, Verlassenschaftsakten 1628-1630, Fasz.9.

[75]Ebd.

genannten Brief all das auf, was er "ettwan mit ehren vndt mit grosser mihe, nit von ..." seiner "pfrunt, sond[ern] durch ererptnuß bekummen vndt gewunnen..."[76] hatte und was man ihm "noch schuldig..." sei. Anschließend listete er auf, was er selbst noch anderen schuldig geblieben war, äußerte dann noch einige Wünsche, wie man Teile seines Besitzes nach seiner Hinrichtung verteilen sollte.[77] Besonders aber der Anfang und das Ende dieses Bittbriefes an die geistlichen Räte ist ein eindringliches Dokument für die Grausamkeit des Hexereiverfahrens, denn man kann hier verfolgen, wie ein objektiv unschuldiger Mensch sich selbst als Verbrecher und Sünder bezeichnen mußte, um nicht von neuem der Folter ausgesetzt zu werden und um wenigstens in der Form von Bitten an die geistliche Obrigkeit eine Art Testament erstellen zu können.

Mit diesen Worten leitete er sein Bittgesuch ein: "Jnn dem Namen der allerheiligsten Treufaltigkeit. Jm Namen gottes vatters, der mich erschaffen, Jm namen gottes suns, der mich mit seinem theuren rosenfarben Plutt am stam des Heiligen Kreuz, mich als den grösten sund[er] auff d[er] Welt erlest hett, vndt gott des Heiligen geist, der mir alle meine sundt die ich von Jugent auff bis auff dise ietzige stundt, erinnern, einplasen, vndt ein geben wolle, auff das ich alle meine sindt, mit rechter reu vndt bus beichten mechte, auff das ich nit vor dem Jungsten gericht, in die Ewige pein, sond[ern] in das himlische paradeis kommen mechte. Darzu helff mir gott d[er] vatter x, gott d[er] sun x, Vndt gott d[er] heilig geist x Amen."[78]

Am Ende des Briefes Lorenz Staubers ist folgendes zu lesen: "Solches, ich armer ferfluchter, abscheiliger, gewesener priester, iezundt aber mit gottes helff vndt mit grosser rei vndt besserung meines lebens meine sindt von Jugent auff bis in mein endt beichten vndt biessen, vndt mein zeitliche straff mit gedult leiden, vndt in jener welt fohr E[ure].f[ürstliche] G[naden]. umb langes leben gesundte leib vndt lange regierung zu bitten, darzu helff mir gott d[er] vatter, gott d[er] sun, vndt gott d[er] heilig geist amen. Laurentius Stauber indignissim[us] gewesener Vicari[us] vndt prespiter Noui Monast[erii]:"[79]

Auch im nächsten Hexenbrand, dem 25. in der Stadt Würzburg, wurden wieder Geistliche verbrannt: Friedrich Wasser (Vikar im Domstift), Gottfried Raab (Vikar zu Stift Haug) und Paul Lambrecht (Vikar im Stift Neumünster).[80] Diese drei waren, wie die übliche schematisierte Urkunde

[76] DAW Hexenprozesse, Geistliche der Stadt Würzburg, Verlassenschaftsakten 1628-1630, Fasz.9.
[77] Ebd.
[78] Ebd.
[79] Ebd.
[80] Vgl. Schwillus, S.152.

belegt, am 17. November 1628 vom Weihegrad des Priesters degradiert worden.[81] Den bei dieser Massenhinrichtung getöteten Domvikar Friedrich Wasser hatten Melchior Hammelmann, der allerdings diese Bezichtigung noch vor seiner Hinrichtung widerrief, und Heinrich Betz denunziert.[82]

Unter den fünf Hingerichteten der 26. Würzburger Hexenverbrennung vom 20. Dezember 1628 befinden sich wieder zwei Kleriker, die am 15. Dezember in der Bricciuskapelle dagradiert worden waren: David Haas (Kanoniker im Stift Neumünster) und Georg Wagner (Vikar im Domstift).[83] Die Liste Haubers vermerkt beim Namen Wagners, daß er "lebendig verbrannt worden" sei.[84] Diese besonders harte Form der Todesstrafe wurde gegen ihn wohl deshalb angewandt, weil er sich beim Verhör hartnäckig gezeigt hatte.[85] David Haas findet sich bei den von Heinrich Betz am 27. Oktober 1628 denunzierten Personen.[86]

Michael Wagner und Lorenz Hofmann, beide Vikare des Stiftes Haug erlitten am 13. Januar 1629 die Degradation vom Weihegrad des Priesters.[87] Sie wurden zusammen mit einem weiteren Hauger Vikar, Balthasar Knorr, im 27. Hexenbrand hingerichtet.[88] Diese Verbrennung muß nach dem 15. Januar 1629 stattgefunden haben, da Michael Wagner, Lorenz Hofmann und Balthasar Knorr an diesem Tag nachweislich noch am Leben waren (s. u. im Verhör des Nikolaus Schwerdt).[89]

Am Montag, den 15. Januar 1629, "...ist aus Jhrer F[ürst]l[ichen]. Gn[aden]. g[nädigem]. befelch H. Niclaus Schwerdt[90] praesbyter 16 an[n]os et Canonicus in Haugis der angebenen Hexerej halb vor das Geistl. Gericht gebracht, vnd von H. Vicario Generali alß Judice ordinario vnd respectiue

---

[81] DAW Hexenprozesse, Geistliche der Stadt Würzburg, Verlassenschaftsakten 1628-1630, Fasz. 2.

[82] Ebd., Fasz. 1 u. 2.

[83] Ebd., Fasz. 2.

[84] Hauber, S. 813.

[85] Vgl. DAW Hexenprozesse, Geistliche der Stadt Würzburg, Verlassenschaftsakten 1628-1630, Fasz. 1: Nikolaus Schwerdt sagte während seines Verhöres am 16. 1. 1629 über Georg Wagner: "vberall [bei den Hexentänzen] gesehen..., wie er von dises [Wagners] pertinacia gehört hab er gedacht warumb stelt sich diser nit ein..."

[86] Ebd. (Verhörprotokoll Heinrich Betz).

[87] Ebd., Fasz. 2.

[88] Hauber, S. 813; Schwillus, S. 152.

[89] Aufgrund dieser Feststellung, die sich durch das Protokoll der Vernehmung des Hauger Kanonikers Nikolaus Schwerdt ergibt (DAW Hexenprozesse, Geistliche der Stadt Würzburg, Verlassenschaftsakten 1628-1630, Fasz. 1), ist die von mir vorgenommene Datierung des 27. Brandes auf den 13. Januar 1629 zu berichtigen. Er muß tatsächlich erst nach dem 15. Januar 1629 stattgefunden haben (vgl. Schwillus, S. 152).

[90] Bruder des 1627 wegen Hexerei hingerichteten Johann Schwerdt!

delegato, so wol vber die verdächt alß auch bestendig wider ihnen ergangene denunciationes, iudicialiter gehört word[en]."[91] Schwerdt, der sich wie alle anderen befragten, gefolterten und hingerichtete Justizopfer nicht für eine Hexe hielt, versuchte bei dieser gütlichen Befragung, wie dies auch schon Nicodemus Hirsch und Heinrich Betz getan hatten, einen rationalen Grund für die gegen ihn erhobenen Verdächtigungen zu ermitteln. Nikolaus Schwerdt erinnerte sich an ein Gespräch mit seiner Magd: "Einmal vor etwa 4. oder 5. wochen sagt H. Niclaus alß sein magdt an ihnen geldt begert, er ihrs aber nit geben wollen, hab sie gesagt, sie vermein nit anderst seÿ auch ein Hexenman weil er so karg, Er habs nit geandet sonder von ohren gen laßen."[92]

Anschließend las man Nikolaus Schwerdt sechs gegen ihn gerichtete Denunziationen, "...iedoch suppressis nominib[us],"[93] vor. Doch auch dies konnte ihn nicht zu einer Selbstbezichtigung bewegen. "Derowegen die H.Examinatores, die sie schier 2 stund in der güte mit ihme zugebracht, vor Gott der welt vnd ihme reo offentlich p[ro]testiert daß sie seiner [jetzt folgenden] Pein halb einige schuldt nit haben wollen, sondern die güte mehr dan vberflüßig gebraucht, die er doch nit erkhennen vnd annehmen wollen."[94]

Daher wurde er ausgezogen und "...in den schwartzen muzen" gesteckt, über einen Stuhl gebunden und mit Weidenruten ausgepeitscht.[95]

"Under wehrenden ruttenstraich[en] ist H.Michael Wagner seiner gethanen bekhandtnus wider ihnen Schwerdten erinnert word[en], so hat er aber solche nit allein gegen dem H.Fiscal vnd Dr.Faltermair bestendig beharret, sonder auch darauf zu leben vnd zu sterb[en] versprochen, so ihme Schwerdten also angezaigt, er auch vf begeren von der Pein aufgelöst vnd wiewol aber vmb sonst vf vilfaltig bitt[en] mit dem auch verhafften Lorentz Hoffman confrontiert word[en], der ihme dan truckhen ins angesicht gesagt daß er einmal 4 [?] bei ihnen vfm Hexen Danz gewesen bei des Dr.Mayrs[96] Hoff sei die lauter warheit thue ihm nit Vnrecht, wolle darauff leben vnd sterben, ...Ingleichen ist ihme auch der verhaffte balthasar Knorr vnder augen getrett[en] vnd gesagt daß er ihnen zweÿmal vfm Sanderwasen beim Hexendantz gesehen sei die lauter wahrheit thue ihm nit Vnrecht woll auch darauff sterben,..."[97] Drei der sechs gegen Nikolaus Schwerdt gerichteten Denunziationen sind also nachweislich wieder von Geistlichen, die selbst schon gefoltert wurden,

---

[91]DAW Hexenprozesse, Geistliche der Stadt Würzburg, Verlassenschaftsakten 1628-1630, Fasz.1.

[92]DAW Hexenprozesse, Geistliche der Stadt Würzburg, Verlassenschaftsakten 1628-1630, Fasz.1.

[93]Ebd.

[94]Ebd.

[95]Ebd.

[96]Auch dieser, der Hauger Kanoniker Dr.Michael Mair, wurde wegen angeblicher Hexerei im 29.Hexenbrand zu Würzburg hingerichtet.

[97]Ebd.

ausgesprochen worden. Man erkennt hier sehr deutlich, wie ein Klerikerprozeß immer wieder mehrere neue derartige Verfahren hervorbringt und wie auf diese Weise unaufhaltsam eine Prozeßlawine entsteht.

Trotz der Konfrontationen mit den Denunzianten gestand Nikolaus Schwerdt immer noch nichts. Deshalb wurde er wieder über den Stuhl gebunden und weiter ausgepeitscht. Dann beschlossen die geistlichen Räte die Folter zu verschlimmern. Daher ließen sie ihrem Opfer die Haare abscheren und eine Beinschraube anlegen. "Vnder wehrender Tortur hat er [Schwerdt] zwar vnderschiedlich gebett[en] ihme ein tag etlich dilation vnd iemandt zuzugeben mit deme er sich diser sachen halb vnderred[en], vnd vber seine verführung bedenckhen mögte. Tandem hat er da er nun ½ stundt in einer Bainschrauben gesessen gebett[en] ihnen heut der Pein zuerlaßen wolle sich ein halben tag bedenckh[en] dan folgend[en] morgen ohnfehlbarlich einstellen, Im verbleibenden fall soll man ihne ohn alle Barherzigkeit wide[er] hinsezen vnd zu der Tortur ziehen, Darüber er vor dißmal in die Verwahrung genohmen..."[98]

Für wie aussichtlos Nikolaus Schwerdt angesichts der gegen ihn erfolgten Denunziationen die Möglichkeit einschätzte, seinen Inquisitoren doch noch zu entkommen zeigte sich beim folgenden Verhör am 16.Januar 1629. Er scheint in der Nacht von Montag auf Dienstag zu dem Schluß gekommen zu sein, daß es nur eine einzige Möglichkeit gebe, um nicht mehr der Folter ausgesetzt zu werden: er mußte etwas gestehen und bekennen, das er nie getan hat. Im Protokoll liest sich das so: "Schwerdt sagt seye zwar vberzeugt müsße es gestehn iedoch wisße er nit wie er den anfang machen soll, bekhenne sich auch zu disem laster schuldig [,] könne aber auch vnserm H.Gott nit sagen wie er darzu komen."[99] Zwar gestand er, daß er bei den Hexentänzen gewesen sei - was er ja nach den Konfrontationen mit den anderen verhafteten Geistlichen kaum mehr ableugnen konnte -, aber er sagte, daß dies wie in einem Traum geschehen sei.[100] Diese Aussage ist wohl als ein letzter Versuch Schwerdts zu werten, sich nicht direkt selbst der Hexerei bezichtigen zu müssen. Mit diesen Aussagen waren aber die Herren Geistlichen Räte nicht im mindesten zufrieden - sie wollten etwas anderes hören! Deshalb bedrohten sie ihr Opfer mit den Henkersknechten. Schwerdt bat aber sogleich aus Angst vor neuen Schmerzen (sein Körper dürfte ja noch am durch die Beinschraube zerquetschten Bein und am blutig geschlagenen Rücken gelitten haben), daß die Folterknechte wieder gehen sollten, denn er wolle 'freiwillig' aussagen.[101]

---

[98]DAW Hexenprozesse, Geistliche der Satdt Würzburg, Verlassenschaftsakten 1628-1630, Fasz.1.

[99]Ebd.

[100]Auf den Gebrauch einer Hexensalbe mit haluzinatorischer Wirkung sollte man aufgrund dieser Aussage jedoch nicht schließen, da der Kontext des Protokolls dies nicht ermöglicht!

[101]Ebd.

Was jetzt im Protokoll an Aussagen folgt, entspricht im wesentlichen den wohl durch die Inquisitoren ihren Opfern nahegelegten stereotypen Selbstbezichtigungen: Beischlaf mit dem Teufel, Teufelstaufe, Hexentänze, Untaten.[102]

An zwei Verhörtagen bezichtigte Nikolaus Schwerdt insgesamt 41 Menschen der Hexerei. Darunter allein 31 Kleriker aus den Würzburger Stiften. So aus Stift Haug: Georg Schwartzmann, Lorenz Hofmann, Michael Wagner, Erhard Adolph von Fischborn, Dr.Samuel, Erhard Demerath, den Unterprobst zu Stift Haug (Johann Philipp Baumann), den Vikar Kempf, Dr.Sebastian Bertholdt, Dr.Michael Mair und Georg Mairhofer; aus dem Domstift: Georg Wagner (bereits verbrannt), Friedrich Wasser (ebenfalls bereits verbrannt), Balthasar Bach, Bernhard Marck, Balthasar Tonsor (verhaftet), Hans Stüerer, Johann Ring, Gabriel Marck, den Vikar Paumgartner, Lorenz Schefer, Michael Gartenhofer (verhaftet) und den Domprobst; aus dem Stift Neumünster: Dr.Wilhelm Marius, den Dechanten des Stifts, Georg Hänfler, den Kanoniker Dülck und den Chorherren Lutz; aus dem Stift St.Burkard: den Succentor Winter und Bernhard Elling.[103] Von diesen 31 Geistlichen sind 22 als Hexen verbrannt worden.

Am 27.Januar 1629 ist Nikolaus Schwerdt zusammen mit Bernhard Marck und Bernhard Elling degradiert[104] und bald darauf beim "28.Brandt, nach Lichtmeß, Anno 1629" hingerichtet worden.[105] Schwerdt und Elling hat man zuvor geköpft und dann ihre Körper dem Feuer übergeben, während Bernhard Marck lebendig verbrannt wurde.[106]

Für die folgenden Hexenprozesse gegen Würzburger Geistliche ist die Archivüberlieferung leider insgesamt schlechter als für die bisher genannten Verfahren. Es fehlen jegliche Aufzeichnungen über den Verlauf der Verhöre und des eingeleiteten Verfahrens. Allerdings sind uns für beinahe alle verbrannten Kleriker im Diözesanarchiv Würzburg die Degradationsurkunden und die über ihre Nachlässe erstellten Inventarverzeichnisse und Endabrechunugen über die Jahrhunderte erhalten geblieben.[107]

Am 10.Februar 1629 sind in der Würzburger Bricciuskapelle zwei Angehörige des Stiftes Haug, der Kanoniker und Priester Dr.Michael Mair und der Kanoniker und Subdiakon Erhard Adolph von Fischborn (Vischborn), degradiert worden.[108] Hauber beschreibt in seiner Verbrennungsliste für die beiden im 29.Hexenbrand getöteten Hauger Geistlichen in kurzen Worten, wie man sich den Ablauf einer Hinrichtung mit anschließender Verbrennung der Leichen vorzustellen hat: "Ein geistlicher Doctor, Meyer genannt zu

---

[102]DAW Hexenprozesse, Geistliche der Stadt Würzburg, Verlassenschaftsakten 1628-1630, Fasz.1.

[103]Ebd.

[104]Ebd., Fasz.2.

[105]Hauber, S.813f.

[106]Ebd., S.814.

[107]DAW Hexenprozesse, Geistliche der Stadt Würzburg, Verlassenschaftsakten 1628-1630.

[108]Ebd., Fasz.2.

Hach, und Ein Chor-Herr ist früh um 5. Uhr gerichtet, und mit der Bar verbrannt worden. Ein guter vom Adel, Juncker Fischbaum genannt. [Ebenfalls] Ein Chorherr zum Hach, ist auch mit dem Doctor eben um die Stunde heimlich gericht, und mit der Bar verbrannt worden."[109]

Der Priester und Kanoniker im Neuen Münster Hans Turnus (Johannes Thurneß) wurde am 23. Februar seines Weihegrades für verlustig erklärt und bald darauf in der 30. Hexenverbrennung hingerichtet.[110]

Am 6. März 1629 degradierte der Weihbischof den Hauger Unterprobst Johann Philipp Baumann und den Domvikar Gabriel Marck.[111] Beide verbrannten am 14. März 1629 zusammen mit dem Würzburger Ratsherr Barthel Wolffahrt.[112]

Der 17. März 1629 ist der Rangerniedrigungstag für die Hauger Kanoniker Johann Prößler (Priester) und Erhard Demerath (Subdiakon), sowie für den Kanoniker des Neumünsterstifts Johann Conrad Marck (Minorist).[113] Am 23. März 1629 starben sie als Opfer der Würzburger geistlichen und weltlichen Justiz zusammen mit dem Ratsherren Matthes Heilgenthal.[114]

Sigmundt Heß, Priester und Kanoniker des Stiftes Neumünster, und Dr. iur. utr. Wilhelm Marius, ebenso Priester und Neumünsterer Kanoniker, erlitten am 3. April 1629 die Degradation in der Bricciuskapelle und wurden wenige Tage danach auf dem Scheiterhaufen verbrannt.[115]

Dr. Sebastian Berchtold, Hauger Kanoniker, wurde am 21. April 1629 vom geistlichen Degradationsgericht, dem er selbst einige Zeit als Assistent angehört hatte, degradiert und anschließend hingerichtet.[116]

Im 35. Hexenbrand starb der Hauger Kanoniker Melchior Bauer, den man am 8. Mai 1629 zusammen mit dem Priester Georg Mairhofer, ebenfalls Hauger Kanoniker, degradiert hatte.[117]

Mairhofer selbst wurde erst in der darauffolgenden 36. Hexenverbrennung zusammen mit den am 26. Mai 1629 degradierten Balthasar Bach (Domvikar) und Christoph Bulbeck (Kanoniker zu Stift Haug) hingerichtet.[118]

Am 13. Juni 1629 fand der Degradationsakt für folgende Kleriker statt: Heinrich Eppt (Domvikar), Johann Bartholo-

---

[109] Hauber, S. 814.

[110] DAW Hexenprozesse, Geistliche der Stadt Würzburg, Verlassenschaftsakten 1628-1630, Fasz. 2.

[111] Ebd.

[112] StadtAW Ratsbuch Nr. 15 (Beamtenbuch); vgl. Schwillus, S. 153.

[113] DAW Hexenprozesse, Geistliche der Stadt Würzburg, Verlassenschaftsakten 1628-1630, Fasz. 2.

[114] StadtAW Ratsbuch Nr. 15 (Beamtenbuch); vgl. Schwillus, S. 153.

[115] DAW Hexenprozesse, Geistliche der Stadt Würzburg, Verlassenschaftsakten 1628-1630, Fasz. 2.

[116] Ebd.; vgl. a. Reininger, S. 227.

[117] DAW Hexenprozesse, Geistliche der Stadt Würzburg, Verlassenschaftsakten 1628-1630, Fasz. 2.

[118] Ebd.

mäus Mezger (Vikar zu Stift Haug), Wolfgang Sartorius (Vikar im Stift Neumünster) und Georg Schwartzman (Vikar zu Stift Haug).[119] Sie starben bei der 37.Massenhinrichtung in Würzburg.

Die beiden Hauger Vikare und Priester Michael Dorsch und Johann Reich erlebten am 30.Juni 1629 ihre Rangerniedrigung in der Bricciuskapelle.[120]

Georg Henfler, Kanoniker des Stifts Neumünster, wurde am 10.Juli 1629 degradiert und im 39.Brand hingerichtet.[121]

Am 11.August 1629[122] verbrannte man Julius Schliderer von Lachen, Kanoniker des Stifts St.Burkard, und Lorenz Scheffer, Vikar des Domstifts. Für die Degradation des letzteren ist die letzte bis heute im Diözesanarchiv erhaltene Degradationsurkunde am 19.Juli 1629 angefertigt worden.[123] Für Julius Schliderer von Lachen und für den im 42. und letzten Hexenbrand des 17.Jahrhunderts in Würzburg hingerichteten Succentor des Domstifts, Johann Ring, sind keine derartigen Dokumente mehr erhalten. Die erwähnte letzte Hexenverbrennung fand am 30.August 1629 statt.[124]

Ein Faszikel des Diözesanarchives Würzburg enthält eine 1631 aufgestellte Gesamtabrechnung aller Ausgaben und Einnahmen der Hexenprozesse gegen Würzburger Geistliche.[125] Sie enthält neben den Namen der hingerichteten auch die der zwar verhafteten, aber später wieder freigelassenen hexereiverdächtigen Kleriker: so wurden am 6.Februar 1630 Georg Dinckel (Chorherr im Neumünster), am 25.Mai 1630 Joachim Thurneß (Chorherr im Neumünster), am 26.Juni 1630 Samuel Werner (Chorherr zu Stift Haug), Johann Haas (Chorherr im Neumünster) und Balthasar Tonsor (Domvikar), am 13.August 1630 Paul Grünewaldt (Chorherr im Neumünster), Michael Gattenhoff (Domvikar) und Johann Mohr (Vikar zu Stift Haug) und am 11.September 1630 Johann Kirchmayer (Domvikar) aus dem Stockhaus entlassen. Auch drei Priesterseminaristen, die nicht geständig waren, wurden nach über einjähriger Haft wieder auf freien Fuß gesetzt: Johann Holtzmüller am 11.Dezember 1629, Caspar Herbert am 13.Dezember 1629 und Caspar Kolb am 9.Januar 1630. Diese drei durften aber nicht in der Stadt bleiben. Als eine Art Entschädigung erhielten sie aber jeweils 3fl. 3 lb. 11 d. und einige Kleidungsstücke, deren Anfertigung aus der fürstlichen Konfiskationskasse bezahlt wurde: Hemd, Hut, Schuhe. Außerdem wurden

---

[119]DAW Hexenprozesse, Geistliche der Stadt Würzburg, Verlassenschaftsakten 1628-1630, Fasz.2.

[120]Ebd.

[121]Ebd.

[122]Für diese Datierung vgl.: DAW Hexenprozesse, Geistliche der Stadt Würzburg, Verlassenschaftsakten 1628-1630, Fasz.4 (Abrechnung für J.Schliderer v.Lachen)!

[123]DAW Hexenprozesse, Geistliche der Stadt Würzburg, Verlassenschaftsakten 1628-1630, Fasz.2.

[124]Schwillus, S.153.

[125]DAW Hexenprozesse, Geistliche der Stadt Würzburg, Verlassenschaftsakten 1628-1630, Fasz.20.

ihnen, wie auch den anderen entlassenen Geistlichen noch die durch die Haft unansehnlich gewordenen Haare und der Bart geschnitten, sowie kleinere Wunden versorgt.[126]

[126]DAW Hexenprozesse, Geistliche der Stadt Würzburg, Verlassenschaftsakten 1628-1630, Fasz.20.

ZWEITER TEIL
HEXENPROZESSE GEGEN GEISTLICHE DER STADT WÜRZBURG

VIERTES KAPITEL
Der Beginn des Prozesses

1. Denunzianten und Denunzierte

Wie alle anderen Würzburger Hexenprozesse begannen auch die gegen Geistliche mit der Denunzierung der später Verhafteten und Gefolterten. Es waren zunächst ausschließlich weltliche Personen, die neben anderen Frauen und Männern auch Kleriker bei der Tortur als ihre Hexereikomplizen angaben. Als dem der Hexerei verdächtigten Hauger Vikar Melchior Hammelmann beim Verhör am 2.Oktober 1628 die Namen der Personen gesagt wurden, die ihn denunziert hatten, bemerkte er zu der Frage der Inquisitoren, "Ob er dan den Haubenschmidt gekhannt?", daß er ihn zwar kenne, aber nichts mit ihm zu schaffen gehabt hätte, denn er "seÿ ein rechter Pfaffenfeindt geweßen."[1] Auch die im Jahr zuvor gegen den Domvikar Johann Schwerdt von der Tochter des ehemaligen Eichstätter Kanzlers Anna Maria Schultheys geäußerte Bezichtigung macht klar, daß es durchaus im Vorstellungshorizont nichtgeistlicher Menschen lag, sich einen Kleriker als Hexe vorzustellen.[2] Die Rangstufe einer Weihe schützte also auch in den Augen des Volkes nicht vor einer eventuellen 'Ansteckung' mit dem 'Laster der Hexerei' und des Teufelspaktes.

So verwundert es nun nicht mehr allzusehr, wenn man in den Untersuchungsakten wegen angeblicher Hexerei auch immer wieder Bezichtigungen gegen Geistliche liest.

Einen ersten noch verhaltenen Hinweis auf ein klerikales Element bei den angeblichen Hexentänzen bietet das Protokoll des Verhöres der verhafteten Walpurg Steinbach aus Lauda, die 1603/1604 aussagte, daß ihr Buhlteufel ein schöner junger Mann gewesen sei, "wie ein schöner Junger Pfarrer."[3] Hier trat also noch ein Teufel in Gestalt eines Geistlichen auf. In späteren Verhörprotokollen werden dann wirklich lebende Kleriker bezichtigt, bei den Hexentänzen und ihren Zeremonien dabeigewesen zu sein.

Die am 10.Oktober 1626 hingerichtete Sabina Pföringer, eine Metzgersfrau, "vulgo Eineckhe Stoffelin" genannt, gab als Komplizen "denn Herr Mollen gewesten leuiten" an.[4] Sie wollte ihn desöfteren bei Hexentreffen gesehen haben. Er "seÿ gar ein weiblicher, lustiger, Herr gewesen, der hab gar vil tanzt, vnd gesprungen, auch gessen vnd trunckhen, vnd sich aller lustig gemacht, Seÿ bißweilen Jn seiner Kutten, bißweilen aber Jn seinen Klaidern allein" oder in Begleitung seiner Buhlteufelin in Gestalt einer schönen Magd beim Tanz

---

[1] DAW Hexenprozesse, Geistliche der Stadt Würzburg, Verlassenschaftsakten 1628-1630, Fasz.2.
[2] StAW Domkap. Protokolle 1627 (Bd.78), fol.207^{v}.
[3] StAW Miscell.1954^{I}, fol.226.
[4] Ebd., fol.75^{r}.

erschienen.[5] Noch einen weiteren Kleriker denunzierte Sabina Pföringer: "denn Herr Thollnhouer diser Zeit dechant habe sie beÿ .8.vnd daß erstemahl vor .7.od[er].8.Jarn vngefahrlich vff der Wascherer, Hernacher vff dem Blomenberg vnd daß letsteremal vor .6.Jharen eben wider vff disem berg gesehen, der sowol mit gessen, trunckh[en], tanzt vnd gesprung[en] allß auch die Heÿl. Hostiam beÿ .8.od[er].10.mahlen dahin gebracht, vnd selbige mit gluffen[6] vnd Pfriemen [?] bestochen, biß endtlichen daß Heÿlige bluet herauß geflossen, er Jn seiner Schwarzen Kutten, sein buolteüfelin aber Jngestalt einer schönen Köchin vffgezog[en]."[7]

Walburga Schmid (+19.12.1626) denunzierte, durch die Folter erpreßt, "den Jezig[en] Herrn thombdechandt Johann Vlrich Hunpiß von waltrambs", der "Jn Einer gutsch[en] mit .4.schimeln neb[en] mit doher marschirend[en] dienern, ... vff die teufflische Zusam[m]enkhonftten, gelangt" sei.[8] Seine Buhlteufelin hätte die "gestallt einer stattlich[en] vom Adel" gehabt.[9]

Der eben genannte Eichstätter Domdechant Johann Ulrich Hundtpiß von Waltrambs ist kein Unbekannter in der Geschichte der Hexenverfolgungen. Bereits 1625 denunzierten ihn elf Hexen. Ob aber je gegen ihn ein Verfahren eingeleitet wurde, bleibt unbekannt.[10] Hundtpiß ist aber in Würzburg nicht nachweisbar und auch der Vorname der Denunziantin, Walburga,[11] legt die Vermutung nahe, daß hier ein Eichstätter Aktenbestand, der nicht eigens als solcher gekennzeichnet ist, in das Würzburger Staatsarchiv, bzw. eines seiner Vorgängerarchive geraten ist. Diese Feststellung gilt auch für die weiter oben erwähnten Aussagen der Sabina Pföringer. Sie sagte aus, daß sie einen Geistlichen beim Tanz auf dem Blumenberg gesehen hätte. Eine Flur dieses Namens existiert in der Umgebung Würzburgs nicht, wohl aber vor den Toren Eichstätts.

Die folgenden Bezichtigungen von Geistlichen sind demgegenüber eindeutig Würzburger Provenienz. Am 26.Oktober 1628 erklärte Hans Philipp Schuh aus dem Juliusspital, daß er bei einem Hexentanz "den Vicariu[m] im Neuen Münster, Heinrich genannt, so schon eingezogen", gesehen habe.[12] Es dürfte sich bei diesem Vikar um Heinrich Betz handeln, der am gleichen Tag verhaftet worden war.[13] Weiter sagte Schuh

---

[5] StAW Miscell.1954^{I}, fol.75^{r}.

[6] Stecknadeln.

[7] StAW Miscell.1954^{I}, fol.74^{v}-75^{r}.

[8] Ebd., fol.18$^{r/v}$.

[9] Ebd., fol.18^{v}.

[10] Vgl.Sigmund von Riezler, Geschichte der Hexenprozesse in Bayern. Im Lichte der allgemeinen Entwicklung dargestellt, Stuttgart 1896, S.223.

[11] Ein noch heute in Eichstätt häufiger anzutreffender Name, der auf die Hl.Walburga, die Schwester des ersten Eichstätter Bischofs Willibald zurückgeht.

[12] StAW Histor.Saal VII, 25/377, fol.122^{v}.

[13] Vgl. DAW Hexenprozesse, Geistliche der Stadt Würzburg, Verlassenschaftsakten 1628-1630, Fasz.1.

am 30.Oktober 1628, daß er bei den Treffen mit dem Teufel "...viel Alumnos vnd sonst mehr Herrn gesehn [habe], wiße sie aber nit zunennen."[14] Zunächst denunzierte er auch noch den dann am 10.November 1628 zusammen mit Heinrich Betz verbrannten[15] Lorenz Nöth: "Jtem" habe er gesehen einen Geistlichen genant Lorentz dickh von Persohn seie ein Vikarius im Neüen Münster, nit sehr alt, habe einen barth von langen Haren, aber zu gespizt, hette Ihnen gesehen vfm Cleßberg [Nikolausberg], die Leüth im Spital aber heten gesagt man habe Ihn schon eingezogen."[16] Am Rande dieser Aussage ist jedoch vermerkt: "NB revocirt diesen Geistlichen, daß ers von andern gehört, wie er wehre ein gezogen, hete Jhne aber nit gesehen."[17] Diese Bemerkung ist wieder ein interessanter Hinweis darauf, wie schnell man in der Stadt Würzburg darüber informiert war, wer als vermeintliche Hexe verhaftet worden ist!

Auch Hans Jacob Nueß von Fulda, der sich ebenfalls im Juliusspital aufgehalten hatte, gab bei seiner Vernehmung vor den Hexeninquisitoren am 27.Oktober 1628 einen Geistlichen als Komplizen an: "Gestehet darauff, daß er auch einen Geistlichen, so vor diesem Caplan in dem Julier Spital gewesen mit einem schwartzen bart, glattskopft, seie ein Vikari[us] im Neüen Münster wohne auch gleich daran wan man vf den Clingenberg zugehen wolle."[18] Auf die zwar im Protokoll nicht ausgeschriebene, aber dennoch aus der Antwort Nueß' erschließbare Frage der Untersuchungsrichter, wie oft und wo der diesen Vikar bei Hexentänzen gesehen habe, sagte er: "Jedesmals auch, so offt er draußen, [hätte er ihn] gesehen, ohne Gefähr bei die zehenmal, alß nemblich vfm Cleßberg, Schalckhßberg, vnd Sanderwasen, habe gesehen, daß er auch getanzt."[19]

Für die Einleitung eines Prozesses gegen einen Geistlichen in Würzburg scheinen, soweit man dies aufgrund der schlechten Aktenüberlieferung sagen kann, mindestens drei bis fünf verschiedene Denunziationen nötig gewesen zu sein. Dies entspräche dann auch ungefähr dem Bild, das sich für die 1617 in Gerolzhofen durchgeführten Prozesse gegen weltliche Personen ergibt. Dort wurden nur diejenigen Frauen und Männer in Hexereiprozesse verwickelt, auf die mindestens fünf Denunziationen kamen.[20]

So lassen sich anhand des Verhörprotokolls des verhafteten Melchior Hammelmann vier Personen benennen, die ihn besagt haben: der Haubenschmidt, der Scheinhoff Büttner, dessen Sohn und die junge Stolzenbergerin.[21] Für den am 9.Oktober 1628 seinen Inquisitoren vorgeführten Nicodemus

---

[14]StAW Histor.Saal VII, 25/377, fol.125r.
[15]Vgl.Schwillus, S.152.
[16]StAW Histor.Saal VII, 25/377, fol.125v.
[17]Ebd.
[18]Ebd., fol.109v.
[19]Ebd., fol.109v-110r.
[20]Vgl.Pfrang, S.157.
[21]DAW Hexenprozesse, Geistliche der Stadt Würzburg, Verlassenschaftsakten 1628-1630, Fasz.2.

Hirsch sind fünf Bezichtigungen nachweisbar. Zum einen hat ihn der eben erwähnte Melchior Hammelmann auf der Folter als einen seiner Hexenkomplizen bezeichnet, zum anderen ist bei den Akten des Diözesanarchivs Würzburg noch ein loses Blatt beigeheftet, das einen "Extract Auß etzlicher Persohnen außsagen welche den Hirschen Canon: im Newen Münster der Hexerej angeb[en] vnd besagt haben" enthält.[22] Dort sind zwei Kinder und zwei Erwachsene namentlich mit ihren gegen Hirsch gerichteten Aussagen aufgelistet:

Conrad Groll, ein 12 Jahre alter Junge hatte am 14.September 1628 folgende Aussage gemacht: "Das er vor .14. tagen vfm Renweg gesehen habe, Den H.Hirschen Canon: od[er] Vicar: im Newen Münster, hat ein schwartzen barth, seie bläich vnd wohne zur SchleyerEulen, hab ihne aufm Renweg, bei der Wippen, wie auch beim Gericht zue Zeiten in Kleidern, zue Zeiten im Hembt, auch yemals Nackhend draußen mit einer Jungfrauwen Vnzucht treiben sehen."[23]

Am 30.September [1628] war Hirsch von der Wäscherin Sabina Schötterlin denunziert worden: "...sagt...daß Sie auf ihrem letztern dantz vor vngefehr .14.tagen aufm Sanderwaßen .N. gesehen habe, dieße N. so ein Fraw hab vor .4. wochen beim Creütz hinderm Bruderhoff mit dem H.Hirschen im Newem Münster gedanzt, vermein gewiß er seie es geweßen."[24]

Johann Sigler, ein 15jähriger Junge aus Gerolzhofen hatte folgende Aussage gemacht (ohne Datum!): "...,das er verschienen Mathei aufm Sanderwasen beim letztern dantz geweßen, dabei hab er gesehen, Den Hirschen im Newen Münster, seie zue Zeiten in sammetem Kleidt vnd sammetem rockh draußen geweßen, dieser hab hiebeuor mit des weihbischoffs baßen, als beede gantz nackhend aufgezogen, Vnzucht getriben."[25]

Am 26.September [1628] sagte Johann Scheinhofman Bütner, der auch Melchior Hammelmann bezichtigt hatte (dort: Scheinhoff Büttner), aus, "...das er bei vngefehr einem Jahr aufm Hexendantz beim Gericht gesehen habe, Einen Geistlichen in schwartzem haar vnd schwartzem barth, dene er vor den Hirsch zur Schleier Eülen angesehen, dieser hab Meß gehalten, nach der Meß hab man die H.Hostie verunehrt vnd darauf sitzen müßen."[26]

Den am 15.Januar 1629 verhafteten Nikolaus Schwerdt hatten nach den Angaben seines Verhörprotokolls sechs Personen denunziert. Darunter waren drei Geistliche, die selbst als Hexen im Gefängnis lagen und auf ihre Hinrichtung warteten: Michael Wagner, Lorenz Hofmann und Balthasar Knorr. Mit den beiden letzteren ist Schwerdt konfrontiert

---

[22]DAW Hexenprozesse, Geistliche der Stadt Würzburg, Verlassenschaftsakten 1628-1630, Fasz.1.

[23]Ebd.

[24]Ebd.

[25]Ebd.

[26]Ebd.

worden: sie sagten ihm ins Gesicht, daß sie ihn draußen bei den Hexentänzen beim Hof des Dr. Mair und auf dem Sanderwasen gesehen hätten.[27]

Alle verhafteten Kleriker bezichtigten nun ihrerseits auf der Tortur andere weltliche und vor allem aber viele andere geistliche Personen.

Am 30. Oktober 1628 wurde Heinrich Betz vom Fiskal und dem geistlichen Malefizschreiber im Gefängnis aufgesucht und befragt, ob er bei seiner Denunzierung des Vikars Lorenz Nöth verbleibe. Dieser hatte mit der Bezichtigung durch Betz "allbereit 3. denunciationes" auf sich gesammelt. Die Untersuchung gegen ihn scheint mit dieser dritten Denunziation durch Betz eingeleitet und rasch zu Ende geführt worden zu sein, denn am 10. November 1628 wurden sowohl Heinrich Betz, als auch Lorenz Nöth als Hexen hingerichtet.[28]

2. Die Verhaftung der hexereiverdächtigen Geistlichen

Der Beginn des ersten Würzburger Hexenprozeßes gegen einen Geistlichen war noch ein ziemlich aufwendiges Unterfangen. Am 4. September 1627 verlangten die Geistlichen Räte vom Domkapitel, den Domvikar Johann Schwerdt, der als Hexenlehrmeister denunziert worden war, gefangen zu setzen, bis der Fürstbischof selbst entschieden hätte, wie gegen ihn weiter vorzugehen wäre. Die Domkapitulare beschlossen, dem Wunsch der Geistlichen Räte nachzukommen und ließen Schwerdt einsperren. Anschließend informierte der Syndicus den Weihbischof über dieses Vorgehen, der dann seinerseits den Fürstbischof, der sich in Schlüsselfeld aufhielt, durch Dr. Stumpf davon in Kenntnis setzten ließ und sich von ihm Weisung erbat, was weiter in dieser Angelegenheit zu tun wäre.[29]

Am Montag nach dieser Domkapitelssitzung erschienen dann Dr. Stumpf und Dr. Johann Riedner wieder im Domstift "mit dem bevelch, Jhnen den Schwerdten zu liefern..."[30] Am Vormittag des nächsten Tages wurde Johann Schwerdt auf dem Leichhof den Geistlichen Räten übergeben. Jetzt erst begann das Untersuchungsverfahren gegen ihn in der Stadtgerichtsstube am Kürschnerhof.[31]

Wie schon im dritten Kapitel angedeutet, scheinen die folgenden Hexenprozesse gegen Geistliche in Würzburg sehr schnell nach eigenen bürokratischen Gesetzmäßigkeiten funktioniert zu haben, die das Verfahren nicht unerheblich beschleunigten. So findet sich weder in den Protokollen des Domstifts, noch in denen der Stifte Haug, Neumünster und St. Burkard noch einmal ein Hinweis auf ein ähnlich aufwendiges Vorgehen wie im Fall von Johann Schwerdt. D.h. es gab keine explizite Bitte um Auslieferung eines verdächtigen

---

[27] DAW Hexenprozesse, Geistliche der Stadt Würzburg, Verlassenschaftsakten 1628-1630, Fasz. 1.
[28] Ebd.; vgl. Schwillus, S. 152.
[29] StAW Domkap. Protokolle 1627 (Bd. 78), fol. 206^{v}-207^{v}.
[30] Ebd., fol. 207^{r}.
[31] Ebd., fol. 207^{v}.

Klerikers mehr, die von den Geistlichen Räten an das jeweilige Stiftskapitel gerichtet worden wären. Stattdessen scheint man sich, wie auch im Falle der Verhaftung von Studenten der Universität, mit einer Information der zuständigen Oberen begnügt zu haben. Diese scheinen dann den Befehl, sich in der Stadtgerichtsstube einzufinden, an die ihnen untergebenen hexereiverdächtigen Geistlichen weitergegeben zu haben. So antwortete Melchior Hammelmann auf die Frage der Inquisitoren am Beginn der gegen ihn eingesetzten Untersuchung, ob er Kenntnis davon habe, denunziert worden zu sein, daß er nichts davon wisse, "...außer was er von seinem H. Vettern dem H. dechandt gehört" habe.[32] D.h., dieser hat wahrscheinlich die Vorladung vor das geistliche Gericht an Melchior Hammelmann übermittelt.

Das Verhörprotokoll des Hauger Kanonikers Nikolaus Schwerdt vom 15. Januar 1629 beginnt mit dem Vermerk, daß er "...aus Jhrer F[ü]r[st]l[ichen] Gn[aden] g[nädigem] befelch ... der angebenen Hexerej halb vor das Geistl. Gericht gebracht, vnd ... gehört word[en]" sei.[33] Obwohl hier der Befehl des Fürstbischofs zur Verhaftung noch eigens erwähnt wird - in anderen Protokollen fehlt er[34] - scheint es sich hier aber nurmehr um eine standardisierte Nennung des Letztverantwortlichen der Hexereiprozesse zu handeln. Eine jeweils vorhergehende Information und Befragung des Fürstbischofs bezüglich des weiteren Vorgehens gegen einen verdächtigen Geistlichen dürfte nicht mehr so detailliert stattgefunden haben, wie beim Hexereiprozeß gegen Johann Schwerdt im Jahre 1627.

---

[32]DAW Hexenprozesse, Geistliche der Stadt Würzburg, Verlassenschaftsakten 1628-1630, Fasz.2.

[33]Ebd., Fasz.1.

[34]Vgl. das Verhörprotokoll Melchior Hammelmanns!

FÜNFTES KAPITEL
Die Untersuchung

1. Befragung mit und ohne Folter

Für den Würzburger Hexenprozeß gegen Geistliche ist weder ein eventuell vorher aufgestellter Verlaufsplan für die Untersuchung, noch eine Aufstellung der an den Angeklagten zu richtenden Fragen erhalten geblieben. Derartige Inquisitionsschemata sind für Hexenprozesse gegen weltliche Personen beispielsweise im Stadtarchiv Würzburg noch vorhanden.[1] Durch einen Vergleich der vier erhaltenen Untersuchungsprotokolle gegen die Geistlichen Melchior Hammelmann, Nicodemus Hirsch, Heinrich Betz und Nikolaus Schwerdt läßt sich aber für deren Befragung durch die Geistlichen Räte sowohl ein Plan für den Ablauf der *gütlichen und peinlichen Befragung*, als auch ein sicherlich auch bei diesen Prozessen zugrundeliegendes Interrogationsschema wenigstens andeutungsweise erschließen. Ermöglicht wird dies durch eine mit aller gebotenen Vorsicht vorzunehmende Parallelisierung der vier erhaltengebliebenen Protokolle.

Die Vorschrift der *Constitutio Criminalis Carolina (CCC)*,[2] die in den Artikeln 46 und 47 die Anwesenheit eines Richters, zweier Schöffen und eines Gerichtsschreibers als ausreichend für ein Verhör bestimmte,[3] wurde auch im Hexenprozeß des geistlichen Gerichts gegen Würzburger Kleriker beachtet.

Als Richter fungierte dabei der Generalvikar Dr.Riedner. Ihm zur Seite standen zwei bis drei Beisitzer. Dies war zunächst der Fiskal, der in allen vier Protokollen erwähnt wird. Auf ihn konnte nicht verzichtet werden, da er die Anklage vorzubringen hatte. Daneben werden Dr.Ganzhorn, Dr.Söldner, Dr.Faltermair und Dr.Fabritius erwähnt. Hinzu kommt noch der nicht immer eigens genannte, aber doch ständig als Protokollant anwesende Malefizschreiber M.Johann Erthel.[4]

Für die einzelnen Verhöre in der Stadtgerichtsstube am Kürschnerhof werden folgende Gerichtspersonen genannt:

Verhör Melchior Hammelmann,[5] 2.Oktober 1628:

Dr.Riedner, Generalvikar
Fiskal
Dr.Ganzhorn

---

[1] StadtAW Ratsbuch Nr.409 (Hist.Verein MS.f.19).

[2] Diese Peinliche Halsgerichtsordnung Kaiser Karls V. ist 1532 auf dem Regensburger Reichstag verabschiedet worden. Vgl.: Friedrich Merzbacher, Geschichte der deutschen Gesetzgebung, in: Ch.Hinckeldey (Hg.), Justiz in alter Zeit (Bd.IV der Schriftenreihe des mittelalterlichen Kriminalmusuems Rothenburg ob der Tauber), Rothenburg o.d.T. 1984, S.50.

[3] Vgl.Merzbacher, Franken, S.96.

[4] DAW Hexenprozesse, Geistliche der Stadt Würzburg, Verlassenschaftsakten 1628-1630, Fasz.1 u.2.

[5] Ebd., Fasz.2.

Dr.Faltermair
Dr.Fabritius
M.Erthel (Schreiber)
4.Oktober 1628:
dieselben Personen, ohne
Dr.Ganzhorn
7.Oktober 1628:
dieselben, wie 4.Okt.

Verhör Nicodemus Hirsch,[6] 9.Oktober 1628
Dr.Riedner, Generalvikar
Fiskal
Dr.Söldner
Dr.Ganzhorn
M.Johann Erthel
10.Oktober 1628
dieselben Personen,
allerdings statt Dr.
Söldner Dr.Faltermair
11.Oktober 1628
dieselben, wie 10.Okt.

Verhör Heinrich Betz,[7] 26.Oktober 1628
Dr.Riedner, Generalvikar
Fiskal
Dr.Faltermair
M.Johann Erthel
27.Oktober 1628
dieselben und Dr.Ganzhorn

Verhör Nikolaus Schwerdt,[8] 15.Januar 1629
(Dr.Riedner), Generalvik.
Fiskal
Dr.Ganzhorn
(Schreiber)
16.Januar 1629
(Dr.Riedner), Generalvik.
Fiskal
Dr.Ganzhorn
Dr.Faltermair
Geistl.Malefizschreiber
17.Januar 1629
(Dr.Riedner), Generalvik.
Fiskal
Dr.Ganzhorn
Dr.Ganzhorn [sic!][9]
Geistl.Malefizschreiber

Der Prozeß begann für alle vier Beschuldigten in der Stadtgerichtsstube mit der Anklage des Fiskals, der *ex officio* Klage führte. Daraufhin sind sie vom Generalvikar,

---

[6]DAW Hexenprozesse, Geistliche der Stadt Würzburg, Verlassenschaftsakten 1628-1630, Fasz.1.

[7]Ebd.

[8]Ebd.

[9]Es handelt sich bei dieser Namensdoppelung wohl um ein Versehen des Malefizschreibers!

der die Klage offiziell annahm,[10] "alß Iudice ordinario vnd respectiue delegato, so woln vber die verdächt alß auch bestendig wider ihnen ergangene denunciationes, iudicialiter gehört word[en]."[11] So fragte Dr.Riedner am 2.Oktober 1628 Melchior Hammelmann, "ob er... von der diffamation so wider ihnen gehe, wißenschafft trage" und "ob er dan mit dem laster der Hexerei behafft seÿ." Hammelmann antwortete darauf: "Nein, seÿ bei seiner seel Kein hex wiße auch von dergleich[en] sachen das geringste."[12]

Die später verhafteten Kleriker versuchten auf die gleiche Frage des Untersuchungsrichters, warum sie als Hexen denunziert worden seien, eine rationale Erklärung zu finden, da sie sich selbst ja nicht schuldig wußten. So berichtete Nicodemus Hirsch seinen Inquisitoren, daß er in Heidingsfeld von einem Gerücht gehört habe, das ihn als bereits verhaftete Hexe diffamierte. Er ging dann selbst diesem Gerede nach, hat aber "vf kheinen rechten grundt kom[m]en können." Auch fühle er sich in seinem Gewissen nicht der Hexerei schuldig. Im übrigen nehme es "ihne sehr wunder daß er von den leuthen angeben vnd daraußen gesehen word[en] sein solle, er müßte ja gott den H[errn]. verlaugnet vnd anders gethan haben." Doch da hakte Dr.Riedner gleich nach: "woher er dan das wisse?" Hirsch verwies in der Antwort auf diese Frage auf das allgemeine Gerede über Hexerei und Teufelsbund in Würzburg: "Die leuth sagens allenthalben in der Statt."[13]

Der am 26.Oktober 1628 erstmals verhörte Heinrich Betz sagte auf die Frage des Generalvikars, ob er wisse, daß er diffamiert worden sei: "Nein habs nit gewust, biß daß der Rüger eingefangen word[en], dan die Schusterin beim Eichhorn ... zu ihme gesagt O H[err]. Bötz sehet damit ihr nit auch eingefangen werdet. Er hab darzu gelacht, wisse sich aber sonst nichts schuldig."[14]

Auch Nikolaus Schwerdt erinnert sich bei der Frage Dr.Riedners an eine Begebenheit, bei der er mit dem Teufel in Verbindung gebracht wurde: "...alß sein magdt an ihnen geldt begert, er ihrs aber nit geben wollen, hab sie gesagt, sie vermein nit anderst, seÿ auch ein Hexenman weil er so karg,..."[15]

Da die Angeklagten also nie von sich aus ein Geständnis ablegten und stattdessen nach Gründen suchten, warum sie denunziert worden sein könnten, ging man entweder gleich zum ersten Grad der Folter, der *Territio verbalis*, über, oder man konfrontierte sie zunächst mit den gegen sie gerichteten Denunziationen und u.U. auch mit ihren Denunzianten und schritt dann erst zur 'Territion'. Aber auch das umgekehrte

---

[10]DAW Hexenprozesse, Geistliche der Stadt Würzburg, Verlassenschaftsakten 1628-1630, Fasz.2(Verhör Melchior Hammelmann).

[11]Ebd., Fasz.1(Verhör Nikolaus Schwerdt).

[12]Ebd., Fasz.2(Verhör Melchior Hammelmann).

[13]Ebd., Fasz.1(Verhör Nicodemus Hirsch).

[14]Ebd.(Verhör Heinrich Betz).

[15]Ebd.(Verhör Nikolaus Schwerdt).

Vorgehen begegnet in den Verhörprotokollen: die Gegenüberstellung mit den Denunzianten fand dann während oder nach der begonnenen Folter statt.[16]

Bei der erwähnten verbalen Territion (Einschüchterung) legte der Nachrichter (Henker) dem Beschuldigten die Folterwerkzeuge vor und erklärte ihm ihre Anwendung und die durch sie bewirkten Schmerzen.[17]

Im Falle Melchior Hammelmanns kam es vor der Einschüchterung durch den Nachrichter zunächst noch zu einer Verlesung der gegen ihn gerichteten Denunziationen, wobei aber wie es auch sonst im Hexenprozeß üblich war, die Namen der Denunzianten verschwiegen wurden ("...suppressis no[min]ib[us] Denunciantium...").[18] Hammelmann sagte zu allen diesen Bezichtigungen, daß sie nicht wahr seien und er sich in seinem Gewissen frei von derartigen Anschuldigungen fühle. Nun nannte der Untersuchungsrichter ihm die Namen der Denunzianten: "Ob er dan den haubenschmidt gekhandt?" Hammelmann darauf: "Ja, hab aber nichts mit ihme zuthun gehabt. seÿ ein rechter Pfaffenfeindt geweßen." Weiter sind dann im Protokoll nur noch die Antworten des Befragten wiedergegeben: "Den Scheinhoff Büttner vnd sein verhafften sohn kenne er gar wol, so sie ihme das nachsagen liegen sie wie die schelmen [.] Deßgleichen die Junge Stolzenbergerin, vnd andere so ihnen angeben."[19]

Doch dieses standhafte Leugnen beeindruckte die Inquisitoren nicht, sondern veranlaßte sie nur sich nochmals der Aussagen der Denunzianten zu vergewissern. Daher sind "beede verhaffte der Büttner vnd das Stolzenberlein ihrer vf ihnen [Hammelmann] gethaner denunciation halber gefragt word[en], darauf sie dan nit allein bestendig Zuuerbleiben, sondern ihme auch solches vnder augen zusagen sich erbotten."[20] Es kam dann auch tatsächlich zu einer Gegenüberstellung des Büttnersohnes mit Hammelmann, "...der [der Büttner!] ihme vnder augen gesagt, daß er ihnen draußen beim Gericht- habe mesßleßen sehen, hab etwas wie ein Mesßgewandt angetragen. 2. böße geister in weibs gestalt hetten ihme zu Altar gedient, vnd hab hostien wid[er] die erd[en] geworffen, darüber die hexen gedanzt vnd gesprungen, hernach[er] seÿ der böße geist in Bockhsgestalt vf den altar gestand[en], dene sie alle im hindern Küßen müßen."[21]

---

[16] DAW Hexenprozesse, Geistliche der Stadt Würzburg, Verlassenschaftsakten 1628-1630, Fasz.1 u.2.

[17] Franz Helbing, Die Tortur. Geschichte der Folter im Kriminalverfahren aller Zeiten und Völker. Völlig neubearbeitet und ergänzt von Max Bauer. Mit Schlußwort von Max Alsberg. Mit Abbildungen nach alten Meistern, Berlin 1926, S.189f; Merzbacher, Franken, S.113f.

[18] DAW Hexenprozesse, Geistliche der Stadt Würzburg, Verlassenschaftsakten 1628-1630, Fasz.2(Verhör Melchior Hammelmann).

[19] Ebd.

[20] Ebd.

[21] Ebd.

Als Melchior Hammelmann jetzt noch immer nicht bekennen wollte und darauf bestand, daß ihm Unrecht geschehe, wurde "er dan erstlich mit den instrumentis terrirt, vf nit helffen ihme die geistl[ichen] Klaider ausgezogen, dem Nachrichter anbefohlen, in den schwarzen rockh gesteckt zur Tortur gebund[en] vber den stul gelegt, vnd ehe ihm einiger straich gegeben word[en] hat er vmb Dilation sich zu bedenckhen gebetten."[22] Da er sich aber immer noch nicht an seine Teilnahme an Hexentänzen und Teufelsriten 'erinnern' konnte, begann der Henker mit der tatsächlichen Tortur.[23] Der hier und auch bei den anderen Folterungen von Geistlichen erwähnte *schwarze Rock* oder auch der *schwarze Muzen*[24] scheint eine Art Überwurf über den für die Tortur entblößten Körper gewesen zu sein. Kleriker sind also nicht völlig nackt gefoltert worden.

Auch Nikolaus Schwerdt sind am 15. Januar 1629 vor der Folter die sechs gegen ihn ausgesprochenen Bezichtigungen ohne Namensnennung, sowie der von seiner Magd gegen ihn vorgebrachte Verdacht, daß er ein "Hexenman [sei,] weil er so karg...",[25] vorgehalten worden. Doch auch er bekannte nichts. "Derowegen die H[errn]. Examinatores, die sie schier 2 stund in der güte mit ihme zugebracht, vor Gott der welt vnd ihme reo offentlich p[ro]testiert daß sie seiner Pein halb einige schuldt nit haben wollen, sondern die güte mehr dan vberflüßig gebraucht, die er doch nit erkhennen vnd annehmen wollen."[26] Nikolaus Schwerdt wurde deshalb ausgezogen, in den schwarzen Muzen gesteckt und über einen Stuhl gefesselt und geschlagen.[27] Während der Folter ist er mit zwei anderen wegen Hexerei verhafteten und bereits geständigen Geistlichen, die ihn als ihren Komplizen angegeben hatten, konfrontiert worden.[28]

Am 26. Oktober 1628 ist auch Heinrich Betz zunächst mit den Folterinstrumenten eingeschüchtert und dann entkleidet, in den schwarzen Rock gesteckt und für die Folter gefesselt worden, weil er in der gütlichen Befragung sich nicht selbst als Hexe hatte bezichtigen wollen. Da aber an diesem Tag die Zeit bereits bis auf vier Uhr verlaufen war, ließ man es fürs erste dabei und sperrte ihn bei Wasser und Brot ein. Am nächsten Morgen begann man dann nach neuerlicher gütlicher Befragung mit der Folter.[29] Eine Konfrontation mit seinen Denunzianten fand nicht statt.

---

[22]DAW Hexenprozesse, Geistliche der Stadt Würzburg, Verlassenschaftsakten 1628-1630, Fasz.2 (Verhör Melchior Hammelmann).

[23]Ebd.

[24]Vgl. ebd., Fasz.1 (Verhör Nikolaus Schwerdt).

[25]Ebd. (Die Begebenheit mit seiner Magd hatte Schwerdt selbst den Inquisitoren berichtet (s.o.!); nun wird sie vom Hexentribunal gleich gegen ihn verwandt!).

[26]Ebd.

[27]Ebd.

[28]Ebd.

[29]Ebd. (Verhörprotokoll Heinrich Betz).

Nachdem sich am 9.Oktober 1628 Nicodemus Hirsch nicht sogleich selbst als Hexe bekannt hatte, wurde er gefragt, ob er mit den verhafteten oder bereits hingerichteten Personen verfeindet gewesen sei. Auch an Nikolaus Schwerdt ist am 15.Januar 1629 diese Frage gestellt worden. Ihre Beantwortung ist von einiger Bedeutung für die Glaubwürdigkeit der gemachten Denunziationen. Die CCC verlangt in Artikel 66 ('Von genugsamen Zeugen'), daß ein Verbrechen durch zwei oder drei glaubhafte, gute Zeugen bewiesen werden muß. Feinde der angeklagten Person waren dagegen unzulässige Zeugen.[30] Der Hexenhammer dagegen ließ alle möglichen Zeugen zu: Exkommunizierte, Mittäter der Angeklagten, Infame, Verbrecher, Leibeigene gegen ihre Herren usw.[31] Nur Todfeinde konnten nicht zum Zeugnis zugelassen werden. Alle anderen Feindschaften aber konnten als Zeugnis gegen Hexereibeschuldigte, wenn auch in etwas eingeschränktem Maße, eingesetzt werden.[32] In den Würzburger Hexenprozessen gegen Geistliche wurde, soweit die noch vorhandenen Akten dieses Urteil erlauben, ganz allgemein nach einer eventuell bestehenden Feindschaft zwischen dem Verhörten und den Personen gefragt, die ihn als Komplizen angegeben hatten. Die bereits als Hexen verhafteten Denunzianten waren aber angebliche Mittäter des Angeklagten. Sie wurden demnach entgegen der Vorschrift der CCC als Zeugen zugelassen.

Nachdem nun Nicodemus Hirsch die Frage nach der Feindschaft mit einer verhafteten oder bereits verbrannten Person verneint hatte, begann er zu bitten: "Ihr ehrliche herrn, ... weil ihr je so starckh vf mich tringt stellet mir eine Person vor die mir solches nachsagen könne? Andtwortten die H. obs er dan gestehn wolle, so ihme ein solche person vorgestelt werd[en] solle? Ja sagt Hirsch, so sie wahr sagen."[33] Nun las man ihm - wieder ohne Namensnennung - die auf ihn erfolgten Denunziationen vor, über die er sich sehr wunderte. Hirsch beteuerte seine Unschuld. Da die Zeit mittlerweile "vf 12.Uhr verloffen" begann man nicht mehr mit der Folter. Am folgenden Morgen wurde Nicodemus Hirsch nach einer neuerlichen kurzen gütlichen Befragung mit dem Nachrichter und den "instrumentis terrirt", wobei er sich "sehr zweiffelhafftig angestellt" hätte.[34] "Letzlich fengt er an daß er eins malß a[nn]o 25 40.fl. nacher Escherndorff dem Gering alda geliehen so hab ein alt weib bei der er daselbsten kranck zu hauß gelegen, neben ihrer Tochter gesagt hu [?] H.Hirsch lustig, wollen einmal hinauß ... weiters sey nichts vorgangen. Weiln aber dises nihil ad rem ist er ausgezogen in den rockh gesteckht, zur Tortur

---

[30]Merzbacher, Franken, S.101.

[31]Jakob Sprenger u. Heinrich Institoris, Der Hexenhammer (Malleus maleficarum). Aus dem Lateinischen übertragen und eingeleitet von J.W.R.Schmidt, Berlin 1906, 3.Teil, 4.Frage, S.42f; vgl.a.Merzbacher, Franken, S.100.

[32]Sprenger (Schmidt), 3.Teil, 5.Frage, S.43ff.

[33]DAW Hexenprozesse, Fasz.1 (Verhörprotokoll Nicodemus Hirsch).

[34]Ebd.

gebunden, von den H.Geistl. daß sie seines schmerzens halb kein schuldt haben wollen protestirt, er aber mit rutten gehawen worden..."[35]

Beim Würzburger Hexenprozeß gegen Geistliche wird der sonst übliche zweite Teil der Einschüchterung, die *Territio realis* nicht eigens erwähnt. Bei ihr wurde der Angeklagte ausgezogen und ihm die Folterinstrumente, etwa die Daumenschrauben, angelegt, ohne ihm allerdings Schmerzen zuzufügen. Gestand der Beschuldigte dann immer noch nicht, begann der Henker mit der wirklichen Folter.[36] In den noch vorhandenen vier Verhörprotokollen gegen Geistliche wird nur ganz allgemein eine 'Territion mit den Instrumenten' erwähnt, nach der man den Beschuldigten auszog, in das Foltergewand, den schwarzen Rock, steckte und sogleich mit der Tortur begann.

In Würzburg wurde die sog. *Bamberger Tortur* angewandt, die man allgemein als eine relativ milde Folter einstufte. Bei ihr fesselte man den Angeklagten auf einen Stuhl oder Bock und schlug ihn mit Weidenruten.[37] Für die Anzahl der Streiche scheint es aber keine Obergrenze gegeben zu haben. Falls aber auch über hundert Schläge den Inquisiten kein Geständnis abpreßten, ließen der Generalvikar und seine Beisitzer ihre Opfer auch mit Beinschrauben oder dem 'Bock' quälen.[38] Eine Beschreibung dieses Marterinstruments gibt Franz Helbing: "Dem Delinquenten wurden mittels Bindschnüre die Daumen und großen Zehen in die Länge und Quere so stark zusammengezogen, wie ohne Beschädigung der Gliedmaßen nur möglich war. Hierauf mußte der Delinquent mit bloßem Leibe sich auf ein Brett mit Holznägeln setzen, dabei zog man ihm zwischen den beiden Armen und dem Rücken einen mit Nägeln gespickten 'Prügel' durch..."[39]

Am 2.Oktober 1628 begann für Melchior Hammelmann nach der gütlichen Befragung und nach der Konfrontation mit seinen Denunzianten, nachdem er sich nicht freiwillig als Hexe bekennen wollte, die Folter mit Rutenschlägen. "Vnd alß er 25. straich empfangen hat er gebetten ihnen aufzulößen, wolle bekhennen, welches ihme dan conditionaliter versprochen word[en] vnd geschehen, vf befragen Wo er dan Verfürt word[en], R[espondit]. Könne wan er die warheit sagen wolle, dergleichen nichts sagen. Hierüber ist er bester massen von den H. geistl. erinnert vnd in der güte zubekhennen ermant word[en]. Er aber hat vil bedacht vnd zeit zugebracht." Auf die neuerliche Frage des Generalvikars und seiner Assistenten, "Ob Er Verfürt seÿ in der hexerei", fing Melchior Hammelmann, ohne nochmals geschlagen worden zu sein, an, sich als Hexe zu bezichtigen. Er hatte wohl angesichts der bei weiterer Tortur noch zu erwartenden Schmerzen aufgege-

---

[35]DAW Hexenprozesse, Fasz.1 (Verhörprotokoll Nicodemus Hirsch).
[36]Vgl.Merzbacher, Franken, S.114; Helbing, S.190.
[37]Merzbacher, Franken, S.115; Helbing, S.188.
[38]Vgl. DAW Hexenprozesse, Geistliche der Stadt Würzburg, Verlassenschaftsakten 1628-1630, Fasz.1 u.2.
[39]Helbing, S.192.

ben, weiterhin die Wahrheit zu sagen.[40] Nachdem er sich selbst belastet hatte, wollten die Inquisitoren auch die Namen seiner angeblichen Komplizen erfahren. Zunächst nannte Hammelmann nun einige Personen doch plötzlich sagte er: "Dißen leuthen allen thue er Vnrecht, soll es nur [in das Protokoll] hinein schreiben." Doch dieses Aufbäumen seines Gewissens hatte nur die neuerliche Folter zur Folge. Nach 48 Rutenschlägen hat er die bereits von ihm denunzierten Personen "alle wider beiaht."[41] Aber auch jetzt waren die geistlichen Hexeninquisitoren noch nicht zufrieden. Sie zwangen Hammelmann zu weiteren Denunziationen. Doch von neuem unterbrach er sich nach diesen neuerlichen Bezichtigungen und wurde wieder gequält. Im Protokoll liest sich das so: "Weiln er weiter nit fort gewolt ist er in den bockh gespant word[en]." Hammelmann schreit dabei: "Wan er die warheit sagen soll wurd er vil anderst sagen müßen."[42] Eineinhalb Stunden blieb er dann im Bock sitzen, bis er von neuem anfing einen weiteren angeblichen Hexereikomplizen zu denunzieren: den Domvikar Friedrich Wasser. "Vf versprechung alle Complices in der gütte zu sagen oder der Tortur von newem gewertig zu sein ist er von dem bockh erledigt word[en]."[43] Von jetzt an setzte Melchior Hammelmann den Geständniswünschen seiner Peiniger keinen Widerstand mehr entgegen.

Auch Nicodemus Hirsch wurde, da er in der Güte nichts bekennen wollte, am Dienstag, den 10.Oktober 1628 "...mit rutten gehauwen..., hat bey ohngefehr 315 straich empfang[en]."[44] Der Protokollführer hatte die verabreichten Hiebe zunächst auf einen Notizzettel geschrieben und dann erst in das eigentliche Protokoll übertragen.[45] Doch auch diese ungeheure Zahl von schmerzhaften Schlägen brachte Hirsch noch nicht zum Geständnis. Deshalb schoren die Folterknechte ihm anschließend die Haare auf dem Kopf ab und setzten ihn in den Bock. Von dieser Qual wurde er erst erlöst. als er versprochen hatte, daß er seine Verführung bekennen werde. Andernfalls sollte er "von newen wider hinein gesezt werden..."[46] Diese Drohung brach dann endültig seinen Widerstand und er bekannte alles, was die Inquisitoren von ihm hören wollten.

Der Vikar Heinrich Betz aus dem Stift Neumünster wurde nach einer gütlichen Befragung am 26.Oktober 1628 am darauffolgenden Tag ebenfalls zur Tortur ausgezogen, über den Stuhl gebunden und mit Ruten geschlagen. 129 Hiebe ertrug er, bis er seine angeblichen Untaten bekannte. Auch in

---

[40] DAW Hexenprozesse, Geistliche der Stadt Würzburg, Verlassenschaftsakten 1628-1630, Fasz.2 (Verhör Melchior Hammelmann).

[41] Ebd.

[42] Ebd.

[43] Ebd.

[44] Ebd., Fasz.1(Verhörprotokoll Nicodemus Hirsch).

[45] Ebd.; dieser Zettel findet sich heute noch im hier zitierten Aktenstück des Würzburger Diözesanarchives!

[46] Ebd.

diesem Verhörprotokoll findet sich ein Zettel mit verschiedenen untereinandergeschriebenen Zahlen eingeheftet: "22-18-20-30-30-4-5".[47] Addiert man diese Zahlen, so ergibt sich ein Betrag von 129, was den durch den Nachrichter verabreichten Schlägen entspricht. Der geistliche Malefizschreiber Johann Erthel scheint hier bei den einzelnen Rutenstreichabfolgen wohl genau mitgezählt zu haben.

Am 15.Januar 1629 erlitt der Hauger Kanoniker Nikolaus Schwerdt auf Befehl der "H. Examinatores", d.h. des Generalvikars Dr.Riedner, des Fiskals und Dr.Ganzhorns, die Tortur. Dazu wurde er wie die anderen gefolterten Geistlichen ausgezogen, "in den schwarzen muzen" gesteckt, über den Stuhl gebunden und mit Weidenruten gepeitscht.[48] "Vnder wehrenden ruttenstraich[en] ist H.Michael Wagner seiner gethaner bekhandtnus wider ihnen schwerdten erinnert word[en], so hat er aber solche nit allein gegen dem H.Fiscal vnd Dr.Faltermair bestendig beharret, sonder auch darauf zuleben vnd zusterb[en] versprochen, so ihme Schwerdten also angezaigt, er auch vf begeren von der Pein aufgelöst vnd wiewol aber vmb sonst vf vilfaltig bitt[en] mit dem auch verhafften Lorentz Hoffman confrontirt worden," der Nikolaus Schwerdt dann ins Gesicht sagte, daß er ihn beim Hexentanz gesehen habe.[49] Ebenso stellten die Inquisitoren ihm den ebenfalls verhafteten und bereits geständigen Balthasar Knorr gegenüber, der aussagte, "daß er ihnen zweÿmal vfm Sanderwasen beim Hexendantz gesehen [,] sei die lauter wahrheit thue ihm nit Vnrecht woll auch darauff sterben."[50] Für die geistlichen Räte waren dies mehr als genug Indizien, die für sie klar und deutlich belegten, daß Schwerdt eine Hexe sei. Nur bedurfte es, um ihn rechtskräftig verurteilen zu können, seines eigenen Geständnisses. Doch der Beschuldigte wollte trotz der Konfrontationen noch kein Bekenntnis ablegen: "hergegen will er Schwert noch gantz vnschuldig sein [.] Derentwegen er dan wid[er] vbern stul gebund[en] bei noch [hier ist im Text eine Lücke gelassen worden, in die wohl die Anzahl der Rutenstreiche eingetragen werden sollte, was aus unbekannten Gründen aber unterblieben ist] straichen empfang[en] wiewol er so bald[en] wider von der Pein begert auch vorhero etlich mal versproch[en] sich vf eines lebendigen Zeugnis gegenwertige Kundtschaft einzustellen, hat ers doch nit gehalt[en] hirauf ist er vom stul aufgelöst, vnd nach abgeschornem Haar mit einer Bainschraub[en]" gefoltert worden.[51] Während dieser Folter bat er mehrfach um einen Tag Bedenkzeit und um jemanden, "mit deme er sich diser sachen halb vnderred[en], vnd vber seine verführung bedenckhen mögte."[52] Nachdem er eine halbe Stunde lang in einer Beinschraube gesessen hatte,

---

[47]DAW Hexenprozesse, Geistliche der Stadt Würzburg, Verlassenschaftsakten, Fasz.1 (Verhörprotokoll Heinrich Betz).

[48]Ebd. (Verhörprotokoll Nikolaus Schwerdt).

[49]Ebd.

[50]Ebd.

[51]Ebd.

[52]Ebd.

hat er "gebett[en] ihnen heut der Pein zuerlaßen wolle sich ein halben tag bedenckh[en] dan folgend[en] morgen ohnfehlbarlich einstellen, Jm verbleibenden fall soll man ihne ohn alle Barmherzigkeit wid[er] hinsezen vnd zu der Tortur ziehen."[53] Auf diese Bitte hin ließen die Inquisitoren ihn von der Folter befreien und einsperren.

Am nächsten Morgen begann Nikolaus Schwerdt seine Aussage damit, daß er überzeugt sei, daß er gestehen müsse. Gleichzeitig wäre es ihm aber nicht klar, wie er beginnen sollte. "Könne aber auch vnserm H.Gott nit sagen wie er darzu komen, Item gestehet er daß er draußen bei den Dänzen gewesen aber gleichsam in einem Traum von 3.iahren her da er schon aus dem Dombstifft heraus geweßen, Einßmals vor ohngefehr 3.iahren da er daheim im beth an einem Arm wehethumb gelegen sey ein getümmel in seiner Kam[m]ern entstand[en] vnd ihnen gedeucht wie daraußen [;] sei bei vilen leuthen die da herumb gesprungen vnd gedanzt, vorhero daheim in der Kam[m]ern hete sich etwas vf sein beth gelegt, er vermein sei der Teufel geweßen der habe ihn hinaus gebracht."[54] Schwerdt versuchte hier zum letzten Mal, einer direkten Selbstbezichtigung als Hexe zu entgehen, indem er seine scheinbare Anwesenheit auf den Hexentänzen als einen mit teuflischer Bosheit zusammenhängenden Traum darzustellen versuchte. Doch dies beeindruckte den Generalvikar und seine Beisitzer nicht, die ihm von neuem mit den Henkersknechten drohten. Aus Furcht vor weiteren Folterqualen hat Nikolaus Schwerdt "gebett[en] sollen abtrett[en] [,] wolls sagen."[55] Was jetzt weiter folgt, sind die auch in den anderen Verhörprotokollen niedergeschriebenen Selbstbezichtigungen und Aussagen über Verführung, Hexentänze, Teufelsmessen u.ä.

Die auffällig genauen Angaben der verabreichten Rutenstreiche und der Dauer der anderen Folterarten ist sicherlich durch die 1628 beschlossenen Maßnahmen "Zur abschaffung ... vielfaltiges Klagen der Tortur halben" mitbedingt.[56] Unter Punkt sechs hat man dort festgelegt, daß der Protokollant genau verzeichnen solle, "Wie viel Jeder maleficant straich empfangen, Wie lang mit dem Bockh, Bainschrauben oder anderer weiß torquirt" worden ist.[57]

---

[53] DAW Hexenprozesse, Geistliche der Stadt Würzburg, Verlassenschaftsakten 1628-1630, Fasz.1 (Verhörprotokoll Nikolaus Schwerdt).

[54] Ebd.

[55] Ebd.

[56] Ebd.; vgl. Kapitel 1!

[57] Ebd.

2. Geständnisse

Wenn man die erhaltenen vier, durch die Folter erpreßten Geständnisse der angeblichen Verbrechen der verhafteten Geistlichen miteinander vergleicht, zeigt sich, daß sie alle bei nur geringen Variationen denselben Grundaufbau besitzen. Die Angeklagten wurden in der Hauptsache nach Ort und Umständen ihrer angeblichen Verführung (Seductio), nach der in diesem Zusammenhang begangenen Verleugnung Gottes (Abnegatio) und Aufschwörung auf den Teufel (Mancipatio), nach der durch den Teufel vollzogenen Taufe (Baptismus), nach Beischlaf mit der Verführerin oder dem Teufel selbst (Coitus), sowie nach dem Ausfahren zum Hexentanz (Evectio) und den Hexentänzen (saltus) und ihrem Ablauf befragt.

Noch während der gütlichen Befragung Melchior Hammelmanns wollten die geistlichen Untersuchungsrichter wissen, "Ob er ein Agnum Dei am Halß trage?", worauf er antwortete: "Nein, hab kheines..."[58] Der geistliche Malefizschreiber fügte an diese Antwort folgendes im Protokoll hinzu: "...so ist auch in seinem hauß zwar des haußraths vil aber khein WeÿhKesßelein gefund[en] word[en]. Item hat er Hammelman den sontag zuuor erst seinen Zotteten hundt geschoren."[59] Das bedeutet, daß man in der kurzen Zeitspanne zwischen Verhörbeginn und diesen Worten, die sich noch auf der ersten Protokollseite finden, bereits das Haus dieses Hauger Vikars nach verdächtigen Dingen durchsucht hatte. Das Fehlen eines Weihwasserkessels und das am Sonntag, dem Tag des Herrn, durchgeführte Scheren seines Hundes konnte sich nur belastend für Hammelmann auswirken.

Erst als die Tortur gegen ihn angewandt wurde, begann er auf die Frage, ob er in der Hexerei verführt worden sei, ein 'Geständnis' abzulegen: "...ehe daß er Priester word[en] vnd einige weÿh gehabt."[60] Doch mehr sagte er nicht. Deshalb hat man ihm wieder die Hände gefesselt, um von neuem mit den Rutenschlägen zu beginnen. Doch bevor der Nachrichter wieder zuschlug, machte Hammelmann diese Aussage: "Zu Maintz sagt er seÿ er von einer Magdt verfürt word[en] vor ohngefehr 30.iahren, selbige Magdt habe bei seinem damaligem Costherrn gedient so vf dem Stephansberg gewohnt, er seÿ selbiges mahls in Rhetoria gesesßen... Obs bei tag oder nacht geschehen wisße er nit seÿ gar lang. Die Magdt hab ihm vorgesagt woll ihnen etwas lehren, er geandtwordt ia wolls lernen, seÿ bei der nacht in seiner Kamer geschehen, da sie hinein gangen, Ihme zugemuthet solle Gott vnd alle heilige verlaugnen, er habs gethan mit dißen wort[en] Ich verlaugne Gott vnd alle heiligen. Darnach seÿen sie beede hinaus auf den Judensandt zum tanz gefahren vf einem bockh, der in der Cammern zu ihme kom[m]en sambt einem alten Mann dene er vor

---

[58] DAW Hexenprozesse, Geistliche der Stadt Würzburg, Verlassenschaftsakten 1628-1630, Fasz.2(Verhörprotokoll Melchior Hammelmann).

[59] Ebd.

[60] Ebd.

den Teüfel gehalten..."[61] Hammelmann hätte dann nochmals im Beisein des Teufels Gott verleugnet und versprochen dem Bösen mit Leib und Seele zu dienen, worauf er ihm dann auch die Hand gegeben hätte. Die Hand des alten Mannes sei kalt gewesen- ein für die Inquisitoren eindeutiges Anzeichen dafür, daß es sich bei dem Fremden wirklich um den Teufel handelte. "Item hab der alt man ihme befohlen, soll ihnen hinfüro vor seinen Gott halten. Der dan Kalt waßer vber ihnen gegoßen alß wan er ihnen Tauffen wolt, dan er hab gesprochen ich Tauff dich in des Teüfels nahmen..."[62] Anschließend hätte der Alte gefordert, daß Hammelmann "mit der Magt Vnzucht treiben" solle. Der Teufel selbst sah dabei zu, "biß ers alles verricht", danach war er aber wieder verschwunden. Acht Tage nach diesen Ereignissen sei Melchior Hammelmann dann zum ersten Mal ausgefahren.[63] Hier sind also sehr deutlich bereits einige Bestandteile des von den Inquisitoren gewünschten Bekenntnisses vorhanden: Verführung, Gottesverleugnung und Verschreibung an den Teufel, Teufelstaufe, Beischlaf mit der Verführerin in Anwesenheit des Teufels und Ausfahren zum Hexentanz.

Als Hammelmann am 7. Oktober 1628 seine Aussagen noch einmal vorgelesen und ihm die Degradation für den übernächsten Tag angekündigt wurde, widerrief er die hier geschilderte Verführung und 'bekannte' eine andere Version: die bei dieser Verführung als Akteurin denunzierte Frau sei eine bereits verstorbene (!) Schneidersfrau gewesen. Der angeklagte Hauger Vikar wollte mit dieser neuen Aussage wohl verhindern, daß es eventuell in Mainz zu einer Suche nach der vielleicht noch lebenden Magd seines Kostherren käme.

Hammelmann sagte: "...wan es ie so weit Kom[m]en, wolle er seinem gewißen auch khein beschwerd[en] mehr machen, sondern die lauter warheit sagen, Vnd seÿ mit seiner verfürung nit beschaffen wie obgemeldt, dan er erst allhier im Priesterlich[en] standt vor ohngefehr 12. iahren von einer v[er]storbenen Schneiders fraw ien seits Mains verfürt word[en] folgend[er] gestalt..., Alß er Hammmelman Vor 12 iahren alß a[nn]o 15 ein Schauben[64] so nur mit fad[en] genehet war erkhaufft vnd solche dem Noch lebendem schneider Andreæ Baunach vberm Main anderst zuzurichten gegeben, hat sein schneiders Vorige fraw Margreth g[e]n[ann]t die schauben da sie fertig war ihme hin nach hauß getragen vnd daselbst des guten weins der selbiges Jahr |: a[nn]o 1615. wie er v[er]meint :| gewachsen souil getrunckhen daß sie voll word[en], wie er auch, die ihme dan in voller weiß gesagt H. Melchior wolt ihr was lernen, so will ich euch was lehren daß ihr euer lebtag gut sach gewinnet vnd allenthalben guten willen habt, weiln sie aber vor diß erste mal

---

[61] DAW Hexenprozesse, Geistliche der Stadt Würzburg, Verlassenschaftsakten 1628-1630, Fasz. 2 (Verhörprotokoll Melchior Hammelmann).

[62] Ebd.

[63] Ebd.

[64] Offen zu tragender Überrock für Männer.

beede gar zu voll geweßen ist sie inner wenig tagen wider Kom[m]en vnd gesagt, wist ihr was ihr newlich gelernet, Jhr habt das vnd das gelernet, daß ihr außfahrn Köndt so ihr wollet [.] Darauf ihme die form Vorgesprochen die er nachgesagt Jch Verlaugne Gott vnd das gantze himlische heer, hab auch Vnzucht an ihnen begert, so er sobald wie auch beim 1. dantz mit ihr verbracht, vnd ist sie schneiderin selbigen abend wol bezecht heimbgangen."[65]

In der darauffolgenden Nacht sei dann der Teufel in Gestalt einer Jungfrau erschienen. Dabei hätte ein sausender Wind mit einem solchen Geräusch geblasen, wie wenn dürres Eichenlaub in seinem Zimmer gewesen wäre. Darüber sei er so sehr erschrocken, daß er so laut zu schreien anfing, daß "sein Vatter vnd mutter hinauf vmb ein licht vnd so bald[en] wider zu ihm Komen, Nach außgeleschtem licht vnd nach deme seine Eltern wider hinaus gangen seÿ obbemelte Jungfraw od[er] der Teüfel wider Komen..."[66] Hammelmann schlug nach seiner Aussage zunächst mit seiner Hand in die Hand des Teufels ein und verkehrte anschließend mit dem frauengestaltigen Teufel. Der Leib und die Hände dieser 'Jungfrau' seien kalt gewesen. "Weiln er nun vor dißmal sehr durstig geweßen ist er aufgestand[en] vnd in einer Kupfern Köhllen waßer geholet, da er getrunckhen hab sie auch zutrinckhen begert, vnd die Köllen genohmen vber ihnen geschütt vnd gesagt, Jetz Tauff ich dich im nahmen des Teüfels, nach vollendtem Tauff hab er noch einmal mit ihr gesündigt, sich ihr mit leib vnd seel versprochen sie vor seinen Gott angenohmen, Jnmaßen er ihro dan die rechte handt darauf geben, Vnd hab hergegen sie ihme zugeben versprochen was er beger."[67]

Einige Tage später sei sie dann etwa um Mitternacht in Bocksgestalt wieder erschienen und hätte vor seinem Bett gemeckert und ihn aufgeweckt. "...er seÿ aufgestand[en] vnd nur im hembdt... aufgeseßen..." und zum ersten Mal zu einem Hexentanz ausgefahren.[68]

Aber auch diese zweite Version seiner Verführung widerrief Hammelmann am 11.Oktober wieder und blieb schließlich bei der ersten. Allerdings ist am Rand des Textes der angeblichen ersten Verführung vom Protokollanten nachträglich folgender Zusatz niedergeschrieben worden: "diße Person hat 2. Verführungen angeben, bei der letzten aber verblieben."[69] Bei welcher Version der Angeklagte nun tatsächlich 'verblieben' ist, muß offenbleiben.

Schon beim Verhör am 2.Oktober 1628 hatte Melchior Hammelmann über diese seine erste angebliche *Evectio* zum Hexentreffen ausgesagt. Es sei dabei in seiner Kammer mit dem Bock ein junger Mann erschienen, den er auch für einen Teufel gehalten hätte. Mit ihm zusammen bestieg Hammelmann

---

[65]DAW Hexenprozesse, Geistliche der Stadt Würzburg, Verlassenschaftsakten 1628-1630, Fasz.2(Verhörprotokoll Melchior Hammelmann).

[66]Ebd.

[67]Ebd.

[68]Ebd.

[69]Ebd.

den Bock und fuhr "ins teüfels nahmen zum [Fenster-]lad[en] hinaus..."[70] Auf dem Hexentanzplatz äßen und tanzten die Anwesenden, "...vf der Tafeln weren allerlei esßen beuorab Capaunen vnd anders gestand[en], die speißen aber hetten gar siesß geschmeckht, der wein seÿ nihts guts, er hab getrunckhen vnd andern ins Teüfels nahmen gesegnet vnd gebracht."[71] Bläuliche Fackeln, die alte Frauen im Hintern halten mußten, hätten Licht gespendet. "Sackhpfeiffer vnd schalmeÿer seÿen auch beÿ dem Tanz geweßen..."[72] Nach jeder derartigen Veranstaltung fand nach Hammelmanns Aussage eine Teufelsverehrung statt. Dabei erschien der Böse in Bocksgestalt und alle Anwesenden mußten seinen Hintern küssen "vnd andere ehr beweißen wie Gott selbst[en]... ehe sie aber heim gefahren hett ihnen der Teüfel befohlen hin vnd wider schaden zuthun..."[73]

Auf die Frage der Inquisitoren, wie oft er denn ausgefahren sei, antwortete der Hauger Vikar: ein- bis dreimal pro Woche.[74]

Nach den Hexentanzplätzen in Würzburg gefragt, nannte er folgende Orte: das Gericht auf dem Greinberg, den Schalksberg, den Stein(berg), den Nikolausberg, den Rennweg, den Sanderrasen, den Rabenstein, Himmelspforten, den Marktplatz bei der Kapelle.[75]

Ob das Ausfahren aber an bestimmten Tagen, z.B. Feiertagen oder Werktagen o.ä., geschehen sei, konnte Hammelmann nicht sagen. "Vor ohngefehr 8.tagen dienstags den 26. 7[=Septem]bris seÿ er das letzermal daraußen geweßen, vfm Rennweg..."[76]

Als "sein Buhlen" gab er die Sticherin, "des Kleinen Zuckher Kremers weib so schon verbrandt" an.[77] Nach deren Tod sei die verhaftete Tochter des Stolzenberg an ihre Stelle getreten. Auf den Unterschied zwischen seiner ersten Liebhaberin, Sticherin, und dem z.T. als Jungfrau aufgetretenen Teufel, mit dem er auch Geschlechtsverkehr gehabt hätte, befragt, gab er zur Antwort, "daß sie Sticherin gar warm die ander Jungfraw, so der Teüfel war vnd sich Planta genant an der natur gar Kaldt geweßen."[78]

Im Verlauf des Verhöres kam Hammelmann auch auf seine Hexenschmiere zu sprechen, die er in einem Kasten "vfm Saal, in einem weiß getrehetem Büxlein so ihm der Böse vor einem monat geben." Am Rande dieser später durchgestrichenen Aussage findet sich folgende Notiz: "schmier ist zwar gefund[en] word[en] so aber dem Augen schein nach Kein

---

[70] DAW Hexenprozesse, Geistliche der Stadt Würzburg, Verlassenschaftsakten 1628-1630, Fasz.2(Verhörprotokoll Melchior Hammelmann).

[71] Ebd.

[72] Ebd.

[73] Ebd.

[74] Ebd.

[75] Ebd.

[76] Ebd.

[77] Ebd.

[78] Ebd.

hexenschmier." Melchior Hammelmann selbst sagte dann auch kurz darauf: "Kein schmier hab er nit gebraucht."[79] Er scheint wohl unter dem Druck der an ihn gestellten Fragen irgendeine Salbe oder Creme, die sich in seinem Haushalt befand als Hexenschmiere ausgegeben zu haben, um so seine Inquisitoren zufriedenzustellen und eine neuerliche Anwendung der Folter zu verhindern.[80] Interessanterweise kommen Dr.Riedner und seine Beisitzer in den übrigen erhaltenen Protokollen nicht mehr auf eine Hexenschmiere zu sprechen.

Wie die Angaben zur Hexenschmiere sind im Protokoll auch die zu einem Stecken, der hinter dem Kasten mit der Salbe stehe und zum Ausfahren gedient hätte, annuliert worden. Statt dessen sind an das Ende der durchgestrichenen Zeilen folgende Worte hinzugefügt worden: "zu den Täntzen seÿ er alzeit vfm Bockh gefahren."[81]

Anschließend machte Melchior Hammelmann noch einige Angaben zu dem von ihm zuletzt besuchten Hexentanz auf dem Rennweg: dort hätten sie "bastätten[82] fisch, Ähl, vnd anders mehr gehabt, dauon sie geesßen, auch getrunckhen hernacher aber gedanzt, vnd nach dem Tanz vnzucht getriben... Die Pfeiffer od[er] Spilleuth halt er auch vor Teüfel."[83]

Hier scheinen nun der Generalvikar und seine Assistenten mit der Frage, worauf denn die Anwesenden beim Essen gesessen seien, nachgehakt zu haben. Hammelmann gab zur Antwort, daß "Vfm Rennweg... vil daffel vnd disch wie auch stühl vnd benckh gestand[en]."[84] Diese von den Inquisitoren gestellte Vorfrage hatte wohl vor allem den Zweck, Hammelmann dazu zu bewegen nun auch die beim angeblichen Hexentanz anwesenden Personen als seine Komplizen zu denunzieren. So fragte Dr.Riedner nun auch ganz direkt: "Wene er dan

---

[79]DAW Hexenprozesse, Geistliche der Stadt Würzburg, Verlassenschaftsakten 1628-1630, Fasz.2(Verhörprotokoll Melchior Hammelmann).

[80]In manchen Veröffentlichungen zur Hexerei findet sich bisweilen der Hinweis auf angeblich von Hexen gebrauchte Salben, die Halluzinationen hervorriefen. Aufgrund des zitierten Verhörprotokolls steht aber zumindest für den Fall Hammelmann eindeutig fest, daß hier im Zusammenhang mit angeblicher Hexerei keine derartigen Mittel angewandt wurden. Die Inquisitoren hätten sich doch wohl ein so eindeutiges Indiz, wie eine Hexensalbe nicht entgehen lassen.

[81]DAW Hexenprozesse, Geistliche der Stadt Würzburg, Verlassenschaftsakten 1628-1630, Fasz.2(Verhörprotokoll Melchior Hammelmann).

[82]**bastätt** < mhd. **bast**: Enthäutung und Zerlegung des Wildes; hier ist also tranchierter Fisch gemeint (vgl. Matthias Lexer, Mittelhochdeutsches Taschenwörterbuch, Stuttgart ^{36}1981, S.10).

[83]DAW Hexenprozesse, Geistliche der Stadt Würzburg, Verlassenschaftsakten 1628-1630, Fasz.2(Verhörprotokoll Melchior Hammelmann).

[84]Ebd.

daraussen gesehen?", worauf der Angeklagte zur Antwort gab: "...An der gesellschafft ist vil gelegen. Vor 8.tagen alß das letztermahl hab er gesehen..."[85] Auf den nächsten Protokollseiten folgen nun die Namen von 51 Menschen, die Hammelmann beim Hexentanz auf dem Rennweg gesehen haben wollte. Zweimal ist diese Aufzählung vom Beschuldigten selbst unterbrochen worden. Man spürt förmlich das Ringen mit seinem Gewissen, das Melchior Hammelmann schwer belastete, da er sehr wohl wußte, daß er völlig Unschuldige denunzierte. Nach den ersten fünf Namen hielt er inne und sagte, daß er allen diesen Leuten Unrecht täte. Doch dies hatte zur Folge, daß er mit weiteren Schlägen gequält wurde. Nach 48 Hieben bejahte er die fünf bereits Angegebenen wieder und nannte noch etliche neue Namen. Doch bald darauf unterbrach er sich zum zweiten Mal und konnte erst durch eine weitere Folterung mit dem Bock, in dem er eineinhalb Stunden sitzen mußte, zu neuen Denunziationen bewegt werden.[86]

Als die Inquisitoren für diesen Tag genug gehört hatten, ließen sie Hammelmann "Vf Versprechen daß er die vbrige Complices folgend[en] morgen alle angeben, sowol auch vf den p[unctu]m de Malefactis, Schadenfügung And[er]er V[er]fürung vnd sonsten sich ein stellen vnd ein richtige bekhandtnus thun wolle..." in Haft nehmen.[87]

Erst am Mittwoch, den 4.Oktober 1628, und nicht wie angekündigt am nächsten Morgen, ist Melchior Hammelmann wieder befragt worden. Der Protokollant vermerkt am Beginn seiner Niederschrift: "Ob woln man verhofft mehr Complices zubekhom[m]en,so hat er nit allein kheinen mehr angeben, sondern die beuor denuncÿrte alle widerum revocÿrt."[88] Erst nach einer "starckhen erinnerung", d.h. wohl aufgrund der Drohung mit der Wiederaufnahme der Folter, hat er sie alle "wid[er] affirmirt" und weitere Menschen als Hexen denunziert.[89] Nachdem er fünf neue Namen genannt hat, waren keine weiteren "Complices oder malefacta oder anders von ihm an ÿzo" mehr herauszubringen. Deshalb wurde er "sich zubedenckhen, iedoch cum reseruatione eines ernsts zur verwahrung genohmen..."[90]

Als das Verhör wiederaufgenommen wurde, sagte Melchior Hammelmann, daß er bei einem Hexentanz beim Gericht den Kanoniker im Neuen Münster, Nicodemus Hirsch mit zwei Frauen als Ministranten zelebrieren gesehen habe. Dieser "habe ein schwarzes Meßgewandt vnd andere schwarze paramenta gehabt, weisße brauch[en] sie nit. Die hostien so d[er] hirsch consecrirt hetten sie verspottet vnd daruf getretten vnd

---

[85]DAW Hexenprozesse, Geistliche der Stadt Würzburg, Verlassenschaftsakten 1628-1630, Fasz.2(Verhörprotokoll Melchior Hammelmann).

[86]Ebd.

[87]Ebd.

[88]Ebd.

[89]Ebd.

[90]Ebd.

gespien."[91] Bei einer solchen Aussage lag für die Inquisitoren natürlich folgende Frage nahe: "Wan dan solches der Hirsch gethan, warumb vnd obs er alß auch ein Priester solches nit auch gethan?"[92] Mittlerweile ist Melchior Hammelmann in einer solchen Verfassung gewesen, daß er bereitwillig ausführliche Angaben zu seinen angeblichen Untaten machte. So bekannte er sofort, daß auch er in schwarzen Paramenten, die bereits am Tanzplatz vorhanden gewesen seien, die Teufelsmesse gelesen habe. Der dafür verwendete Kelch sei eine Bocksklaue gewesen und anstelle eines Kreuzes wäre der Teufel in Bocksgestalt auf dem Altar gestanden. Die für diese Zelebration nötigen Hostien seien, wie die Paramente, bereits 'draußen' vorhanden gewesen; d.h. er selbst hat nie welche zum Tanz mitgebracht. Über die Hostien hätte er "... die formam gesprochen aber sine intentione consecrandi [.] Seine ministranten weren Teüfel in weibsgestalt geweßen, Kein Missal seÿ vorhand[en] geweßen. Man halte Keine andere Cæremonias alß eleuationem vnd offertorium, dazu die andere hexen gehen tanq[uam]. ad offert[orium]. vnd verspeÿen die hostien [.] Nach der Meß nehmen die ministri die hostien tragen sie vfm danzblatz, tretten vnd speÿen darauff."[93] Anschließend sei der Bock vom Altar heruntergestiegen, um sich von den Anwesenden am Hintern küssen zu lassen. Bei der zelebrierten Konsekration wäre anstelle des Weins Urin im Kelch gewesen, "darüber er die formam gesprochen, solches trinckhen hernacher die hexen auß beuor aber speÿen sie darein, oder schüttens aus vnd danzen daruf."[94]

Im Verhörprotokoll beginnt jetzt eine neue Reihe mit Namen angeblicher Hexereikomplizen, die dann durch die Frage des Generalvikars unterbrochen wird: "Ob er nie Kein wetter gemacht?"[95] Die Beteiligung an jeglichem Schadenszauber stritt er ab. Auch die Inquisitoren scheinen daran kein tieferes Interesse gehabt zu haben, da sie sonst wohl wieder die Tortur angeordnet oder zumindest angedroht hätten.

Viel interessanter für Dr.Riedner und seine Assistenten war die Frage: "Wene er dan in diesem laster verfürt?"[96] Hammelmann gestand daraufhin die Verführung von einem Mann und drei Frauen.

Die Inquisitoren kamen dann noch einmal auf die priesterliche Würde des Angeklagten zu sprechen und fragten ihn, "In cuius honorem er in Eccl[esi]a celebrirt" habe, worauf dieser zur Antwort gab: "in honorem Dei. daraussen aber in honorem Diaboli."[97]

---

[91] DAW Hexenprozesse, Geistliche der Stadt Würzburg, Verlassenschaftsakten 1628-1630, Fasz.2(Verhörprotokoll Melchior Hammelmann).

[92] Ebd.

[93] Ebd.

[94] Ebd.

[95] Ebd.

[96] Ebd.

[97] Ebd.

Gegen Ende des Verhörs äußerte sich Melchior Hammelmann auch zu der Frage, ob er versucht habe durch die Beichte und Lossprechung vom 'Laster der Hexerei' befreit zu werden: "Wie er von der nechsten raiß Kom[m]en seÿ er willens geweßen zum P. Hermanno seinem beichtvatter zugehen denselben vmb rhat zufrag[en] wie ihme von disem laster möge geholffen werden."[98]

Doch auch auf diese Aussage gingen die geistlichen Räte nicht näher ein, sondern nahmen stattdessen lieber noch drei Denunziationen zur Kenntnis. Mit den Worten "Jst hirüber biß vf fernern befelch zur Verwahrung genohmen word[en]."[99]

Wie Melchior Hammelmann bezichtigte sich auch Nicodemus Hirsch bei seinem Verhör am 10.Oktober 1628 erst nach der Folter selbst als Hexe.[100] Das über seine Befragung vom geistlichen Malefizschreiber angefertigte Protokoll besitzt in etwa die gleich Abfolge von 'Bekenntnissen' wie das des wenige Tage zuvor verhörten Hammelmann.

Über seine Verführung berichtete Hirsch, daß sie sich in Escherndorf, im Hause einer Frau, bei der er Unterkunft gefunden hatte, zugetragen hätte. Mit dieser habe er am Abend kräftig gezecht. Zu vorgerückter Stunde wäre er dann in die Obere Kammer zum Schlafen gegangen. Nicht lange danach "sey etwas kom[m]en vf ihnen alß ein blockh hineingefallen vnd gar sehr getruckht."[101] Noch in derselben Nacht hätte ihn die erwähnte Frau dazu überredet, Gott, Maria und alle Heiligen zu verleugnen. Zur Bekräftigung dieser Absage gab er ihr die linke Hand und versprach sich dem Teufel, der dann auch persönlich in Gestalt eines "Jungen gesellen... od[er] vil mehr in eins Jungen Heckhers[102] gestalt" dazugekommen ist.[103] Daß es der Teufel war, erkannte er am linken Fuß des Mannes, der ein "Gayßfuß" war. Nachdem Hirsch mit seiner Verführerin im Beisein des Teufels getanzt hatte, fragte ihn dieser, ob er sich ihm mit Leib und Seele verschreiben wollte. Als der Nicodemus Hirsch dies bejaht hatte, versprach der Böse ihm, daß es ihm allzeit wohl ergehen werde, falls er ihn künftig als seinen Gott annähme. Darauf gab Hirsch dem Teufel die linke Hand, die hart und kalt gewesen sei, und ließ sich anschließend von diesem taufen. Sobald dies vollzogen gewesen sei, wären alle drei auf einer Holzgabel zum Hexentanz ausgefahren.[104]

Seine weiteren Aussagen berichten dann vom Essen und Trinken, vom Tanzen und Unzuchttreiben beim Hexentreffen. Der junge Mann, der bei der Verführung dabei gewesen wäre, sei beim Tanz der Oberst gewesen, in der Gestalt eines Soldaten, "vor deme sie sich liegen vnd reuerentz machen

---

[98]DAW Hexenprozesse, Geistliche der Stadt Würzburg, Verlassenschaftsakten 1628-1630, Fasz.2(Verhörprotokoll Melchior Hammelmann).

[99]Ebd.

[100]Ebd., Fasz.1(Verhörprotokoll Nicodemus Hirsch).

[101]Ebd.

[102]Weinbauer.

[103]Ebd.

[104]Ebd.

müssen, Item so gar in bockhs gestalt im Hindern Küßen vnd sonst verehren vor ihme nid[er]knien vnd anbeten [müssen]... Bey Tisch sey wed[er] Saltz noch brodt gewesen vnd hetten die hexen gefreßen wie die Sew."[105] Der gesamte Tanz hätte jeweils etwa eineinhalb Stunden gedauert. Zum Abschied gebot der Teufel den Anwesenden "bößes zu stifften, Wetter zu machen, vnd einander zuhelffen in dergleichen sachen."[106]

Über die Hexentänze auf dem Rennweg in Würzburg berichtete Hirsch: "...allda ein mechtig apparat einer Mahlzeit von Hünern Vögel Kuchen vnd andern, vnd ein solch menig leuth die vast alle vermumt waren geweßen."[107] Er selbst habe dort mit der hingerichteten Tochter des Stolzenberg getanzt. Insgesamt sei er etwa 40mal auf den Rennweg, "der der vornembst ort" wäre, auf den "Marckh bei der Capellen", auf den "Hafenmarckh, bei des H.von Lichtensteins hoff, vbern Main bei St.Burckhardt vfm Kühe waßen," und "hindern thumb bei Ihr Fl.Gn.Hoff 2mal" ausgefahren.[108] Wenn er aber nachts 'draußen' war, sei er am folgenden Tag ganz erschlagen gewesen. So hätte ihm das Essen immer derartige Magenschmerzen bereitet "alß wan ers wider geben sollte."[109] Nach den bevorzugten Tagen für derartige Hexentreffen gefragt, sagte Hirsch, daß man meist am Mittwoch, am Samstag, an Feiertagen und vor Philippi und Jakobi hinausfahre.[110]

Nun folgt im Verhörprotokoll die schon von Melchior Hammelmanns Aussage her bekannte Reihe angeblicher Komplizen: insgesamt 22 Menschen sind hier aufgelistet.[111]

Nach den von ihm selbst begangenen Verführungen anderer zur Hexerei befragt, bekannte Nicodemus Hirsch die 'Seductio' eines vierzehnjährigen Mädchens in Escherndorf und die Beihilfe bei der Verführung des Knechts seiner eigenen Verführerin.[112]

"Die von dem Ham[m]elman von ihme bekhandte celebration beim gericht ist ihme zwar vorgelesen, von ihme aber nit gestand[en] word[en]," heißt es im Protokoll. Zwei Seiten weiter sind aber Aussagen zu angeblich von ihm selbst gehaltenen Teufelsmessen zu finden. Er hätte einmal "vfm Rennweg" und einmal "beim Creitz" zelebrirt. "...hab von schwarzem zeug selzames Meßgewandt angehabt, der H.Wasser vnd Stauber hetten ministrirt in ihren ordinari Kleidern [.] vf beed[en] seiten des altars sein lichter, in mitten aber ein bockh gestanden, an statt des Kelchs hab er ein Jrdenes geschür, aber doch ein rechtes hostiam, so der Wasser herbej bracht, gehabt, halt dauor sei consecrirt geweßen, die Meßfange an In no[m]i[n]e D[omi]ni stramen Lectio Ep[isto]lae

---

[105]DAW Hexenprozesse, Geistliche der Stadt Würzburg, Verlassenschaftsakten 1628-1630, Fasz.1(Verhörprotokoll Nicodemus Hirsch).

[106]Ebd.

[107]Ebd.

[108]Ebd.

[109]Ebd.

[110]Ebd.

[111]Ebd.

[112]Ebd.

Ap[osto]li F[rat]res estote fortes in u[est]ris conuersationib[us]. et implemini q[ui]d nobis dictu[m] e[st] a Rege n[ost]ro Ministri Fiant. sey ein zettlein vfm altar gelegen, darauf die Wort geschriben geweßen. Nach dißen worten wendet sich der celebrans vmb vnd sagt haec fiant nobis. Ministri. Ei ita, vnd knauckh[en] mit dem Kopf. Hernacher sprech der celebrans vber die Hostien hoc e[st] corp[us] meum hab auch aliquam intentionem [con]secrandi coactum q[ui]dem et absq[ue] affectu animi gehabt. Alßdan schutte er den wein auß den urceolis in den Kelch od[er] was es geweßen vnd spreche die forma hic calix p. wie vber die Hostien, mit eben solcher intention, hab also die Hostien mit der linkhen hand eleuirt die ministrj ihme den Arm gehalten, das Volckh aber hette ein grosßes geschraÿ gehabt, deßgleichen seÿ auch mit dem Kelch geschehen. Post Elevationem sprech der celebrans haec oblatio fiat tibi Beeltzebub. Ad agnus Dei gehn sie alle herbei vnd küsßen dem bockh im hindern. Nach der meß hab er die Hostien hinder sich vber den Kopf hinaus geworffen die sie veruhnert alle nacheinander beuor aber der Prister od[er] celebrans darauf gesesßen, den Kelch hete er ausgeschütt, darauf sie die andern getrett[en] vnd gedanzt."[113]

Nach seinen eigenen Versuchen, die Hexerei durch geistliche Mittel zu überwinden, befragt, erklärte Nicodemus Hirsch den Inquisitoren: "Das laster der hexerei hab er zu Dettelbach 2mal gebeicht, 14 tag aber hernacher seÿ ihme der Teüfel daheim da er zu beth gelegen, in gestalt eines Jungen gesellen, wie in seiner verführung, wid[er] erschinen zwischen 9. vnd 10. ihme solches zorniger weiß verhoben, Er Hirsch ihnen mit dem Creitz vnd Ostertauff wider vertriben... Nit lang darnach alß er Hirsch trunckhen geweßen ist er d[er] Teüfel wider kom[m]en ihne vberredt, vnd von newen wider hinaus genohmen."[114]

Am Ende des Verhörs fragte der Generalvikar Dr.Riedner den Angeklagten, warum er nicht schon bei der gütlichen Befragung gestanden hätte. Nicodemus Hirsch antwortete darauf, daß er sich gefühlt habe, wie wenn ein Mühlstein an seinem Herzen hinge und wie wenn ihm jemand den Mund mit der Faust zudrücke.[115]

Auch um den Vikar des Stiftes Neumünster, Heinrich Betz, am Freitag, den 27.Oktober 1628 dazu zu bringen, sich selbst des Teufelsbundes zu bezichtigen, bedurfte es der Folter. Erst nach 129 Hieben mit Weidenruten sagte er, daß der Vikar Johann Christoph Rüger ihn dazu verleitet habe, mit ihm zu den Hexentänzen hinaus zu fahren und zuvor Gott, Maria und allen Heiligen abzusagen. "So er alles versprochen vnd gethan, Item müße [er] sich dem Teüfel ergeben mit Leib vnd seel denselben anbetten, vnd mit ihme buhlen, daß er gleichfalß verhaißen vnd dem Rüger die Handt darauf geben,

---

[113]DAW Hexenprozesse, Geistliche der Stadt Würzburg, Verlassenschaftsakten 1628-1630, Fasz.1(Verhörprotokoll Nicodemus Hirsch).

[114]Ebd.

[115]Ebd.

in beisein eines frembden mans in schwarz wullenen Klaidern ohne mantel, dene er aus der vrsachen vor den teüfel gehalten, weiln er in momento vor ihnen erschinen vnd stehn verbliben..."[116] Als sich Heinrich Betz auch noch persönlich dem Teufel versprochen hatte, wurde er von ihm getauft. In der folgenden Nacht hat er dann mit dem Bösen in Gestalt einer Frau, die einen kalten und weichen Leib besessen hätte, Geschlechtsverkehr gehabt. Anschließend sei er mit ihr das erste Mal ausgefahren.[117]

Am letzten Freitag vor seiner Verhaftung sei er bei einem Hexentanz auf dem Sanderwasen gewesen, wo am Vormittag des gleichen Tages Hexen verbrannt worden waren. Unter den Hingerichteten befanden sich auch die Geistlichen Nicodemus Hirsch und Johann Christoph Rüger. Am Ort des Scheiterhaufens habe er in der Nacht ein spitzes blaues Feuer in Gestalt eines Turms gesehen, "...bei deme sie gedanzt, vnd hete ihn gedeucht alß wan des Hirschen vnd Rügers Kopff im feüer weren... Da die 2. der Hirsch vnd der Rüger im feüer gesesßen hab der Teufel gesagt, es seÿ nichts mit dem feüer, Item seÿ der Rüger neben ihme Bötzen am Disch geseßen dene er gefragt wie es mit ihme seÿ, der Rüger geandtwort ihme seÿ nichts p."[118] Im übrigen zeichnete Heinrich Betz in seiner von den geistlichen Räten erzwungenen Aussage das immer gleiche Bild von den Hexentänzen: Essen, Trinken, Beischlaf mit den anwesenden Buhlteufeln, Teufelsverehrung. Dann folgt im Protokoll eine Liste von 19 angeblichen bei den Hexentreffen gesehenen Komplizen.[119]

Nach den bei den Hexentänzen zelebrierten Messen befragt, berichtete Betz, daß Friedrich Wasser einmal eine solche gehalten hätte. Dabei habe er "ein scheckhertes Mesßgewandt angehabt, der altar seÿ geweßen wie ein Disch vnd 2. od[er] 3. lichter darauff, inmitten aber an des Crucifixs statt ein weibsbildt gestand[en], der Waßer hab ein buch vnd eines rechten Kelchs vnd hostien gestalt vor sich gehabt, die er mit einer handt eleuirt, die circumstantes aber hetten gemurret... den Kelch hab der celebrans ausgetrunckhen vnd alß dan lehr stehn laßen. Der Rüger hab hostias hinaus gebracht, vnd dem celebranten geben, die sie veruhnert mit füßen getretten, zerrisßen."[120] Betz selbst habe zweimal ungeweihte Hostien mit hinaus genommen. Er habe sie aus dem Zimmer Rügers genommen, die dort "hinder der wandt gesteckht" seien.[121]

---

[116]DAW Hexenprozesse, Geistliche der Stadt Würzburg, Verlassenschaftsakten 1628-1630, Fasz.1(Verhörprotokoll Heinrich Betz).

[117]Ebd.

[118]Ebd.

[119]Ebd.

[120]Ebd.

[121]Ebd.

"Obbenanter Wasser hab schier Jmmer zu daraußen meß geleßen. Deme der Rüger ordinarie ministrirt vnd eingeschenckt. Der justificirte Groll hab auch bißweiln ministrirt."[122]

Auf die Frage der Inquisitoren, ob und wie man denn Unwetter erzeugen könne, gab Heinrich Betz auch Auskunft: "Wan man habe wetter machen oder ichtwas verderben wollen sei man in die lüfft gefahren vnd geschrien hui hui ins teifls nahmen treiben wir die wolckhen zusammen vnd verderben die Som[m]erfrucht vnd getraidt, darauff Kisel vnd regen erfolgt, dazu hab er selbst 4. oder 5. mal geholffen..."[123]

Die bevorzugten Tanztage seien Mittwoch und Freitag. Zu ihnen sei Betz aber nie mit einem Bock oder einer Gabel, sondern stets nur mit seinem Buhlteufel, der ihn dafür an der Bauchgegend ergriff, ausgefahren.

Befragt, ob er anderen Leuten an Leib und Leben oder Hab und Gut jemals Schaden zugefügt habe, sagte er, daß er dies nie getan hätte, wie er auch niemanden zu Hexerei verleitet hätte. Als er auch bei einem weiteren Verhör am 30.Oktober 1628 bei dieser Aussage blieb, insistierten die Inquisitoren ebenfalls nicht mehr auf diesem Punkt. Für sie war wohl ausreichend, daß er die Teilnahme am Hexentanz mit der dazugehörigen Gottesverleugnung und dem daran anschließenden Wetterzauber bekannt hatte.[124]

Daß er nicht gleich bei der gütlichen Befragung gestanden habe, hätte ihre Ursache darin, daß er gemeint habe es "seÿ nit wahr mit der Hexereÿ, sonder ihm allzeit geweßen alß wan ihme nur getraumt."[125]

Nach Anwendung der Folter bezichtigte sich am 16.Januar 1629 Nikolaus Schwerdt selbst der Hexerei: drei Jahre vor seiner Verhaftung sei der "böße geist in einer Jungfraw gestalt zu ihm in sein Kam[m]ern kommen da er selbigen abend ein rausch gehabt..."[126] Auch Schwerdt bekannte dann den Geschlechtsverkehr mit dem Teufel, der sich kalt angefühlt habe, die Verleugnung Gottes, das Versprechen an den Teufel und die Taufe durch den Teufel, die bei ihm aber nicht mit Wasser vollzogen worden sei, sondern mit dem Urin, der sich in seinem Nachttopf befand.

"Nach der Tauff hab sie ihme nur under den armen angefaßt vnd zum güter[127] hinaus gefürt sprechend hui hinauß ins Teufels nahmen, Vnd ob woln das güter verschloßen hat ihne doch gedeucht könne gar wol hinauß..."[128] Der erste Hexentanz an dem er teilgenommen habe, hätte auf dem Rennweg

---

[122]DAW Hexenprozesse, Geistliche der Stadt Würzburg, Verlassenschaftsakten 1628-1630, Fasz.1(Verhörprotokoll Heinrich Betz).

[123]Ebd.

[124]Ebd.

[125]Ebd.

[126]Ebd.(Verhörprotokoll Nikolaus Schwerdt).

[127]Fenstergitter.

[128]DAW Hexenprozesse, Geistliche der Stadt Würzburg, Verlassenschaftsakten 1628-1630, Fasz.1(Verhörprotokoll Nikolaus Schwerdt).

stattgefunden. Dort seien viele Leute auf Stühlen und Bänken "vmb die disch vnd daffel gesessen, die mit geferbten deppichen bedeckht auch mit speißen belad[en] waren von allerhandt gatung alß Salat, Schlegel von eim wildt, dauon er auch geßen, hab schwäflicht geschmeckht, vnd sieß geweßen, seÿ auch niemand satt dauon word[en], Salz hab er nit gesehen d[a]z brot aber so schwarz war sei auch gar abgeschmackh vnd siesß, wie auch der tranckh oder wein, dene sie aus silbern bechern getrunckhen, geweßen,..."[129] Die Lichter bei diesem Tanz seien von Teufeln gehalten worden. Nach dem Essen hätten die Anwesenden miteinander getanzt und anschließend miteinander geschlafen. "Der so d[a]z directorium daraußen gefürtt vnd in ein lideren Goller[130] vnd Braunen Hoßen aufgezogen, sei herumb gangen vnd sich ie weiln nider gesezt an ein disch hernacher aber auch in einen sessel... gesesßen darüber ein uelamen gehangen vnd andere deppich wie man einen Thron... bereitet... Disem Obersten im sessel hab einer nach dem andern kniend reuerenz gemacht vnder andern er auch, die formalia was er gesprochen wisse er nit mehr, sei doch der sensus geweßen Ego te Adoro D[omi]num et Deum meum, dene sie auch im hindern Küßen müßen da er gesehen wie ein bockh vnd vbel gestunckhen."[131]

Weiter wollten die Inquisitoren von Nikolaus Schwerdt auch wissen, was seiner Meinung nach der Grund für das Erscheinen des Teufels als Jungfrau bei seiner Verführung war. Er antwortete, dies sei so geschehen, "weiln er lange zeit ein Vnkheusche lieb getragen gegen einem mädlein des Dr.Meirers seel. hinderlaßenen witib schwester Babelein, die dan ie zuzeiten aber doch in ehren zu ihm in seine Vicarei behaußung kommen, Vnd hab er eben damalß alß der Teufel in ihrer gestalt zu ihm kom[m]en, böße fleischliche gedanckhen gegen bemelter Person gehabt, vnd in eum finem sich selbst polluirt..."[132]

Nach seinen Versuchen, sich durch das Sakrament der Buße von der Hexerei zu befreien, befragt, sagte Schwerdt: "Vnd ob woln er diß laster offt beichten wollen, so seÿ es ihm aber so hart word[en] daß ers immer procrastinirt vnd also verbleib[en] laßen."[133]

Auch in diesem Verhörprotokoll folgt nun eine Liste mit angeblchen Komplizen, die er bei den Hexentänzen gesehen habe. Doch eine Besonderheit unterscheidet diese Aufzählung von den anderen bisher erwähnten: sie ist von vornherein streng strukturiert; d.h. die verschiedenen Denunziationen von Geistlichen, die den Hauptanteil der angeblichen Komplizen Schwerdts ausmachen, sind auf die jeweiligen Würzburger Stifte verteilt. So benannte der Angeklagte zunächst zwölf Kleriker aus Stift Haug, dann sechs aus dem Domstift und

---

[129]DAW Hexenprozesse, Geistliche der Stadt Würzburg, Verlassenschaftsakten 1628-1630, Fasz.1(Verhörprotokoll Nikolaus Schwerdt).

[130]Schulterkragen.

[131]DAW Hexenprozesse, Fasz.1(Verhörprot. Nikolaus Schwerdt).

[132]Ebd.

[133]Ebd.

schließlich sieben aus dem Stift Neumünster. Dies läßt darauf schließen, daß hier von den Inquisitoren ganz konsequent Stift für Stift bei der Stellung der Frage nach den Mittätern Schwerdts durchgegangen worden ist. Etwa nach dem Muster: 'Wen hast du aus dem Stift N.N. gesehen?' Am Ende des Verhörs vom 16. Januar 1628 mußte der Angeklagte dem Generalvikar versprechen "bei dißer seiner Ausßag daß sie durchauß wahr seÿ nit allein bestendig zu uerbleiben sondern sich noch so wol vber geist: vnd weltliche Complices zubedenckhen, wie auch vber die 3. puncta [d.h. Untaten, Verführung anderer, Hostienverunehrung] daß die H. Examinatores damit zufrid[en] sein sollen."[134]

Am nächsten Tag denunziert er dann noch weitere Geistliche und einige weltliche Personen. Auf seine Untaten angesprochen, bekannte er sich der Hostienverunehrung schuldig. Zunächst hatte er auch eine längere Aussage über eine von dem ebenfalls verhafteten Domvikar Balthasar Tonsor[135] gehaltene Teufelsmesse gemacht. Dies hat er jedoch später widerrufen und gesagt: "Von dem Meeßleßen wisse er gantz vnd gar nichts aigentlichs, habs nit in acht genom[m]en..."[136] Am Ende dieser Befragung ließen ihn die geistlichen Räte mit dem Auftrag abführen, sich nochmals über seine Verführungen, weitere Komplizen und Untaten genauere Gedanken zu machen. Doch Nikolaus Schwerdt scheint keine weiteren Aussagen mehr gemacht zu haben, da die nächste Eintragung im Protokoll vom 22. Januar 1629 nurmehr von einer Bestätigung des bisher schon abgelegten Geständnisses spricht.[137]

Wenn man nun sämtliche Aussagen der verhafteten und von den geistlichen Räten befragten Kleriker vergleicht, läßt sich zumindest ansatzweise ein Interrogationschema erschließen, nach dem die Inquisitoren bei der Befragung der hexereiverdächtigen Geistlichen vorgegangen sind. Teilweise sind die gestellten Fragen durch den geistlichen Malefizschreiber in das Verhörprotokoll aufgenommen worden, teilweise lassen sie sich nur noch aus den gegebenen Antworten erschließen:[138]

---

[134]DAW Hexenprozesse, Geistliche der Stadt Würzburg, Verlassenschaftsakten 1628-1630, Fasz. 1 (Verhörprotokoll Nikolaus Schwerdt).

[135]Er ist zwar als Hexe verhaftet, aber nicht hingerichtet worden!

[136]DAW Hexenprozesse, Geistliche der Stadt Würzburg, Verlassenschaftsakten 1628-1630, Fasz. 1 (Verhörprotokoll Nikolaus Schwerdt).

[137]Ebd.

[138]Soweit es sich im folgenden um Originalzitate aus den Akten handelt, ist dies durch Anführungszeichen und Quellenangabe kenntlichgemacht. Alle übrigen Fragen sind Rekonstruktionen aufgrund des Vergleiches der vier erhaltenen Untersuchungsprotokolle im Diözesanarchiv Würzburg.

1. "Ob er... von der diffamation, so wider ihnen gehe, wisßenschafft trage?"[139]
2. "Ob er dan mit dem laster der hexerei behafft seÿ?"[140]
3. "Ob er dan den [Name eines Denunzianten] gekhandt?"[141]
4. "Ob Er Verfürt seÿ in der hexerei."[142]
5. "Obs bei tag oder nacht geschehen."[143]
6. In welcher Gestalt ist der Teufel bei der Verführung erschienen?
7. An welchen Ort fand die Verführung statt?
8. Fand eine Absage an Gott statt?
9. Hat er sich dem Teufel versprochen?
10. Fand eine Taufe durch den Teufel statt?
11. Hat er mit dem Teufel Unzucht getrieben?
12. Fühlte sich der Körper des Teufels dabei kalt an?
13. Wie oft und wo fand der Geschlechtsverkehr mit dem Teufel statt?
14. "Wievil mahl er dan allhier zu Wirtzburg ausgefahren."[144]
15. Wie oft ist er pro Woche ausgefahren?
16. Ist er auf einem Bock oder auf einer Gabel ausgefahren?
17. Wann ist er das letzte Mal ausgefahren?
18. Wo sind die Hexentanzplätze?
19. Was gab es beim Hexentanz zu essen?
20. Ob er davon gegessen hat und wie das Essen geschmeckt hat? Hat es süß geschmeckt?
21. Wird man von dem Essen satt?
22. Fehlt beim Essen das Salz?
23. Gibt es dort Brot zu essen?
24. Gibt es auch Wein zu trinken? Schmeckt er süß?
25. Was für eine Beleuchtung gab es bei den Tänzen? Vielleicht alte Frauen mit bläulichen Lichtern im Hintern?
26. Tanzt man bei den Hexentreffen?
27. Treibt man nach dem Tanzen miteinander Unzucht?
28. In welcher Gestalt hat der Teufel draußen das Direktorium gehalten?
29. Wird der Teufel verehrt und wie Gott angebetet?
30. Mit welchen Handlungen und Worten geschieht dies?
31. Muß man den Teufel in Bocksgestalt am Hintern küssen?

---

[139]DAW Hexenprozesse, Geistliche der Stadt Würzburg, Verlassenschaftsakten 1628-1630, Fasz.2(Verhörprotokoll Melchior Hammelmann).

[140]Ebd.

[141]Ebd.

[142]Ebd.

[143]Ebd.

[144]Ebd.

32. An welchen Tagen finden die Hexentänze bevorzugt statt?
33. Wann ist er das letzte Mal ausgefahren?
34. Welche weibliche Hexe ist seine Geliebte?
35. "Wene er dan [bei den Hexentänzen]... gesehen?"[145]
36. Wurde bei den Hexentänzen eine Messe zelebriert?
37. Hat er selbst, weil er ja Geistlicher ist, eine Messe beim Hexentanz zelebriert?
38. Wie das Meßgewand aussah, das der Priester dabei trug?
39. Was diente als Kelch?
40. Wie sah der Altar aus?
41. Wieviele Kerzen standen auf ihm?
42. Was stand anstelle des Kreuzes auf dem Altar?
43. "Was er dan vor hostien [d.h.konsekrierte oder nichtkonsekrierte] gehabt?"[146]
44. Fand die Konsekration mit Meßintention statt?
45. Wer ministrierte? Etwa Frauen oder Teufel in Frauengestalt?
46. War ein Meßbuch auf dem Altar gelegen?
47. Wird die Hostie mit nur einer Hand erhoben?
48. Gibt es bei der Teufelsmesse neben der Elevation und dem Offertorium noch andere Zeremonien?
49. Murren und schreien die Hexen bei der Erhebung der Hostie?
50. Wirft der Priester die Hostie zu Boden?
51. Treten, speien und tanzen die Hexen auf den Hostien?
52. Wird der Teufel in Bocksgestalt nach der Wandlung am Hintern geküßt? Geschieht dies zum Agnus Dei?
53. Wird bei der Teufelsmesse auch Wein gewandelt?
54. Wird er getrunken oder verschüttet? Tanzen die Hexen darauf?
55. Werden die Messen immer in der gleichen Form gehalten?
56. Zu wessen Ehre wurde bei den Hexentänzen zelebriert?
57. "In cuius honorem er in Eccl[esi]a celebrirt[?]"[147]
58. "Ob er nie Kein wetter gemacht?"[148]
59. Macht man Wetter, indem man in die Lüfte fährt?
60. "Ob er niemalß andern leuthen an leib leben haab od[er] gut schaden gefügt, od[er] zu dißem laster verfürt?"[149]
61. "Wene er dan in disem laster verfürt?"[150]

---

[145]DAW Hexenprozesse, Geistliche der Stadt Würzburg, Verlassenschaftsakten 1628-1630, Fasz.2(Verhörprotokoll Melchior Hammelmann).

[146]Ebd.

[147]Ebd.

[148]Ebd.

[149]Ebd., Fasz.1(Verhörprotokoll Heinrich Betz).

[150]Ebd., Fasz.2(Verhörprotokoll Melchior Hammelmann).

62. Hat er die Hexerei jemals gebeichtet?
63. Warum hat er nicht bereits in der Güte vor der Folter seine Untaten bekannt?

Betrachtet man die Inszenierung der angeblich auf den Hexentänzen veranstalteten Teufelsmesse, so stellt man leicht fest, daß sie eine recht stupide Nachäffung der wirklichen Messe gewesen sein soll. Nur wird 'draußen' eben alles genau entgegengesetzt vollzogen: so wird die Hostie mit nur einer Hand eleviert - bei der christlichen Messe mit beiden -, statt der männlichen Meßdiener versehen Frauen oder weibliche Teufel den Altardienst, anstelle der Verehrung des Leibes Christi steht die Beleidigung und Verunehrung der Hostie, etc.

Auch das von den Gefolterten 'bekannte' Versprechen an den Teufel bei ihrer Verführung ist eine Art Persiflage des christlichen Initiationssakraments. Der kirchliche Taufritus, der aus den drei Hauptelementen Absage an der Teufel, Glaubensbekenntnis und Taufspendung besteht, ist hier zu einer Verleugnung Gottes, einer Versprechung an den Teufel und einer Taufe durch den Teufel geworden.

Diese Vorstellungen von Teufelsbündnis, Hexentanz, Teufelsmesse usw. wurden beim Verhör den Angeklagten durch suggestive Fragen in den Mund gelegt und von ihnen als eigene Erlebnisse bekannt, um nicht wieder gefoltert zu werden. Für die Inquisitoren dagegen dürften die 'Bekenntnisse' der angeblichen Hexen eine Bestätigung ihres Wissens um die tatsächliche Existenz einer Hexensekte gewesen sein. Dieser ständig durch die Tortur gelieferte scheinbare Beweis für die Wirklichkeit von Hexerei und Teufelsanbetung hat sie wohl auch in dem Glauben bestärkt, daß sie eine für Kirche und Menschheit segensreiche Tätigkeit ausübten, wenn sie versuchten möglichst alle Hexen zu verhaften und hinzurichten. Die Namen dieser gottlosen Frauen und Männer erfuhren sie aber durch die erfolterten Denunziationen angeblicher Komplizen. Ein gut funktionierendes System, das unvermeidlich eine Vielzahl von Prozessen hervorbringen mußte![15]

3. Vom Geständnis zum Urteil

Um ganz sicher zu sein, daß die von den Angeklagten gemachten Aussagen richtig sind, befragten die Inquisitoren die Verhafteten an den folgenden Tagen noch mehrmals. Dabei wurde diesen ihr gesamtes protokolliertes Geständnis vorgelesen und die Möglichkeit gegeben, ihre Aussagen zu erläutern oder zu ändern. Ein völliger Widerruf hätte aber eine

[15] Zur 'Hexenproduktion' im Würzburger Hexenprozeß allgemein vgl. Christel Beyer, "Hexen-Leut, so zu Würzburg gerichtet". Der Umgang mit Sprache und Wirklichkeit in Inquisitionsprozessen wegen Hexerei, Frankfurt 1986.

neuerliche Folter bedeutet. Wie oft jedoch Einzelheiten geändert wurden, kann man noch an den nachträglich ins Protokoll aufgenommenen Notizen und Ergänzungen ablesen. Sehr häufig findet sich neben dem Namen eines zunächst als angeblichen Komplizen bezichtigten Menschen ein Widerruf in dieser oder ähnlicher Form: "reuocirt den...[Datum des Widerrufs]."[152] Aber auch ganze Teile des Geständnisses wurden geändert. So gab Melchior Hammelmann am 7.Oktober 1628 eine neue Version seiner Verführung zu Protokoll, die er aber am 11.Oktober auch wieder zurücknahm, um die Erstbekannte von neuem als wahr zu bekräftigen.[153]

Nachdem er diese Berichtigung seiner Aussage vorgenommen hatte, äußerte er sich noch zu der Frage, ob sich in Bezug auf sein Ausfahren zum Hexentanz seit dem Beginn der Hexenverfolgung durch den Würzburger Fürstbischof Philipp Adolf von Ehrenberg etwas geändert hätte: "...vorhero aber seie er des Jars nit so offt außgefahren, alß die .2. Jar hero da man das Hexenbrennen angefangen, dann dieß werckh seidther erst so aufrürisch word[en], hab sich die vorige Zeit meistens der Vnzucht beflißen."[154] Schließlich fing er "von freien stuckhen an, es seie ihme allezeit zuwidern geweßen, in diesem laster zuuerbleiben, habs auch offtermal im Sinn gehabt, daßelbe zubeichten aber solches niemals thun Können, halte daruor der Teüfel hab ihne verhindert, Wiße weiter von der Hexerei nichts mehr, was er aber außgesagt vnd ihme heüt vorgeleßen worden, seie alles die lauter warheit woll dabei bestendig verbleib[en], darauf endtlich leben vnd sterben vnd dabei gebetten, ihne nit mit dem rechtstag zuvbereilen, damit er vorhin seine schwere sündt beichten vnd genugsam berewen möge."[155]

Da Melchior Hammelmann bereits am 9.Oktober 1628 vom Weihegrad eines Priesters degradiert worden war, konnte man ihm am 17.Oktober 1628 nach neuerlicher Bestätigung seiner Aussagen für den 20.Oktober 1628 seinen Rechtstag, d.h. den Tag seiner Hinrichtung, ankündigen.[156]

Als Nicodemus Hirsch am 14.Oktober 1628 seine durch die Folter erpreßten Geständnisse bestätigt hatte, wurde ihm für den übernächsten Tag seine Degradation angekündigt. An jenem 16.Oktober 1628 befragten ihn die geistlichen Räte nochmals, ob er bei seiner Aussage bleiben und darauf leben und sterben wolle. Hirsch bestätigte sie nicht nur in allen Punkten, "sondern [hat] die H.Geistl. gebetten bei Ihrer fl.Gn. vor ihn zu intercediren, wolle hergegen im him[m]el auch vor sie bitten, hat auch gewaint daß die Träher vfn backhen gelegen."[157] Einen Tag nach seiner Degradierung, am

---

[152]Vgl. DAW Hexenprozesse, Geistliche der Stadt Würzburg, Verlassenschaftsakten 1628-1630, Fasz.2(Verhörprotokoll Melchior Hammelmann).
[153]Ebd.
[154]Ebd.
[155]Ebd.
[156]Ebd.
[157]Ebd., Fasz.1(Verhörprotokoll Nicodemus Hirsch).

17.Oktober 1628, wurde ihm nach nochmaliger Bestätigung seiner Aussagen für den 20.Oktober der Rechtstag angekündigt.[158]

Auch Heinrich Betz wurde am 4.November 1628 nochmals sein Geständnis vorgelesen. Nach der Bestätigung durch den Angeklagten, der darauf leben und sterben wollte, kündigte man ihm den kommenden Montag, den 6.November 1628, als Termin für seine Degradierung an.[159]

Nikolaus Schwerdt bestätigte am 22. und 25.Januar 1629 seine Aussagen. Am letztgenannten Tag sagte er, es "sey vnnötig ihme seine Aussag vorzulesen, wisße ohne das wol was er gesagt. Obwoln er auch |:weiln er nit so gar vil dabei gewest:| wider dauon zukhom[m]en verhofft, so wol ers doch Gott vnd der Obrigkeit befehlen. Item hat er gebeten bei den H.Weltlichen soweit vor ihnen zu intercediren, damit er bei diser seiner aussag gelaßen werd[en] mögte."[160] Schwerdt hat scheinbar gefürchtet, von den weltlichen Richtern nochmals befragt oder gar gefoltert zu werden, weil er keine Verführungen anderer zur Hexerei und Untaten, außer einer Hostienverunehrung bekannt hat. Die verhaltene Hoffnung auf ein unblutiges Ende seines Prozesses, die aus den Worten, daß er hoffe wieder davonzukommen, herauszuhören ist, hat sich sehr schnell zerschlagen: im 28. Würzburger Hexenbrand wurde er nach dem 27.Januar 1629 hingerichtet.[161] Eine pastorale Lösung, beispielsweise eine Einweisung in ein Kloster zur 'Besserung' o.ä., für einen Angeklagten, der sich bereits selbst als Hexe bekannt hatte, lag nicht im Horizont der Würzburger Hexenverfolger, die dieses 'Laster' viel lieber mit Feuer und Schwert ausrotten wollten.

4. Die Haft

Alle Verhöre und Untersuchungen gegen die der Hexerei verdächtigten Würzburger Geistlichen fanden in der Stadtgerichtsstube am heutigen Kürschnerhof statt. Dort hatte bereits der Vorgänger Philipp Adolfs von Ehrenberg, Johann Gottfried von Aschhausen, im Jahre 1618 das ehemalige Münzhaus im Kanzleihöfchen in ein Gefängnis mit acht Gewölben und zwei Stuben für die Hexen umbauen lassen.[162] Hier waren auch die verhafteten und gefolterten Kleriker eingesperrt.

Am Ende seines von der Tortur erzwungenen Geständnisses vom 27.Oktober 1628 ist Heinrich Betz wieder in sein Gefängnis abgeführt worden. Dabei hatte er gegenüber den Inquisitoren geäußert, daß er auch bei den folgenden Verhören zu ihrer Zufriedenheit aussagen werde, "...wan er an ein

---

[158]DAW Hexenprozesse, Geistliche der Stadt Würzburg, Verlassenschaftsakten 1628-1630, Fasz.1(Verhörprotokoll Nicodemus Hirsch).

[159]Ebd. (Verhörprotokoll Heinrich Betz).

[160]Ebd. (Verhörprotokoll Nikolaus Schwerdt).

[161]Vgl. Schwillus, S.152.

[162]Franck, S.412; Gropp, S.389.

licht ortt od[er] stuben gelegt werd[en] solle..."[163] Mit diesem 'lichten Ort' ist wohl eine Zelle mit Tageslicht gemeint, die neben anderen dunklen Verliesen zur Verwahrung von angeblichen Hexen in der fürstlichen Kanzlei diente. Diese helle Stube, in der die meisten der verhafteten Geistlichen gefangen gehalten wurden, befand sich im oberen Stockwerk des Gefängnisgebäudes am Kürschnerhof.[164]

Dem am 10.November 1628 hingerichteten Vikar des Stiftes Neumünster, Lorenz Stauber, erlaubte man kurz vor seinem Tode die Abfassung einer Bittschrift an die Geistlichen Räte des Hochstifts, in der er diese bat, seine Vermögensverhältnisse nach seiner Verbrennung zu ordnen und einige Teile seines Besitzes als Erbe an einzelne, von ihm benannte Personen auszuhändigen.[165]

Die Dauer der Haft läßt sich aufgrund des eingeschränkten Quellenmaterials nur noch für drei der hingerichteten Geistlichen genau ermitteln: Melchior Hammelmann verbrachte 18 Tage im Gefängnis, Nicodemus Hirsch 11 und Heinrich Betz 15.[166] Eine ungefähre Angabe über die von den Verdächtigten und Angeklagten im Gefängnis zugebrachte Zeit erlaubt aber die Gesamtabrechnung aller im Zusammenhang des Inquisitionsprozesses wegen angeblicher Hexerei gegen Geistliche angefallenen Einnahmen und Ausgaben, die 1631 aufgestellt worden ist.[167] Hier fällt auf, daß sich die Kosten für das im Kerker erhaltene Essen bei den Hingerichteten zwischen 5fl. und 99fl. bewegten, bei den später wieder Entlassenen lagen sie aber in einer Spanne von über 100fl. bis zu 358fl. Das bedeutet, daß die nicht geständigen Geistlichen über Monate hinweg eingekerkert blieben. Für zwei nicht geständige und daher wieder entlassene Alumnen des Priesterseminars läßt sich die von ihnen im Gefängnis zugebrachte Zeit präzise angeben: Caspar Herbert war vom 3.Oktober 1628 bis zum 13.oder 14.Dezember 1629 und Johann Holtzmüller vom 5.Oktober 1628 bis zum 11.Dezember 1629 in Haft.[168] Das bedeutet, daß jeder der beiden über 14 Monate eingesperrt worden ist!

Zwei aus den Jahren 1628/29 stammende Rechnungen des Wirtes 'Zum goldenen Stern' über die Nahrung für die verhafteten Johann Holzmüller und Caspar Herbert ermöglichen uns einen Blick auf die Ernährung der Angeklagten. Ihnen wurden auf Befehl der "...herren Reht vnnd Examentores... alle Miteg mahlzeit 2. warme speÿß vnnd ½ maß neuer weinn [,] zunachts wasser vnnd brot gegeben..."[169]

---

[163]DAW Hexenprozesse, Geistliche der Stadt Würzburg, Verlassenschaftsakten 1628-1630, Fasz.1(Verhörprotokoll Heinrich Betz).

[164]Ebd., Fasz.2.

[165]Ebd., Fasz.9.

[166]Vgl. hierzu die Daten der Verhaftung und des Rechtstags in den Protokollen des DAW, Hexenprozesse, Fasz.1 u.2!

[167]DAW Hexenprozesse, Geistliche der Stadt Würzburg, Verlassenschaftsakten 1628-1630, Fasz.20.

[168]Ebd., Fasz 1 u. 20.

[169]Ebd., Fasz.1.

Wenn ein Verdächtiger ins Gefängnis gebracht worden war, mußten ihm seine Angehörigen, d.h. im Falle von Geistlichen deren Mägde, die nötigsten Dinge, wie Bekleidung, Eßgeschirr und Bettwäsche, dorthin übersenden.[170] Für das in die Kanzlei gebrachte Bettzeug einiger verhafteter Kleriker finden sich in den nach ihrer Hinrichtung aufgestellten Inventarverzeichnissen Vermerke dieser Art: "vf die Canzlei ist ihme das beth aus seiner hindern stuben gegeb[en] vnd wider gelifert word[en], nemblich 1.Vnderbeth 1.Oberbeth 1.Küßen alles vberzogen, dan 1.Vnüberzogen Pfülben vnd 1.baar leilacher[171][;] dißes beth gehört in die in seiner hindern stuben stehende Himmelbethladen..."[172]

---

[170]Merzbacher, Franken, S.94.

[171]Leintücher.

[172]DAW Hexenprozesse, Geistliche der Stadt Würzburg, Verlassenschaftsakten 1628-1630, Fasz.15(Inventarverzeichnis David Haas).

SECHSTES KAPITEL
Das geistliche und weltliche Urteil

1. Die Ankündigung des geistlichen Urteils der Degradation

Nachdem die geständigen Geistlichen im Gefängnis mehrfach ihre Aussagen bestätigt hatten, wurde ihnen durch die geistlichen Räte für einen der folgenden Tage die Degradation angekündigt. Am Degradationstag selbst fand eine neuerliche Verlesung des Verhörprotokolls statt. So ist am 6.November 1628 Heinrich Betz "gefragt word[en] ob er bei diser seiner Außag bestendig verbleiben vnd daß es wahr sey bei den H.Praelaten[1] bekhennen wolle, hat ers zugesagt vnd vor den H.Praelaten zubekhennen versprochen..."[2] Ebenso hat man auch am 16.Oktober 1628 Nicodemus Hirsch befragt, der dann auf dieselbe Zusage hin "...vf der Cantzlei in Sacello S: Bricij solemniter degradirt vnd dem weltlichen Magistratui vbergeben worden" ist.[3]

2. Bedeutung und Geschichte der Degradation

Der 1983 erschienene neue Codex Iuris Canonici(CIC) enthält die kirchliche Strafe der Degradation nicht mehr.[4] Sein Vorgänger, der CIC von 1917, der als kompaktes Gesetzbuch der römisch- katholischen Kirche das umfangreiche Werk des Corpus Iuris Canonici(CpIC) ablöste, beschäftigte sich noch in einigen seiner Canones mit ihr. Dort wird sie im Canon 2298, Nr.12 unter die Vindikativstrafen, denen nur Kleriker unterliegen, gezählt.[5]

Für das 17.Jahrhundert ist jedoch das Corpus Iuris Canonici die verbindliche Normensammlung des kirchlichen Rechts. Die schwerste Strafe, die einen Kleriker treffen konnte, ist die seit dem 13.Jahrhundert fest ausgebildete Degradation. Sie bedeutet für den Betroffenen den Entzug seines kirchlichen Amtes und Beneficiums und die Unfähigkeit in Zukunft Ämter der Kirche zu erhalten und Weihegrade

---

[1] D.h.vor dem geistlichen Degradationsgericht.

[2] DAW Hexenprozesse, Geistliche der Stadt Würzburg, Verlassenschaftsakten 1628-1630, Fasz.1(Verhörprotokoll Heinrich Betz).

[3] Ebd.(Verhörprotokoll Nicodemus Hirsch).

[4] Codex Iuris Canonici auctoritate Ioannis Pauli PP.II promulgatus. Codex des kanonischen Rechtes. Lateinisch-deutsche Ausgabe. Mit Sachverzeichnis, Kevelaer [2]1984.

[5] Codex Iuris Canonici Pii X Pontificis Maximi iussu digestus Benedicti Papae XV auctoritate promulgatus, Freiburg 1922, Can.2298: "Poenae vindicativae quae clericis tantum applicantur, sunt:... 12.° Degradatio."

auszuüben. Für den Hexenprozeß am bedeutendsten ist die Tatsache, daß eine derartige Rangerniedrigung auch den Verlust aller klerikalen Standesrechte bewirkte.[6]

Diese Standesrechte bestanden vor allem im *privilegium fori*, das besagte, daß kein Laie einen Geistlichen richten dürfe, da letzterer einer höheren Rangstufe angehöre. Erst nach dem durch die Degradation bewirkten Entzug der Weihegrade konnte ein straffällig gewordener Geistlicher dem weltlichen Arm der Justiz zur Aburteilung übergeben werden.[7]

Bei der Degradation selbst ist zwischen *degradatio verbalis* (auch *sententialis*) und *degradatio actualis* zu unterscheiden.[8] Die erstere ist ein rein juristischer Akt, bei dem die Degradation in Form eines Urteils ausgesprochen wird. Da sie also ein Vollzug der Jurisdiktions- und nicht der Weihegewalt ist, kann sie auch der noch nicht geweihte Bischof oder der mit spezieller Vollmacht ausgestattete Generalvikar durchführen.[9] Die degradatio verbalis selbt bewirkt aber nicht den Verlust der Privilegien des geistlichen Standes.[10] Allerdings kann der Verurteilte "die Funktionen seines Ordos und seines Amtes nicht mehr erlaubter Weise vornehmen, und wenn er dies vorsätzlich und wissentlich thut, so soll er mit der Exkommunikation belegt werden."[11] Um die verbale Degradation verhängen zu können, muß der Bischof bzw. Generalvikar bei der Verurteilung eines Priesters sechs, eines Diakons oder Subdiakons drei Bischöfe oder Äbte, die das päpstliche Privileg des Tragens der Mitra und des Stabes besitzen, oder auch Geistliche, die eine kirchliche Würde innehaben, als Richter mit vollem Stimmrecht hinzuziehen. Einen Minoristen kann der Bischof allein, mit Zuziehung des Kapitels, degradieren.[12]

Die degradatio actualis entzieht dem Verurteilten im Gegensatz zur degradatio realis wirksam die geistlichen Standesrechte. Diese Art der Degradation kann der Bischof erst nach seiner Weihe vollziehen, denn sie ist Ausfluß seines Ordos und kein rein juristischer Akt. Der Verlust der geistlichen Standesrechte, vor allem des privilegium fori, tritt mit Vollendung des Degradationsvorganges wirksam ein. Seinen ordo an und für sich behält der so Verurteilte aber. Ebenso bleiben für ihn, falls er Priester oder gar Bischof war, die Verpflichtungen zum Zölibat und zum Stundengebet, die er bei der Ordination versprochen hat, bestehen. Dies erklärt sich aus dem *character indelebilis*, der der Priester- und Bischofsweihe zukommt.[13]

---

[6] Paul Hinschius, Das Kirchenrecht der Katholiken und Protestanten in Deutschland. System des katholischen Kirchenrechts mit besonderer Rücksicht auf Deutschland. 5.Bd., Berlin 1895, S.563.

[7] Vgl.Merzbacher, Franken, S.65f.

[8] CpIC, c.2 in VI de poen. V.9; vgl. Hinschius, S.563.

[9] Trid.Sess.XIII.c.4 de ref.; vgl.Hinschius, S.565.

[10] C.27 X de V.S. V.40.

[11] Hinschius, S.565f.

[12] Ebd., S. 564f.

[13] Ebd., S.566f.

Die Strafe der Degradation wurde nach dem Dekretalenrecht bei wenigen Tatbeständen verhängt: Ketzerei, Fälschung päpstlicher und königlicher Schreiben, Anstiftung von Assassinen zum Mord, sowie deren Aufnahme, Verteidigung und Verbergung. Schließlich wandte man sie auch gegen einen aufgrund eines schweren Verbrechens abgesetzten Geistlichen an, der sich trotz der gegen ihn verfügten Exkommunikation und Anathematisierung unverbesserlich verhielt.[14]

"Die päpstliche Gesetzgebung hat seit dem 16.Jahrhundert diesen Fällen noch angereiht: 1.das heimliche Betreten des Papstwahlkonklaves und auf anderem Wege als durch die Thür, 2.die Sodomie, 3.die s.g. *injuratio et offensio status, rerum et personarum s. Officii inquisitionis*, 4.die Abtreibung der beseelten Leibesfrucht und Unfruchtbarmachung durch Tränke oder Gift (*procuratio abortus et sterilitatis*), sowie jede Art der Anstiftung, Beihülfe und Begünstigung dabei, 5.die s.g. *usurpatio ordinis*, d.h. die Celebration der Messe und die Verwaltung des Busssakraments ohne Besitz des priesterlichen Weihegrades, 6.die s.g. *sollicitatio ad turpia* (d.h. der Versuch des Beichtvaters, das Beichtkind, gleichviel ob ein weibliches oder männliches, zur Unzucht anzureizen), in schwereren Fällen, 7.den Diebstahl oder die unerlaubte Wegnahme von geweihten Hostien, 8.die Einholung von Wahrsagungen über den Zustand der christlichen Gemeinschaft oder des apostolischen Stuhles oder über das Leben und den Tod des Papstes und seiner nahen Verwandten, oder den Gebrauch oder die Ertheilung solcher Wahrsagungen und 9.die Blasphemie gegen Gott, Christus und die Jungfrau seitens eines Klerikers ohne Benefizium, wenn sie zum dritten Male verübt wird."[15] Wenn man diese Auflistung der von der Degradation bedrohten Vergehen betrachtet, fällt auf, daß Kleriker bei Delikten wie Raub oder Mord - mit Ausnahme des durch Assassinen heimtückisch verübten - schlimmstenfalls mit der Deposition und anschließenden Verbannung in ein Kloster zu rechnen hatten. "Oder anders formuliert: die kirchlichen Gesetzgeber und Richter wollten durch die Degradation und die sich anschliessende *traditio curiae* nur die Kleriker möglichst streng bestrafen, die ihrer Lehre und Institution gefährlich wurden, nicht aber die, welche die zivile Ordnung bedrohten."[16]

Am Beginn der Entwicklung der Degradation steht eine etwa 1176/77 verfaßte Dekretale Papst Alexanders III. an den Erzbischof von Salerno, Romuald. In ihr verbot der Pontifex Maximus, einen Kleriker nach der Degradation an ein weltliches Gericht auszuliefern. Diese Bestimmung veränderte die seither gültige Rechtsgrundlage für diese schwerste gegen

---

[14] Hinschius, S.567f.

[15] Ebd., S.568-570.

[16] Bernhard Schimmelpfennig, Die Absetzung von Klerikern in Recht und Ritus vornehmlich des 13. und 14.Jahrhunderts, in: Monumenta Iuris Canonici, Series C, Vol.6: Proceedings of the Fifth International Congress of Medieval Canon Law. Salamanca, 21-25 september 1976, Città del Vaticano 1980, S.519.

einen Kleriker verhängbare Strafe entscheidend, denn bis in die Mitte des 12. Jahrhunderts konnten geistliche Richter einen Degradierten an die weltliche Justiz zur Bestrafung übergeben.[17]

Im Laufe des 13. Jahrhunderts setzte sich aber die Auffassung Alexanders sowohl im kanonischen, als auch im säkularen Recht durch. Das heißt, daß das Verbot der Übergabe eines Degradierten an den weltlichen Arm der Justiz jetzt die Regel bedeutete und Ausnahmen von ihr eigens definiert werden mußten. Zur Begründung der Ausnahmen wurde nunmehr von den Päpsten und Dekretalisten stärker zwischen den bis dahin synonymen Begriffen *degradatio* und *depositio* differenziert, die beide eine Absetzung von Geistlichen bedeuten. "Durch die Deposition wurde der für schuldig befundene Kleriker seiner Funktion beraubt, doch behielt er seinen Weihegrad und die damit verbundenen klerikalen Vorrechte, besonders das *privilegium fori*... Die Degradation hingegen entkleidete den Delinquenten seiner Weihegrade und entzog ihm das *privilegium fori*, so dass er fortan wie ein Laie vom weltlichen Richter gerichtet werden konnte."[18]

Der erste Text, der sich seit dem von Alexander III. ausgesprochenen Verbot der traditio curiae mit der Degradation befaßt, ist die Dekretale 'Novimus' Innozenz' III. von 1209. Hier bestimmte der Papst, daß ein wegen eines "flagitium grave, non solum damnabile, sed damnosum" degradierter Geistlicher, nachdem er des "privilegium clericale" entkleidet worden sei, dem "saecularum forum" übergeben werden solle, da er vom "ecclesiasticum forum" ausgestoßen sei. Der Akt der Degradation selbst soll im Beisein der weltlichen Gewalt (saecularis potestas) liturgisch vollzogen werden. Anschließend hat diese den Verurteilten zu übernehmen und zu bestrafen. Allerdings muß die Kirche wirksam für ihn eintreten, damit der zu erwartende Richterspruch nicht die Todesstrafe verhänge.[19]

Die Kirche selbst hat nie verstümmelnde Körperstrafen oder die Todesstrafe angedroht oder verhängt. Sie war an den Grundsatz *ecclesia non sitit sanguinem* gebunden.[20] Daher ist auch bei der Degradation die Übergabe an die weltliche Gewalt nötig gewesen, um einen Übeltäter derart hart bestrafen zu können. Diese Auslieferung erfolgte aber mit der wenigstens formalen Bitte, das Leben des Verurteilten zu schonen.[21] Wie sehr diese Bitte zu einer bloßen Floskel in der kirchlichen Rechtspraxis verkommen ist, zeigen die Würzburger Hexenprozesse. In den erhaltenen

---

[17]Schimmelpfennig, S.517f.

[18]Ebd., S.518.

[19]Ebd., S.520f.

[20]Vgl. CpIC C.1-3, C.XXIII, q.5; hier wird Augustinus zitiert: epist.CLIX; CLVIII; CXXVII!

[21]Sägmüller, Johann B., Lehrbuch des katholischen Kirchenrechts, Bd.2, Freiburg [3]1914, S.369; vgl. CpIC C.3, X de crim.falsi. V,20: "...respondemus, ut eis nec membrum auferri, nec poenam infligi facias corporalem, per quam periculum mortis incurrere."

Urkunden ist sie Degradation für Degradation niedergeschrieben worden, obwohl von vorneherein das Todesurteil feststand.[22]

Erst über ein halbes Jahrhundert nach Innozenz' III. Dekretale findet sich im 'Speculum iuris' des Guillelmus Duranti wieder eine genauere Erörterung der Degradation, obwohl sie im Kirchenstaat und in anderen Territorien unterdessen mehrfach angewandt worden war.[23] "Bei der Beschreibung des Vollzuges der Degradation stützte er sich auf Innozenz' Dekretale 'Novimus' und auf den von Gratian übernommenen Kanon 28 'Episcopus' des 4.Toledaner Konzils von 633, in dem die Restitution irrtümlich deponierter Kleriker beschrieben ist. Duranti zufolge rasiert der Degradator zuerst dem Delinquenten die Tonsur und die bei der Weihe gesalbten Finger. Anschließend nimmt er ihm die seinem Weiheordo entsprechenden Insignien ab, entkleidet ihn seiner geistlichen Gewänder und lässt ihn schliesslich weltliche Gewänder anziehen. Dann übergibt er ihn dem anwesenden weltlichen Richter."[24]

Zwischen 1295 und 1298 entstand das Dekretale 'Degradatio' Bonifaz' VIII., das genauere Anweisungen für die Durchführung der Degradation enthält. Erstmals werden hier die Begriffe 'degradatio verbalis' und 'degradatio actualis' verwandt. Zunächst sollen dem Verurteilten die Gewänder und Insignien entzogen werden, wobei der Anfang bei der höchsten Rangstufe zu machen ist, so daß am Ende der Zeremonie die Ausrasierung der Tonsur steht. Die Rasur der Finger wird aber in diesem Text nicht erwähnt. Schließlich gestattet der Papst dem Degradator beim Wegnehmen der einzelnen Insignien und Amtsgewänder zur Abschreckung Worte zu sagen, die denen, die bei den einzelnen Weihen verwandt werden, entgegengesetzt sind.[25] Als Beispiel führt Bonifaz VIII. eine Formel an, die beim Entzug der priesterlichen Kasel gesprochen werden kann: "Auferimus tibi vestem sacerdotalem, et te honore sacerdotali privamus."[26] Am Ende der Degradation kann der Degradator diese Worte sagen: "Auctoritate Dei omnipotentis Patris et Filii et Spiritus sancti, ac nostra, tibi auferimus habitum clericalem, et deponimus, degradamus, spoliamus et exuimus te omni ordine, beneficio et privilegio clericali."[27]

Auch der Hexenhammer beschäftigt sich mit der Degradation von Klerikern. Falls ein Geistlicher der Hexerei überführt worden sei, müsse er vor seiner Verurteilung der Vorrechte jedes kirchlichen Ranges beraubt werden. Die Autoren dieses Machwerks verweisen dabei auf das CpIC, C.9,

---

[22]Vgl. DAW Hexenprozesse, Geistliche der Stadt Würzburg, Verlassenschaftsakten 1628-1630, Fasz.2 (Degradationsurkunden).

[23]Guillelmus Duranti, Speculum iuris 3.1 De accusatione c.2 n.4-7, Frankfurt 1592 [zit.n.Schimmelpfennig, S.521].

[24]Schimmelpfennig, S.522.

[25]Ebd., S.524.

[26]CpIC c.2 in VI. de poen. V.9.

[27]Ebd.

X de haeret. V,7, und verwenden im Anschluß daran die oben erwähnten Dekretalen Innozenz III. und Bonifaz' VIII., ohne sie allerdings eigens zu nennen. So "soll der Bischof, in priesterliche Gewänder gekleidet, unter Beistand der Prälaten seiner Diözese den zu Degradierenden, der vor ihm steht, gekleidet und vorbereitet, als wenn er in seinem Range ministrieren sollte, von seinem Rang degradieren, wobei er mit dem höchsten Range anfängt und so schrittweise bis zum untersten; und wie sich der Bischof bei der Verleihung eines Ranges der dazu von der Kirche eingesetzten Worte bedient, so kann er sich bei der Degradierung bei jeder Wegnahme, des Meßgewandes, der Stola und bei dem übrigen gewisser Worte bedienen, die den ersteren entgegengesetzt sind."[28]

3. Die Durchführung der Degradation in Würzburg

Von November 1627 bis zum 30.August 1629 wurden in Würzburg neun Vikare des Domstifts, sechs Kanoniker und fünf Vikare des Stiftes Neumünster, zwölf Kanoniker und neun Vikare des Stiftes St.Johannis im Haug, ein Kanoniker und ein Vikar aus St.Burkard, sowie mehrere Priesterseminaristen verbrannt.[29] Um aber diese Todesurteile rechtsgültig aussprechen und vollstrecken zu können, bedurfte es im geistlichen Staat Würzburg der vorhergehenden Degradation. Zu diesem Zweck wurde ein eigener Gerichtshof gebildet, der im Januar 1629 aus folgenden Mitgliedern bestand: "Judex aequissimus: Dr. Ridner, Canonicus zu Haug und fürstlicher Generalvicar. Assistenten: Weihbischof Wagenhauber; die beiden Aebte Wilhelm vom Schottenkloster und Andreas zu St.Stephan; Marcus Hammelmann, Decan zu Haug;[30] Balthasar Jordan, Theol.Doctor, Decan im Neumünster; Dr.Seb. Bergtolt, Scholasticus und Canonicus in Haug;[31] Dr.Joachim Gantzhorn, Assessor des Vicariats und Officialats; M.Georg Neidler, substitutus Procurator, und Michael Nötzelius, Notar."[32]

Über die in Würzburg durchgeführten Degradationen sind gleichförmige Urkunden angefertigt worden, die jeweils den folgenden Titel tragen: "Instrumentum Super degradatione propter Crimina Maleficij, Veneficij p. ... [hier folgt der Name des Verurteilten und das Datum des Degradationsaktes]."[33] Derartige Urkunden sind erhalten für:[34]

Bernhard Wolfart und Caspar Eyrich vom 16.September 1628,
Melchior Hammelmann und Caspar Metz vom 9.Oktober 1628,
Nicodemus Hirsch und Christoph Rüger vom 16.Oktober 1628,

---

[28] Sprenger (Schmidt), 3.Teil, 28.Frage, S.169f.
[29] Schwillus, S.154.
[30] Bruder des verbrannten Melchior Hammelmann!
[31] Sebastian Bergtolt selbst wurde im April 1629 der Hexerei angeklagt und verurteilt!
[32] Reininger, S.226f.
[33] DAW Hexenprozesse, Geistliche der Stadt Würzburg, Verlassenschaftsakten 1628-1630, Fasz.2 (Degradationsurkunden).
[34] Ebd.

Caspar Remmenbaren vom 17.Oktober 1628,
Lorenz Stauber, Heinrich Betz und Lorenz Nöth vom 6.November 1628,
Paul Lamprecht, Friedrich Wasser und Gottfried Raab vom 17.November 1628,
David Haas und Georg Wagner vom 15.Dezember 1628,
Michael Wagner und Lorenz Hoffmann vom 13.Januar 1629,
Nicolaus Schwerdt, Bernhard Marck und Bernhard Elling vom 27.Januar 1629,
Erhard Adolph von Fischborn und Michael Mair vom 10.Februar 1629,
Johann Thurneß vom 23.Februar 1629,
Johann Philipp Baumann und Gabriel Marck vom 6.März 1629,
Johann Prößler, Eberhard Demenrath und Johann Conrad Marck vom 17.März 1629,
Sigismuns Heß und Wilhelm Marius vom 3.April 1629,
Sebastian Bergtold vom 21.April 1629,
Georg Maierhöfer und Melchior Bauer vom 8.Mai 1629,
Balthasar Bach und Christoph Bulbeck vom 26.Mai 1629,
Heinrich Eppt, Georg Schwarzmann, Johannes Bartholomaeus Mezger und Wolfgang Sartorius vom 13.Juni 1629,
Michael Dorsch und Johann Reich vom 30.Juni 1629,
Georg Henffler vom 10.Juli 1629,
Lorenz Scheffer vom 19.Juli 1629.

Die Degradationsinstrumenta[35], die an einigen Stellen mit dem 1596 erschienenen *Pontificale Romanum* wörtlich übereinstimmen, beginnen mit der Nennung des Datums und der Stunde der Zeremonie: "In nomine Domini Jesu Christi Amen, Anno à Natiuitate Jesu Christi Millesimo Sexcentesimo Vigesimo Octauo die Lunæ Nona mensis Octobris, circa horam nonam meridianam..."[36] Anschließend werden die Mitglieder des anwesenden geistlichen Gerichts aufgezählt, die die degradatio verbalis aussprechen werden. Es waren, wie es das kanonische Recht für die Rangerniedrigung eines Priesters forderte, ein Richter und sechs hinzugezogene geistliche Würdenträger: als Judex æquissimus fungierte der Hauger Kanoniker und Generalvikar Dr.theol.Johann Ridner; seine Assistenten waren der Weihbischof Jodocus Wagenhauber, der Abt des Schottenklosters, Wilhelm, der Abt des Klosters St.Stephan, Andreas, der Subsenior M.Caspar Dietman, der Scholasticus Canonicorum in Haugis, Sebastian Berchtöldt

---

[35] Im folgenden wird als Beispieltext die Degradationsurkunde für Melchior Hammelmann und Caspar Metz herangezogen. Ihr entsprechen, bei ausgetauschten Daten und Namen, die anderen Instrumenta, die im Würzburger Diözesanarchiv aufbewahrt werden: DAW Hexenprozesse, Geistliche der Stadt Würzburg, Verlassenschaftsakten 1628-1630, Fasz.2.

[36] DAW Hexenprozesse, Geistliche der Stadt Würzburg, Verlassenschaftsakten 1628-1630, Fasz.2(Degradation Hammelmann/Metz).

(Bergtold), der Neumünsterer Kanoniker Dr. Johann Melchior Söllner und der Vikariats- und Offizialatsassessor Dr. Joachim Gantzhorn.[37]

Zu Beginn der degradatio verbalis, die sich in der geistlichen Kanzlei abspielte, trat M. Georg Neidlein als Substitutus Procurator Fisci generalis et specialis auf und führte gegen die des Crimen Maleficij beschuldigten Melchior Hammelmann und Caspar Metz Klage. Er beschwor die Pflicht des Generalvikars in seiner Funktion als Richter gegen die Angeklagten vorzugehen und sie gemäß den kanonischen Rechtsvorschriften des Weiheordos und des geistlichen Privilegs zu entäußern, zu degradieren und dem weltlichen Arm zu übergeben.[38]

Anschließend berichtete Neidlein dem Gericht die Ergebnisse der gegen die Beschuldigten durchgeführten Untersuchung. Er berichtete, wie die persönlich vor dem Richter anwesenden Kleriker Melchior Hammelmann und Caspar Metz nach vorangehender Denunzierung und aufgrund legitimer Indizien, die ausreichend geprüft worden seien, vor das geistliche Untersuchungsgericht zitiert und von diesem angeklagt und verhört worden sind. Auch sei ihnen die Möglichkeit eingeräumt worden, sich zu verteidigen. Nach Anwendung einer leichten Folter ("...post torturam leuiter tamen applicatam..."[39]) und später - ohne alle Furcht vor dieser -[40] hätten die Angeklagten ihre Verbrechen freiwillig und von sich aus bekannt: Apostasie, Sodomie, Idolatrie, Sacrilegium und andere überaus schreckliche Vergehen gegen den allmächtigen Gott. Über ihr mit eigenem Mund bekanntes Geständnis sei ein Protokoll angefertigt worden. Daher erklärte Neidlein, daß sie gemäß der Tradition der Kanones der degradatio verbalis und actualis verfallen seien und der weltlichen Gerichtsbarkeit übergeben werden können und müssen. Schließlich forderte er, daß über sie eine "sententia definitiua" gefällt und verkündet werde, die sie gemäß der Vorschrift der heiligen Kanones ihrer kirchlichen Ämter und Benefizien, sowie des klerikalen Standesprivilegs und der damit verbundenen Immunität beraube, weil sie dieser Vorrechte unwürdig seien.[41]

---

[37] DAW Hexenprozesse, Geistliche der Stadt Würzburg, Verlassenschaftsakten 1628-1630, Fasz. 2 (Degradation Hammelmann/Metz).

[38] Ebd.

[39] Ebd.

[40] Das auf der Folter erquälte Bekenntnis war nur gültig, wenn es nach deren Anwendung noch einmal bestätigt wurde. Allerdings ist bei den Hexenprozessen nicht davon auszugehen, daß ein Widerruf des bei der Folter gemachten Geständnisses rechtlich anerkannt worden wäre. Vielmehr hätte dies eine neuerliche Anwendung der Tortur bedeutet!

[41] DAW Hexenprozesse, Geistliche der Stadt Würzburg, Verlassenschaftsakten 1628-1630, Fasz. 2 (Degradation Hammelmann/Metz).

Nachdem diese Anklage vorgelesen, gehört und von den anwesenden Angeklagten bestätigt worden war, sprach der Generalvikar das schriftlich niedergelegte Urteil über die beiden Kleriker Melchior Hammelmann und Caspar Metz, die "Sententia definitiua in causa pendente inter R[everendissi]mi nostri Fiscalem, contra Melchiorem Hammelmann Vicarium in Haugis, Presbÿterum, et Casparum Metz Subdiaconum..."[42] Zunächst wiederholte dabei Dr. Riedner die bereits von Neidlein zur Untersuchung gemachten Ausführungen. Dann fällte er "...nur GOTT und die Furcht vor ihm und die Gerechtigkeit vor Augen habend, durch diesen... endgültigen Spruch... im Namen JESU CHRISTI unseres Herrn und im Namen der Seligen Jungfrau MARIA, die fromm und demütig angerufen worden sind..."[43] das Urteil: die Angeklagten seien wegen der Verbrechen der Apostasie, Sodomie, Idolatrie, des Sortilegiums, Maleficiums, Sacrilegiums und anderer mehr, die von den Beschuldigten von sich aus bekannt worden sind, zu degradieren und der weltlichen Justiz zu überantworten.[44] Der entscheidende Satz dieses Urteils entspricht in etwa dem, den das *Pontificale Romanum* für die degradatio verbalis anführt:

a. Text des Pontificale Romanum:[45]
"...ipsum omni hujusmodi officio, et beneficio ecclesiastico sententialiter perpetuo privamus in his scriptis, ipsumque ab illis verbis deponimus, et pronuntiamus realiter et actualiter secundum traditionem Canonum deponendum, et degradandum."

b. Text der Würzburger Degradationsurkunden:[46]
"...suo officio et Beneficio Ecclesiastico sententialiter perpetuo priuamus in his scriptis, ipsum ab illis verbis deponimus et pronunciamus, realiter et actualiter secundum traditionem canonum degradandum et Sæculari Curiæ tradendum."

---

[42] DAW Hexenprozesse, Geistliche der Stadt Würzburg, Verlassenschaftsakten 1628-1630, Fasz.2 (Degradation Hammelmann/Metz); der für alle Degradationen gleichlautende Text der *Sententia definitiva* ist in Anhang 3 abgedruckt!

[43] Ebd.: "...Solumq[ue] DEVM eiusq[ue] Timorem ac Justitiam prae oculis habentes, per hanc... sententiam definitiuam... JESV CHRISTI D[omi]ni nostri, Beatæ MARIÆ Virginis, Nominibus, pie et humiliter inuocatis..."

[44] Ebd.

[45] Pontificale Romanum Summorum Pontificum iussu editum a Benedicto XIV. et Leone XIII. Pont.Max. recognitum et castigatum, Regensburg 1888, S.89.

[46] DAW Hexenprozesse, Geistliche der Stadt Würzburg, Verlassenschaftsakten 1628-1630, Fasz.1 u.2 (Forma Sententiae definitivae/Degradationen).

Nach Verkündung des Urteils begab man sich mit den Angeklagten in die St.Bricciuskapelle, die sich in der fürstlichen Kanzlei am Kürschnerhof befand.[47] Dort vollzog der Weihbischof im Pontifikalgewand die degradatio actualis im Beisein des Generalvikars, seiner sechs Assistenten und anderer Kleriker, die im Amt des Priesters, Diakons und Subdiakons wirkten. Zunächst schabte der Suffragan den Verurteilten Daumen und Zeigefinger, um symbolisch die Salbung der Weihe zu entfernen, dann zog er ihnen die geistlichen Gewänder des Priester-, Diakons-, Subdiakons- und Levitenstandes, die Stola, die Manipel und das weiße Schultertuch aus. Ferner beraubte er sie des Rechtes die Sakristei zu betreten, die Kelchtüchlein und Kelche zu berühren. Sodann sprach er ihnen das Ceroferar-, Exorzisten-Lectoren-, Ostiarier- und Klerikeramt ab und zog ihnen die diese Würden symbolisierenden Gewänder aus. Schließlich begann er ihnen die Kopfhaare zu schneiden und befahl einem anwesenden Barbier sie gänzlich zu entfernen, um jede Spur der Tonsur zu tilgen. So wurden die Verurteilten wirksam aus dem geistlichen Stand ausgestoßen. Bei der Übergabe an die weltliche Gerichtsbarkeit bat der Weihbischof gemäß der kanonischen Vorschrift "mit aller Eindringlichkeit, der er vermochte, daß durch die Liebe Gottes, um der Frömmigkeit und des Erbarmens willen, und durch sein eigenes und das seiner Assistenten Eintreten diese Elendsten in keine Todes- und Verstümmelungsgefahr geraten."[48]

Nun beauftragte der Weihbischof den anwesenden Notar über den Verlauf der Degradation eine oder mehrere Urkunden anzufertigen.[49]

Die eigentliche Urkunde schließt mit dem Vermerk, daß der schriftlich niedergelegte Vorgang in der geistlichen Kanzlei, bzw. in der St.Bricciuskapelle im Beisein der speziell dafür ausgesuchten Zeugen M.Johann Ertlein und Johann Hollstetter und anderer Kleriker und Laien vollzogen worden sei.[50]

---

[47] Zur St.Bricciuskapelle vgl. Friedrich Merzbacher, Die Würzburger St.Brictius- Kapelle, in: Würzburger Katholisches Sonntagsblatt. Bistumsblatt für die Diözese Würzburg 98.Jg. (11.November 1951) Nr.45, S.360.

[48] DAW Hexenprozesse, Geistliche der Stadt Würzburg, Verlassenschaftsakten 1628-1630, Fasz.2(Degradation Hammelmann/Metz): "...cum omni affectu, quo potuit, ut amore Dei, Pietatis & Misericordiæ intuitu. et Suo sibiq[ue] Assistentium interuentu miserrimis hisce nullum mortis & mutilationis periculum inferatur." Vgl. hierzu den Text des Pontificale Romanum, S.94: "...rogamus... cum omni affectu, quo possumus, ut amore Dei, pietatis et misericordiæ intuitu. et nostrorum interventu precaminum, miserrimo huic nullum mortis vel mutilationis periculum inferatis."

[49] DAW Hexenprozesse, Geistliche der Stadt Würzburg, Verlassenschaftsakten 1628-1630, Fasz.2(Degradation Hammelmann/Metz).

[50] Ebd.

In einem Nachsatz verbürgt sich "Michael Nötzelius Grünffeldensis, Moguntinæ Diœcesis, sacra Jmperiali authoritate et ad hunc actum degradationis et depositionis specialiter rogatus et Jurat[us] Notarius" für die Richtigkeit seiner über die Degradation angefertigten und in die vorliegende redigierte Fassung gebrachten Urkunde.[51]

4. Die Verurteilung durch das weltliche Gericht

Ein oder mehrere Tage nach der Degradation in der St.Bricciuskapelle mußten die Verhafteten vor den Amtspersonen des weltlichen Gerichtshofes ihre Aussagen nochmals bestätigen. So ließen am 11. und 17.Oktober 1628 Dr.Faltermair, Dr.Fabritius und der Malefizschreiber den ehemaligen Priester Melchior Hammelmann aus seinem Gefängnis vorführen und ihm sein Geständnis vorlesen. Da er dieses auch beim zweiten Termin bestätigte, "ist ihme Freittag den 20.octobris der rechtstag angesetzt worden."[52] Den gleichen Hinrichtungstag teilte man auch Nicodemus Hirsch am 17.Oktober 1628 mit.[53] Heinrich Betz erfuhr am 7.November 1628, daß er am 10. dieses Monats sterben mußte.[54]

Am Ende der drei eben erwähnten Protokolle ist das jeweilge Urteil des weltlichen Gerichts niedergeschrieben. Da es jedesmal gleich lautete, sei hier nur der gegen Melchior Hammelmann gefällte endgültige Spruch zitiert: "Vrtheil den 18.octob[ris] 1628. Diese Persohn soll mit dem feüer vom leben zum Tode hingericht, vorhero aber ihme .4.griff mit glüender Zangen gegeben werd[en]."[55] Diese Zusatzstrafe des Reißens mit glühenden Zangen läßt sich für das Jahr 1627 auch bei einem Prozeß gegen 16 Hexen nachweisen. Die meisten dieser zum Tode Verurteilten erhielten vor der Hinrichtung zwei oder drei Griffe.[56] Allerdings findet sich im Anschluß an das Urteil gegen Melchior Hammelmann und Heinrich Betz folgender durch den Fürstbischof gesetzter Zusatz: "...wofern diese Persohn sich berewig vnd wol einstellen wirdt, soll es der griff halb gleich wie bißdahero mehr geschehen, auch gehalten werd[en]."[57] D.h. man verzichtete in diesem Fall auf die Anwendung der schmerzhaften Zusatzstrafe, weil der Fürstbischof in seiner Funktion als Zentherr des Hochstiftes von seinem Gnadenrecht Gebrauch gemacht hatte. Ein wegen Hexerei oder Zauberei gefälltes Todesurteil konnte aber auch er nicht zurücknehmen, da das durch die Hexe verletzte *Ius divinum* als ein rechtsverbind-

---

[51]DAW Hexenprozesse, Geistliche der Stadt Würzburg, Verlassenschaftsakten 1628-1630, Fasz.2(Degradation Hammelmann/Metz).

[52]Ebd., Fasz.2(Verhörprotokoll Melchior Hammelmann).

[53]Ebd., Fasz.1(Verhörprotokoll Nicodemus Hirsch).

[54]Ebd.(Verhörprotokoll Heinrich Betz).

[55]Ebd., Fasz.2(Verhörprotokoll Melchior Hammelmann).

[56]Diefenbach, S.129.

[57]DAW Hexenprozesse, Geistliche der Stadt Würzburg, Verlassenschaftsakten 1628-1630, Fasz.2(Verhörprotokoll Melchior Hammelmann).

liches Gesetz betrachtet wurde. Nur die Verbrennung bei lebendigem Leib wurde häufig in Enthauptung und Einäscherung der Leiche abgemildert.[58]

Betrachtet man die Geständnisse, aufgrund deren die verhafteten Geistlichen degradiert und hingerichtet wurden, so fällt auf, daß der Tatbestand des Schadenszaubers gegen Menschen, Vieh und Ernten eine sehr untergeordnete Rolle spielte. Nikolaus Schwerdt z.B. bekannte als Untat nur die Hostienverunehrung. Die in Würzburg hingerichteten Kleriker sind also in erster Linie wegen ihres angeblich mit dem Teufel geschlossenen Bundes und der damit verbundenen Beleidigung Gottes bei den Hexentänzen zum Tode verurteilt worden. Auch die CCC bedrohte in Art.106 die Gotteslästerung als Religionsfrevel und Majestätsbeleidigung Gottes, in Art.109 die Zauberei und in Art.116 die Sodomie - was im Zusammenhang mit den Hexenprozessen den angeblich mit Dämonen und Teufeln vollzogenen widernatürlichen Geschlechtsverkehr bedeutet -, mit der Todesstrafe.[59] Philipp Adolph von Ehrenberg, der geistliche Fürst des Hochstifts Würzburg, sah sich berufen mit Feuer und Schwert die verletzte Ehre des allmächtigen Gottes wiederherzustellen.[60]

5. Der 'endliche Rechtstag'

Nachdem das Urteil vom weltlichen Gericht gefällt worden war, wurde durch den Gerichtsbüttel oder Stadtknecht der *endliche Rechtstag* beschrien, d.h. öffentlich angekündigt. Am dafür festgesetzten Tag wurde das Urteil von den Gerichtspersonen im Rathaus endgültig schriftlich niedergelegt. Dann begaben sich Richter und Urteiler feierlich zur Gerichtsstätte. Dort hat man bereits eine viereckige *Schranne* mit hölzernen Schranken errichtet und darin die Zentbänke und den Zentgrafenstuhl aufgestellt. Nun erschien der Zentgraf im Harnisch mit dem Schwert; die Schöffen trugen ihre Spieße. Den weißen Gerichtsstab in der Hand stellte der Zentgraf zunächst die sog. Hegungsfragen, d.h. er fragte den Stadtknecht, ob er den Rechtstag angekündigt hätte, und die Schöffen, ob das Gericht ausreichend besetzt sei. Jetzt trat der Kläger auf, der häufig nur für diesen einen Rechtstag als öffentlicher Ankläger bestellt wurde, und verlangte vom Zentgrafen die Vorführung des Angeklagten. Nachdem dieser herbeigebracht worden war, wurde die Klage und das bereits vom Beschuldigten abgelegte Geständnis, die *Urgicht*, vorgelesen, das er nochmals bestätigen mußte. Tat er dies nicht, wurde er durch den Eid der bei seinem

---

[58]Merzbacher, Franken, S.131f.

[59]Ebd., S.52f.

[60]Ehrenberg selbst nannte als vordringlichstes Ziel seines Vorgehens gegen die Hexen in seiner Instruction vom 28.Juli 1627 "die Rettung der Ehren Gottes..."; vgl. StAW Geistl.Sachen 61/1240.

früheren Bekenntnis anwesenden Personen überführt.[61] Dabei genügte das Zeugnis zweier Schöffen, bzw. Assistenten, über das bei der Folter abgelegte Geständnis.[62] Nun traten die Urteiler etwas beiseite, um das Urteil zu beschließen. Was aber wie der Prozess einer echten Urteilsfindung aussah, war nurmehr eine Farce, denn die Todesstrafe stand ja bereits in allen Einzelheiten fest. Hier wurde nur noch der Schein einer mündlichen Verhandlung aufrechterhalten. Schließlich ließ der Richter das Urteil durch den Zentschreiber verlesen. Dann begann für den Verurteilten der Weg zum Ort der Urteilsvollstreckung.[63]

6. Die Hinrichtung

Normalerweise stellte der Gang zur Hinrichtung und deren Vollstreckung ein Ereignis dar, das unter reger Anteilnahme des Volkes geschah. Für Vornehme und degradierte Geistliche scheint man aber in Würzburg eine Sonderregelung getroffen zu haben, um sie nicht den neugierigen Blicken des Hinrichtungspublikums auszusetzen. So wurde der "Edelknab von Ratzenstein... Morgens um 6.Uhr auf dem Cantzley-Hof gerichtet" und anderen Tags mit der Bahre auf dem Sanderrasen mit anderen Hexen verbrannt.[64] Das gleiche gilt für den resignierten Alumnus Hector Hieronymus Christoph von Rotenhan und wohl auch für die beiden im Februar 1629 hingerichteten Geistlichen Mair und von Fischborn, die um 5 Uhr früh geköpft und anschließend mit der Bahre im 29.Hexenbrand eingeäschert worden sind.[65]

Die anderen nicht durch irgendeinen Rang oder Stand herausgehobenen Verurteilten wurden in den Würzburger Hexenverbrennungen unter Philipp Adolf von Ehrenberg auf dem Scheiterhaufen, der auf dem Sanderrasen stand, enthauptet und anschließend verbrannt.[66]

Die besonders grausame Strafe der lebendigen Verbrennung traf nur 'verstockte' angebliche Hexen. Die Liste Haubers verzeichnet die Brüglerin, den Vogt im Brembacher (wohl richtig: Bronnbacher) Hof, einen Alumnus, den Domvikar Wagner und den Domvikar Bernhard Marck als Opfer der Hexeninquisition, die lebendig verbrannt worden sind.[67]

---

[61] Merzbacher, Franken, S.124-126; Wolfgang Schild, Alte Gerichtsbarkeit. Vom Gottesurteil zum Beginn der modernen Rechtssprechung, München 1980, S.166-168; Heinrich Mitteis, Deutsche Rechtsgeschichte. Ein Studienbuch. Neu bearbeitet von Heinz Lieberich, München [17]1985, S.379.

[62] Hinrich Rüping, Grundriß der Strafrechtsgeschichte, München 1981, S.39.

[63] Merzbacher, Franken, S.124-126; Wolfgang Schild, S.168.

[64] Hauber, S.810.

[65] Ebd., 811 u.814.

[66] Ebd., S.808.

[67] Ebd., S.811-814.

Bei den einzelnen Hexenverbrennungen, die von 1627 bis 1629 in Würzburg stattfanden, sind folgende Geistliche hingerichtet worden:[**]

11. Brand (zwischen dem 30.Okt.und dem 27.Nov.1627):
Johann Schwerdt, Domvikar.

21. Brand (nach dem 16.Sept.1628):
Bernhard Wolfart, Alumnus;
ein weiterer Alumnus.

23. Brand (20.Okt.1628):
Melchior Hammelmann, Vikar zu Stift Haug;
Nicodemus Hirsch, Kanoniker im Stift Neumünster;
Christoph Rüger, Vikar im Stift Neumünster;
Caspar Remmenbarn, Alumnus;
ein weiterer Alumnus.

24. Brand (10.Nov.1628):
Lorenz Stauber, Vikar im Stift Neumünster;
Heinrich Betz, Vikar im Stift Neumünster;
Lorenz Nöth, Vikar im Stift Neumünster.

25. Brand (nach dem 17.Nov.1628):
Friedrich Wasser, Domvikar;
Gottfried Raab, Vikar zu Stift Haug;
Paul Lamprecht, Kanoniker im Stift Neumünster.

26. Brand (20.Dez.1628):
David Haas, Kanoniker im Stift Neumünster;
Georg Wagner, Domvikar.

27. Brand (zwischen dem 15.u.18.Jan.1629):
Lorenz Hofmann, Vikar zu Stift Haug;
Michael Wagner, Vikar zu Stift Haug;
Balthasar Knorr, Vikar zu Stift Haug.

28. Brand (zwischen dem 27. und 29.Jan.1629):
Nikolaus Schwerdt, Kanoniker zu Stift Haug;
Bernhard Elling, Vikar zu St.Burkard;
Bernhard Marck, Domvikar.

29. Brand (nach dem 10.Feb. 1629):
Michael Mair, Kanoniker zu Stift Haug;
Erhard Adolph von Fischborn, Kanoniker zu St. Haug.

30. Brand (nach dem 23.Feb.1629):
Hans Turnus, Kanoniker im Stift Neumünster.

31. Brand (14.März 1629):
Johann Philipp Baumann, Unterpropst zu Stift Haug;
Gabriel Marck, Domvikar.

32. Brand (23.März 1629):
Hans Prößler, Kanoniker zu Stift Haug;
Erhardt Demenrath, Kanoniker zu Stift Haug;
Hans Conradt Marck, Kanoniker im Stift Neumünster.

33. Brand (nach dem 3.April 1629):
Wilhelm Marius, Kanoniker im Stift Neumünster;
Sigmund Heß, Kanoniker zu Stift Haug.

34. Brand (nach dem 21.April 1629):
Sebastian Bertolt, Kanoniker zu Stift Haug.

35. Brand (nach dem 8.Mai 1629):
Melchior Bauer, Kanoniker zu Stift Haug.

[**]Zu den im folgenden angegebenen Datierungen der Hexenbrände vgl. Schwillus, S.148-154.

36. Brand (nach dem 26. Mai 1629):
Christoph Bühlbeck, Kanoniker zu Stift Haug;
Balthasar Bach, Domvikar;
Georg Maierhofer, Kanoniker zu Stift Haug.
37. Brand (nach dem 13. Juni 1629):
Barthel Mezger, Vikar zu Stift Haug;
Georg Schwarzmann, Vikar zu Stift Haug;
Heinrich Eppt, Domvikar;
Wolfgang Sartorius, Vikar im Stift Neumünster.
38. Brand (nach dem 30. Juni 1629):
Michael Dorsch, Vikar zu Stift Haug;
Johann Reich, Vikar zu Stift Haug.
39. Brand (nach dem 10. Juli 1629):
Georg Henfler, Kanoniker im Stift Neumünster.
41. Brand (11. Aug. 1629):
Julius Schliderer v. Lachen, Kanoniker zu St. Burkard;
Lorenz Scheffer, Domvikar.
42. Brand (30. Aug. 1629):
Johann Ring, Succentor im Domstift.

SIEBTES KAPITEL
Die finanzielle Seite der Würzburger Hexenprozesse gegen Geistliche

1. Die Konfiskation

Am 10.Juni 1627 hatte Philipp Adolf von Ehrenberg ein Mandat herausgegeben, das die Rechtsquelle für die im Hochstift Würzburg durchgeführte Güterkonfiskation der hingerichteten Hexen darstellte.[1] Am 28.Juli desselben Jahres folgte diesem eine mehr die praktische Durchführung dieser Maßnahme ordnende "Instruction. Vor die jenige/ welche so wol in der Stadt Wirtzburg/ als auff dem Land/ zu Einnehmung deren Hexerey wegen iustificirter Personen verfallener Güter verordnet seynd."[2] Darin wird wie im Hexenmandat vom Juni darauf hingewiesen, daß die Gütereinziehung schon deshalb rechtens sei, weil die von den Hexen verübten Untaten nicht nur die Todesstrafe, sondern auch die Konfiskation durch den Fiskus nach sich ziehen. Als weitere Begründung für diese Maßnahme nennt der Fürstbischof die hohen Kosten der Hexeninquisition: "...sintemal aber vff diesen Proceß/ seiner schwere vnd weitläuffigkeit halb/ so wol bey der Inquisition, als Enthaltung vnd Bekehrung der Maleficanten/ wie auch endlich deren Execution weit ein mehrers/ dann vff Bestraffung anderer Ubelthädter vfflauffen thut welchen Unkosten S.Fürst.Gn. weder deroselben Centbahren Underthanen/ allda derogleichen Personen betretten/ als welche sonsten in diesen vfs andern fällen mehrertheils den Unkosten zu tragen schuldig/ vffzurechnen/ weniger aber von dero Cammer vnd Emptern/ welche dem herkommen nach darzu ins gemein nicht verbunden/ vffzulegen wissen."[3]

Auch das kirchliche Recht erlaubte die Güterkonfiskation im Falle von Häresie. Dieser Tatbestand lag im Zusammenhang mit Hexerei ja immer vor. Dies bestätigt auch der Text des Hexenmandates Philipp Adolfs vom Juni 1627, wo den Hexen "allerhand ketzerische/ vnd von der heyligen Christlichen Catholischen Kirchen verdampte Meinungen..." vorgeworfen werden.[4] Innozenz III. vergleicht in einer Dekretale von 1199 die Todesstrafe und Güterkonfiskation wegen Majestätsbeleidigung mit der Beleidigung Gottes durch den Häretiker. Da die letztere aber als eine Verletzung der ewigen Majestät Gottes viel schwerer wiege als die Beleidigung der nur zeitlichen Würde eines Herrschers, müsse man im Falle von Ketzerei erst recht die Güter des verurteilten

[1] Vgl.Merzbacher, S.143f.

[2] StAW Geistl.Sachen 61/1240; vgl.a. Gottfried Scharold, Zur Geschichte des Hexenwesens im ehemaligen Fürstenthume Würzburg, in: Archiv des hist.Vereins Bd.6, Heft 1, Würzburg 1840, S.128-134.

[3] Ebd.

[4] StAW Geistl.Sachen 61/1240.

Ketzers einziehen.[5] Desweiteren bestimmt das CpIC in C.13, X de haeret.V,7, daß der Besitz von Klerikern, die wegen Ketzerei verurteilt worden sind, den Kirchen zugeteilt werden solle, von denen sie Einkünfte hatten.[6]

Die erwähnte Instruktion und das Hexenmandat Philipp Adolfs bestimmten, daß von dem gesamten Geld, das bei der Konfiskation zusammenkam, zunächst einmal die Unkosten der Inquisition und Exekution, d.h. der gerichtlichen Untersuchung, des Urteils und der Hinrichtung, gedeckt werden sollten. Von der restlichen Summe konnten dann die eventuell bestehenden Schulden beglichen werden. Von dem nun noch übrigen Besitz der hingerichteten Person strich der Fiscus ein Fünftel ein, wenn Kinder hinterlassen worden sind. "Bey den jenigen aber/ welche keine Kinder/ aber in vffsteigender/ auch beyseit Linien/ biß an den dritten Grad (denselbigen eingeschlossen) den Käyserl. vnnd Weltlichen Rechten nach zu rechnen/ Verwandte vnd Zugethane haben... der halbe Theil aller Güter eingezogen werden solle. Von den jenigen aber/ welche weder in ab: oder in auffsteigender oder auch beyseit Linien biß vff den dritte[n] vnd denselben eingeschlossenen Grad/ solch angewandte Freund nicht haben/ solle das gantze Vermögen/ jedoch in allweg mitvorangeregtem Vorbehalt der Creditorn [Gläubiger] Rechten/ eingezogen/ vnd nachfolgender massen verwendet werden. Daß dauon zum vordersten der Inquisition vnd Execution Kosten abgetragen/ das vbrige aber alles getrewlich der armen abgeleibten Sünder vnd Sünderin Seelen zu Heyl vnd Trost/ zu derogleichen mildten vnd Gott gefelligen Stifftungen angelegt werde."[7]

Diese Regelungen trafen im wesentlichen auch für das Vermögen der hingerichteten Würzburger Geistlichen zu. Allerdings wurden bei ihnen die Einnahmen aus dem Verkauf der konfiszierten Güter in drei Teile aufgeteilt: "...ein theil Seiner Fl.Gn. ein theil der Kirchen vnnd der meiste theil denn Erb[en]."[8] Im Hintergrund dieser Aufteilung steht sicher CpIC C.13, X de haeret.V,7 (s.o.!). In Würzburg ist er, wie eben gezeigt, dahingehend abgeändert worden, daß sowohl der Fürst, als auch die Erben des Verurteilten einen Anteil an der Hinterlassenschaft zugesprochen bekamen.

---

[5] CpIC C.10, X de haeret. V,7: "...Quum enim secundum legitimas sanctiones, reis laesae maiestatis punitis capite, bona confiscentur eorum, filiis suis vita solummodo ex misericordia conservata: quanto magis, qui aberrantes in fide Domini Dei filium Iesum Christum offendunt, a capite nostro, quod est Christus, ecclesiastica debent districtione praecidi, et bonis temperalibus spoliari, quum longe sit gravius aeternam quam temporalem laedere maiestatem?..."

[6] "...bona huiusmodi damnatorum..., si vero clerici [fuerint], applicentur ecclesiis, a quibus stipendia receperunt."

[7] StAW Geistl.Sachen 61/1240.

[8] DAW Hexenprozesse, Geistliche der Stadt Würzburg, Verlassenschaftsakten 1628-1630, Fasz.20.

Für die Durchführung der Konfiskation des Besitzes von weltlichen Personen, die als Hexen verbrannt worden sind, legte der Fürstbischof in der Instruktion zum Hexenmandat genaue Bestimmungen nieder. Der Einzug des Eigentums der hingerichteten Geistlichen scheint, soweit sich das bei den erhaltenen Inventarverzeichnissen und Rechnungen im Diözesanarchiv Würzburg verfolgen läßt,[9] in etwa nach dem gleichen Schema abgelaufen zu sein. Gemäß der 'Instruction' mußte von eigens dafür bestimmten Exekutoren ein genaues Inventar der gesamten beweglichen und unbeweglichen Hinterlassenschaft angefertigt werden. Falls sie dabei Bargeld fänden, "sollen sie dasselbig fleissig in ihre Rechnung eintragen...Was aber an Mobilien/ Haußrath/ oder Bedtgewand/ vnd dergleichen ihnen zu theil wird/ also balden zum thewrsten verkaufen. Die ligende Güter aber so balden vff offener Cantzel feil bieten..."[10]

Die über das Hab und Gut der verbrannten Kleriker angefertigten Inventare enthalten auf der ersten Seite einen zumeist recht ausführlichen Vermerk über den Tag ihrer Abfassung und die dabei offiziell anwesenden Personen. Auf Befehl des Fürstbischofs fungierten dabei allein oder zu zweit der Generalvikar Dr.Johann Riedner und der Fiskal Dr.Zacharias Stumpf als zu diesem Zweck bestellte Kommissäre. Ihnen zur Seite standen zwei Vertreter des jeweils von einem Hexereiverfahren betroffenen Stifts. Im einzelnen waren dies aus Stift Haug: der Succentor Heinrich Katz und der Vikar Michael Wagner[11] (Inventar Melchior Hammelmann v.2.u.4.Oktober 1628);[12]
der Succentor Heinrich Katz und der Subcustos Georg Lotz (Inventar Erhard Adolph v.Fischborn v.17.Februar 1629;[13] Inventar Hans Prößler v.25.März 1629;[14] Inventar Nikolaus Schwerdt v.29.Januar 1629;[15] Inventar Erhard Demenradt v.5.April 1629[16]);

aus Stift Neumünster: der Unterpropst Friedrich Egener und der Kanoniker Caspar Dülck (Inventar Georg Henfler v.20.Juli 1629);[17]
der Succentor Nikolaus Peilenstein und der Vikar Caspar Ritzel (Inventar Wolfgang Rüger);[18]

---

[9]DAW Hexenprozesse, Geistliche der Stadt Würzburg, Verlassenschaftsakten 1628-1630, Fasz.3-19.
[10]StAW Geistl.Sachen 61/1240.
[11]Im 27.Hexenbrand selbst hingerichtet!
[12]DAW Hexenprozesse, Geistliche der Stadt Würzburg, Verlassenschaftsakten 1628-1630, Fasz.3.
[13]Ebd., Fasz.6.
[14]Ebd., Fasz.10.
[15]Ebd., Fasz.11.
[16]Ebd., Fasz.17.
[17]Ebd., Fasz.19.
[18]StAW Kap.Prot.Neumünster vom 18.Nov.1628, fol.261^{r}.

Johann Melchior Söldner und Wilhelm Marius[19] (Inventar Nicodemus Hirsch v.25.Oktober 1628);[20]
der Vikar Bartholomäus Lindter und der Vikar Caspar Rüger (Inventar Lorenz Nöth [+10.November 1628]);[21]
der Succentor Nikolaus Peilenstein und der Vikar Bartholomäus Lindter (Inventar Lorenz Stauber [+10.November 1628];[22] Inventar Paul Lamprecht [+nach dem 17.November 1628];[23] Inventar David Haas v.20.u.29.Dezember 1628[24]);

aus dem Domstift: die Vikare Johann Stöer und Gabriel Marck[25] (Inventar Georg Wagner v. 30. Dezember 1628);[26]

aus dem Stift St.Burkard: der Vikar Martin Winter zusammen mit Wilhelm von Sambs, "des Rhats vnd Burckardische[r] Ambtman," dem fürstl. würzburgischen Hofschultheisen Johann Meder. Die Inventarisierung leitete v.Sambs, während die beiden anderen als "in sonderheit darzu deputirte Zeugen" angesprochen werden (Inventar Julius Schliderer von Lachen);[27]

Die Aufgabe des Protokollanten versah zumeist "M.Johann Erthel, Fr. Wirtzb. Canzlei Verwandter vnd der Zeit geistl. Malefizschreiber."[28] Aber auch Michael Hetzel, ebenfalls geistlicher Malefizschreiber und der Notarius publicus Michael Nötzel versahen diesen Dienst.[29]

Die Inventarisierung des vorhandenen Gutes geschah in der Regel am Hinrichtungstag oder innerhalb der nächsten zwei bis drei Wochen. Im Fall Melchior Hammelmanns begannen der Generalvikar, der Fiskal, die zwei Stiftsvikare und der Schreiber bereits am Tag der Verhaftung mit der Auflistung des Eigentums des verdächtigten Hauger Vikars.[30] Auch bei der Inventarisierung des Besitzes und Eigentums eines anderen Hauger Vikars, Michael Wagners, scheint man sehr schnell vorgegangen zu sein, denn die Endabrechnung über alle

---

[19]Im 33.Hexenbrand selbst hingerichtet!
[20]DAW Hexenprozesse, Geistliche der Stadt Würzburg, Verlassenschaftsakten 1628-1630, Fasz.9a.
[21]Ebd., Fasz.7.
[22]Ebd., Fasz.9.
[23]Ebd., Fasz.8.
[24]Ebd., Fasz.15.
[25]Im 31.Brand selbst hingerichtet!
[26]DAW Hexenprozesse, Geistliche der Stadt Würzburg, Verlassenschaftsakten 1628-1630, Fasz.18.
[27]Ebd., Fasz.4.
[28]Ebd.
[29]Vgl.ebd., Fasz.3 u. 19.
[30]Ebd., Fasz.3.

Einnahmen und alle Ausgaben aus dieser Konfiskation trägt das Datum vom 10.Januar 1629.[31] Wagner ist aber erst nach dem 15.Januar 1629 hingerichtet worden.

Das Hab und Gut, das sich in den Häusern der 'Hexen-Geistlichen' fand, wurde in den Inventarverzeichnissen unter diese oder ähnliche Rubriken eingeordnet:

"Jst vorhanden geweßen, An ligenden Guettern...
An Parschafft...
An Schuldtverschreibungen...
An güldenen vnd Silbern Ringen...
An Silbergeschirr...
An Wein Jm Keller...
An Klaidern...
An Pettgewandt...
An Leinengewandt...
An Zingeschirr...
An Meßinggeschirr...
An Kupferwerckh...
An Büechern..."[32]

Weiter werden dann noch die Möbel aufgelistet, die sich in den verschiedenen Räumen eines Hauses, so z.B. im Hof Hammelmanns in der oberen Stube, im Saal vor der oberen Stube, in der Gesindekammer, in der Küche, in der unteren Stube und im Hof befanden. Schließlich weist der Schreiber noch auf acht Weinbutten und ein Vogelhaus auf dem Dachboden hin. Am Ende des Inventarverzeichnisses folgt dann noch der Hinweis, daß mit den "Costgängern [den Untermietern]... abzurechnen [sei], was sie an Costgeld schuldig sein möchten."[33] Ebenso sei auch die Magd noch zu entlöhnen.[34]

2. Die Abrechnung einer Konfiskation

Im Anschluß an die Aufnahme des vorhandenen Besitztums begann dessen Verkauf, der von eigens dafür delegierten Personen überwacht und schriftlich niedergelegt wurde. In den hierüber angefertigten Gesamtabrechnungen ist aber auch verzeichnet, wofür das so eingenommene Geld und die eventuell nicht verkaufbaren Dinge verwendet wurden. Erst der nach Abzug dieser Ausgaben von der Gesamtsumme der Einnahmen verbleibende Rest an Geld wurde unter dem Bischof, dem jeweiligen Stift und den Erben verteilt.

Die mit der Abwicklung dieser finanziellen Angelegenheiten betrauten Stiftsgeistlichen werden in den Rechnungen als *Executores* bezeichnet. In Stift Haug nennen sie sich selbst *Executores et quasi Testamentarii*.[35] Im Domstift versah der Vikar und Ornatmeister Johann Stöhr [Stöer] diese

---

[31] DAW Hexenprozesse, Geistliche der Stadt Würzburg, Verlassenschaftsakten 1628-1630, Fasz.5.

[32] Ebd., Fasz.3.

[33] Ebd.

[34] Ebd.

[35] Ebd., Fasz.10.

Aufgabe.[36] Für das Stift Neumünster werden jeweils zu zweit oder zu dritt M.Caspar Rittzel, Bartholomäus Lindter, Nicolaus Vbelhör, Caspar Dülck, Johann Wolfgang Bötheimer, Nicolaus Peilenstein, Johann Melchior Söldner und Friedrich Ehinger in dieser Funktion genannt.[37] Heinrich Katz und Georg Lotz taten das gleiche in Stift Haug,[38] wie auch die vom Fürstbischof bestellten Kuratoren, der fürstlich würzburgische Hofschultheis Johann Meder und der Vikar Martin Winter, im Stift St.Burkard.[39]

Die vorhandenen Rechnungen enthalten zunächst eine Aufstellung des Erlöses aus dem Verkauf der einzelnen Stücke des konfiszierten Eigentums. Im zweiten Teil listen sie die von dieser Summe abgezogenen Ausgaben auf. Zu bezahlen waren das im Gefängnis erhaltene Essen, die Gerichtsunkosten, die Tätigkeit der Fürstlichen Räte, eine Gebühr für das ergangene Urteil, eine für den Geistlichen Ratsschreiber, den Malefizschreiber, die Gefängniswächter, den Henker, die Kuratoren und Exekutoren der Verlassenschaft, eine Gebühr für die Anfertigung einer Kopie der Rechnung, die der Fürstbischof erhielt, und eine solche für ausgestellte Quittungen. Dazu kamen noch Ausgaben, die im direkten Zusammenhang mit der jeweiligen Haushaltsauflösung standen. So erhielten Krempelsweiber, Maurer, Kornmesser, Schätzer für Silber, Zinn und anderes Metall, sowie für vorhandenen Wein und die leeren Fässer, Boten usw. kleinere Beträge als Entlohnung. Außerdem mußte das für die Ausfertigung der Rechnung gebrauchte Papier bezahlt werden.[40]

Interessant ist eine Angabe, die sich in der Abrechung über Georg Henflers Eigentum findet: "4 fl.4 lb.14 d. Catharina Blumenscheinin, so Ihnen Henflern wegen seines gewechß curirn wollen zahlt,..."[41] Hier haben wir es offensichtlich mit einer heilkundigen Frau zu tun, die wegen ihrer Fähigkeiten aus konfisziertem Hexengeld bezahlt wurde.[42]

Einen wichtigen Platz nehmen in den Rechnungen auch die Ausgaben *ad pias causas* ein. Vor allem die Jesuiten, die Karmeliten und Disacalceaten wurden beinahe regelmäßig mit Dotationen bedacht. Daneben finden sich aber auch Beträge, die an die Observanten in Dettelbach und die "Fraw Brüder Herren" abgegeben wurden. Neben Geld erhielten diese verschiedenen religiösen Gemeinschaften auch häufig Wein aus den konfiszierten Beständen. Ebenso wurde Getreide den Orden

---

[36]DAW Hexenprozesse, Geistliche der Stadt Würzburg, Verlassenschaftsakten 1628-1630, Fasz.14 u.16.

[37]Ebd., Fasz.7, 8, 9, 9a, 12 u.13.

[38]Ebd., Fasz.5, 6, 10 u. 11.

[39]Ebd., Fasz.4.

[40]Ebd., Fasz.3-16.

[41]Ebd., Fasz.13.

[42]Sie ist also kein Opfer einer von der neueren Literatur zu den Hexenprozessen z.T. behaupteten Vernichtung weiblicher Existenz gewesen!

und den Armenhäusern überlassen.[43] Weitere Geldbeträge sind für Messen und Jahrtaggottesdienst für den Hingerichteten ausgegeben worden.[44]

Auf Befehl des Fürstbischofs bekamen aber auch einzelne bedürftige Personen einen Teil des Konfiskationsgeldes zugesprochen. Aus dem eingezogenen Eigentum Julius Schliderers von Lachen erhielten am 6.bzw. 12.Dezember 1629 Christina Türck "in ihrer grosßen schwachheit" 30fl. und am 22.Januar 1630 Anna Margeth aus Burckhausen 120fl.[45] "1 fl.1 lb.3 d. [bekam] Deß Vogelschmidts Haußfraw in der Büttnersgasßen neben eim halben m[a]l[te]r Korn für den Jnficirten Jungen zuheilen" aus dem Nachlaß des degradierten Succentors des Domstifts Johann Ring.[46]

Was sich vom beweglichen Besitz der Geistlichen als unverkäuflich erwies, wie etwa abgetragene Kleidungsstücke, wurde in die Almosenkammer ("ad Cameram Eleemosynarum") gegeben.[47]

Während der Inventur haben sich die dazu verordneten Exekutoren auch bisweilen etwas vom konfiszierten Wein schmecken lassen: "1 Eymer ist vngefehrlich aufgangen bey der Jnuentur vnndt Schazung deß Haußgeredels vnndt Jn Ablaß deß weins."[48] Letzterer durch das Umgießen verursachte Verlust an Flüssigkeit dürfte dabei aber nicht so sehr ins Gewicht fallen.

Vergleicht man die Zeit, die zwischen der Inventur und der endgültigen Abrechnung des konfiszierten Hab und Gutes der verbrannten Geistlichen verging, ergibt sich ein Zeitraum von etwa vier bis zwölf Monaten für die gesamte Prozedur, wobei innerhalb dieses groben Rahmens die Mehrheit der noch vorhandenen Quellen für eine eher längere als kürzere Dauer sprechen. Dies gilt für das Domstift und die Stifte Neumünster und St,Burkard.[49] Nur in Stift Haug scheint man es eiliger gehabt zu haben. Dort vergingen meist nur ein bis zwei Wochen, höchstens einmal zwei Monate, zwischen der Inventur und der Endabrechnung.[50] Am Tage seiner Hinrichtung wurde bereits die Gesamtabrechnung über den Besitz Melchior Hammelmanns abgeschlossen.[51] Sogar einige Tage vor dem Tod Michael Wagners war sein Hab und Gut schon veräußert worden.[52]

---

[43]Vgl. DAW Hexenprozesse, Geistliche der Stadt Würzburg, Verlassenschaftsakten 1628-1630, Fasz.3-16.

[44]Vgl.ebd., Fasz.9.

[45]Ebd., Fasz.4.

[46]Ebd., Fasz.16.

[47]Ebd., Fasz.7.

[48]Ebd., Fasz.9a.

[49]Vgl.ebd.v.a., Fasz.4,9a u.15.

[50]Vgl.ebd., Fasz.6,9,10 u.11.

[51]Ebd., Fasz.3.

[52]Ebd., Fasz.5.

3. Die Gesamtabrechnung der Konfiskationen

Die Gelder, die sich durch die Konfiskation angesammelt hatten, wurden nun in drei unterschiedlich große Teile dividiert und dem Fürstbischof, dem jeweiligen Stift und den Erben zugewiesen. Die im Diözesanarchiv Würzburg aufbewahrte Rechnung "vber alles Einnehmen vnnd Außgeben wegen deren Hexereÿ halber zum theils hingerichten vnnd zum theils entlassenen Geistlichen Personen, vom 6. Octobris A° 1629 biß vf denn 29. Martij A° 1631"[53] gibt über den Teil der Konfiskationseinnahmen Auskunft, die der Fürstbischof erhielt. Im Text dieser Rechnung wird schon darauf hingewiesen, daß bei weitem nicht von allen verbrannten Klerikern etwas für die fürstliche Kasse eingezogen werden konnte, denn sie sind "theils mehr schuldig gewesen, alls Sie werth gehabt."[54] Bei nur 17 der insgesamt 48 verbrannten Würzburger Geistlichen war nach Abzug der Kosten und der Ausgaben 'ad pias causas' noch soviel vorhanden, daß der Fürstbischof etwas davon erhalten konnte. Vergleicht man die Endabrechnungen der Exekutoren der einzelnen Nachlässe mit den jeweils in die fürstliche Kasse geflossenen Summen, so sieht man, daß Philipp Adolf von Ehrenberg dabei ca. 15-33% der Restsumme einzog.

Für Stift Haug ist ebenfalls eine Endabrechnung "Vber Alles Einnehmen vnnd Außgeben des Confiscation Gelts wegen der Hingerichten Persohnen im Stifft Haug vom 13.Junij Anno 1630 biß den 8.März 1632", die der Stiftsprokurator Michael Schmidt erstellt hat, erhalten geblieben.[55] Auch hier bewegen sich die Gewinne aus den Konfiskationen in demselben Rahmen. Die vom Fürsten und die vom Stift eingezogenen Geldbeträge sind in absoluten Zahlen gleich hoch: so flossen vom eingezogenen Eigentum Melchior Hammelmanns jeweils genau 360fl. in die fürstliche und in die Stiftskasse. Dies entspricht in jedem der beiden Fälle ca. 19% des Überschusses der Nachlaßauflösung. Dies bedeutet, daß den Erben Hammelmanns 62% der nach Abzug der Kosten noch vorhandenen finanziellen Mittel zuflossen.

Die erwähnte Gesamtabrechnung aller Hexenprozesse gegen Würzburger Geistliche im Diözesanarchiv beginnt bei den Einnahmen mit den von den einzelnen Stiften überwiesenen Beträgen für das Essen, das die hingerichteten oder die wieder freigelassenen Kleriker im Gefängnis erhalten haben. Dann folgt die Aufstellung über das "Einnehmen an Confiscation gelt für Ihrer Fl.G. drittentheil."[56] Insgesamt beliefen sich die Einnahmen auf 10.511 fl. 70 lb. 8 d.

---

[53]DAW Hexenprozesse, Geistliche der Stadt Würzburg, Verlassenschaftsakten 1628-1630, Fasz.20.
[54]Ebd.
[55]StAW Rechnung Nr.40421 (Hervorhebungen im Original!).
[56]DAW Hexenprozesse, Geistliche der Stadt Würzburg, Verlassenschaftsakten 1628-1630, Fasz.20.

Die Aufstellung der Ausgaben beginnt mit dem "Außgeben an geltt für die Besolttungen."[57] U.a. werden dabei die folgenden Beträge aufgeführt:

"720.fl. denn dreÿen Geistlichen Herrn Examinatoribus, alls Herrn D[octo]ri Joanni Ridnero Vicario Generali, Herrn Fiscali vnd Herrn D[octo]ri Joachimo Gantzhorn...

...

40.fl. 4 lb. 14 d. seindt Michäeli Nötzeln Notario für gehabte seine bemühung, vnd weiln Er vber ein Jede degradation ein besonder Instrumentum verfertigt vnnd aufgericht... bezalt worden...

20.fl. M. Georgio Neidlein weg[en] accusation der Geistlichen in beschehenen degradationen, von Jedem Actu 20.batzen bezalt,...

12.fl. Wolffgango Schilling Notario Consistorij, wegen der dimittirt[en] Geistlichen Personen verfertigter Reuersaln, Sententzen vnnd gehaltener Protocollen bezalt...

5.fl. M. Georgio Neidlein, auch in beÿwohn: vnnd bemühung bemelter dimittierten Geistlichen gegeben worden...

50.fl. seindt Herrn Hoffschultheißen aus F[ürst]l[iche]m gnedigem beuelch weg[en] seiner gehabten Mühewaltung mit denn hingerichten Geistlichen geben worden...

50.fl. seinst Geistlichem Rathschreiber, wegen villfaltiger seiner Mühewalttung die gantze Zeit vber, auch aller Einnehm: vnnd Außgebung des gelts, vnd verferttigung diser Rechnung pro salario geben worden.

2.fl. 2.lb. 7.d. seindt denn beeden Pedellen wegen Jhrer bemühung in diser sachen geben worden.

32.fl. denn Herrn Geistlichen Räthen, dieweill Sie auch villfaltig in diser sachen bemühet sein müßen, beÿ Anhörung der Rechnung außgetheilt worden. Deßgleichen:

4.fl. 4.lb. 14.d. denn Scribendeten vnnd Pedellen."[58]

Weiter führt die Rechnung Ausgaben für das im Gefängnis an die Verhafteten ausgegebene Essen und für sonstige Unkosten auf. Der Wirt 'Zum Stern', Valentin Wolff, lieferte als einziger die benötigten Nahrungsmittel und verdiente damit insgesamt über 2000fl. Unter die sonstigen Unkosten fielen die Ausgaben für den Wächter, der pro Woche 2fl. 5 Batzen erhielt, für mehrmals ausgegebenen Wein und Brot, für eine Art Entschädigung von jeweils 3fl. 3 lb. 11 d., die den drei entlassenen und "forttgewisenen Alumni" Holtzmüller, Herbert und Kolb gezahlt wurde, sowie die Kosten der für sie angefertigten Kleidungsstücke.[59] Ein Betrag von über

---

[57]DAW Hexenprozesse, Geistliche der Stadt Würzburg, Verlassenschaftsakten 1628-1630, Fasz.20.

[58]Ebd.

[59]Ebd.

328fl. wurde "Herrn Ludwig Stumphen verordnetem Curatorn der Weltlichen Confiscation für Gerichtsvncosten der hingerichten Geistlichen bezalt..."[60]

Unter der Überschrift "Außgeben an geltt dem doctor, Apotheckher vnd Barbierer" finden sich diese Aufwendungen aufgelistet:[61]

"5.fl. 2.lb. 7 d. M.Caspar Kellern Barbierern die Geistlichen nach beschehenen degradationen zubarbiren...
7.fl. 1.lb. 3 d. Dr. Michäel Schirmhagen, so die verhafften Geistlich[en] in Jhren schwachheitten vnd[er]schiedlich besucht, vnnd Medicamenta vorgeschrieben...
4.fl. 4.lb. 15 d. widerumb Jhme Dr.Schirmhagen...
4.Pfd. 15 d. obgemeltem M. Caspar Kollern von denn dreÿen außgelaßenen Alumnis zu barbiren...
13.fl. 3.lb. 12 d. Herrn Nicolao Müllern Apotheckhern für allerleÿ Medicamenta...
1.fl. 1.lb. 26 d. von denen letztlich in hafft gelegenen vnnd wider erlaßenen Siben Geistlichen zubarbieren geben..."[62]

Die weiter aufgeführten Ausgaben betreffen die Bezahlung einiger "Handtwerckhsleüte":[63]

"3.fl. Meister Geörg Reißackern Schneider von denn dimittierten Alumnis Kleidern zumachen...
1.fl. 2.lb. 24 d. von derselben Formaten vnd dimissorialn zuuerfertigen.
18 d. Meister Vincentio Rottauern Schloßern von derselben Pülpten vnnd Truhen zueröffnen."[64]

Ausgaben "für Wäsch der gefangenen Geistlichen", für Waschgeld, für Besen und für Kienholz finden sich aufgelistet unter "Außgeben an geltt in gemein."[65]

Weiter erhielt der Stockhausmeister Hans Waldtman[66] über 100fl. an Schließgeld. 4fl. wurde den Henkersknechten als Besoldung bezahlt.[67]

Schließlich führt die Rechnung noch zwei große Ausgabenposten 'ad pias causas' auf:

"72.fl. seindt aus F[ürstl]l[iche]m gnedigem beuelch Herrn Prelaten zun Schotten gegeben worden...
550.fl. seindt aus ebenmeßigem F[ürstl]l[iche]m gnedigem beuelch zum Kirchenbaw zu Vndern Balbach gegeben worden..."[68]

---

[60] DAW Hexenprozesse, Geistliche der Stadt Würzburg, Verlassenschaftsakten 1628-1630, Fasz.20.
[61] Ebd.
[62] Ebd.
[63] Ebd.
[64] Ebd.
[65] Ebd.
[66] Oder Waldtstein? Beide Namensformen werden in der zitierten Rechnung verwandt.
[67] DAW Hexenprozesse, Geistliche der Stadt Würzburg, Verlassenschaftsakten 1628-1630, Fasz.30.
[68] Ebd.

4. Letztwillige Verfügungen der hingerichteten Geistlichen

Durch die Konfiskationsordnung Philipp Adolfs von Ehrenberg sind die von den Verbrannten vor ihrer Festnahme abgefaßten Testamente gegenstandslos geworden; neue konnten nicht mehr geschrieben werden. So blieb diesen Opfern der Würzburger Justiz nur die Möglichkeit durch ein Bittgesuch an den Fürstbischof, bzw. die Geistlichen Räte auf die Auflösung und Verteilung ihres Vermögens Einfluß zu nehmen. Von Lorenz Stauber ist ein derartiges Schreiben aus dem Jahre 1628 erhalten geblieben.[69]

In diesem kurz vor seiner Hinrichtung abgefaßten Gesuch führte Stauber zunächst auf, was er außer den Einnahmen aus seiner Pfründe an Privateigentum besaß und was man ihm noch schuldig war. So mußten noch etliche Untermieter die Kosten für Kost und Logie begleichen. An eigenem Besitz, der sich noch in seinem Haus befand, listete Stauber 260fl. an Bargeld, Wein, Wäsche, Tuch, "Zin, Kandel meß werck. vndt ful Hausradt gott erbarmbs, gott erbarmbs. gott erbarmbs..." auf.[70] Weiter wäre noch vorhanden: "Zwe Kleine uberguldte becherlein wie auch edtliche leffel mit silbern stilen. Edtliche hipse Agnus Dei vndt hipse Rosenkrentz darmit ich mein freudt zu gott vndt zu d[er] h.Jungrau Maria gehabt darund[er] einer den die frumme Keiserin Maria auf den h.leichnam, des heiligen Kiliani gelegt hatt. vndt widteumb alle in daß h.vnschuldige kindtlein, vndt an das haupt B.Paciuici, des heiligen Francisci, des heiligen Francisci gewesener erster discipul[us], angerierdt vndt geweicht wordten. solches in der Cartausen geschegen."[71]

Anschließend legte er seine Schulden dar, die zu begleichen er die Geistlichen Räte bat. Neben zwei noch zu bezahlenden Rechnungen führte er folgendes auf: "20fl. sampt dem Abzins in Zwe Arme Heuser, als Ehehalten od[er] seel Hauß lautt Testament Kunegundis Eÿsengertnerins gewesenen Herns Antonij Gerckens selig gedechtnus Haushalterin fulmals gebeicht ich wels ehrlegen, immerdar auf geschoben."[72] Weiter sei noch eine geringe Metzgerrechnung zu begleichen.

Auf den letzten Seiten seines Gesuches bat Lorenz Stauber, ihm "...umb gottes willen nach volgende bitt zu geweren." Die Geistlichen Räte möchten den von ihm nun im einzelnen angegebenen Personen etwas aus seinem konfiszierten Eigentum zukommen lassen:

"Ein doppelden ducaten, meinem Hern peichtvatter, wie auch Zwe drost biecher bei od[er] zu den Krancken, od[er] d[er] Societet Jesu zu verehren.

Zwe Agnus Dei eingefast Reuerendissimo Patri in christo Jesu Jodoco Wagenhauer Suffraganeo.

Zwe Agnus Dei gleichformig meinem aller besten, genner, vndt allezeit wol gewolt Hernn Dechant im löblichen stifft

[69]DAW Hexenprozesse, Geistliche der Stadt Würzburg, Verlassenschaftsakten 1628-1630, Fasz.9.

[70]Ebd.

[71]Ebd.

[72]Ebd.

Neuminster Bene merit[us] in sein capellen, meiner arme seel im ampt d[er] heiligen mes meiner in gedenck sein.

Das rott Korallen Rosenkrenzlein verehr ich meinem alten bekanten Hernn vndt freundt Doctori Riednern Vicario meiner arme seel im ampt d[er] heiligen mes zu gedencken.

Den Rosenkrantz mitt dem gelben augstein verehr ich Hernn Doctori Stumpff f[ürstlich].W[ürzburgischem]. Fiscgal, auch im ampt d[er] heiligen mes fohr mich zu bitten.

Einen aus den Andern Zweien Hernn Doctori Gantzhorn f.W. consiliario optimo Amico meo fohr mich zu bitten.

Ein ubergulden Joachims daler mit einem ehrlein uberguldt, meinem lieben Hernn lantzman Doctori Faltamaÿr R[everendissi]mi Philippi Adolphi a consilijs mit freundtlicher bitt meiner arme seel ingedenck zu sein.

Zwe Kristalin Kleser mit sampt einem Kleinen Hernn Malefizschreibern. meiner seel zu gedencken.

1 Reichsdaler Hernn Erhardt Substituten pro labore."[73]

Seinem ehemaligen Testamentsvollstrecker, Nikolaus Ubelhöer, der durch die Konfiskation überflüssig geworden ist, gedachte Lorenz Stauber zwei vergoldete Becher zu, mit der Bitte, sich für seine ehemalige Magd beim Dechant des Stifts Neumünster einzusetzen, damit diese den Winter über in seinem konfiszierten Haus bleiben könne. Ferner sollte er für den Hingerichteten einige Messen lesen.

Für letzteren Zweck wollte er mit Zustimmung der Geistlichen Räte auch anderen Priestern des Stifts Neumünster Geld und Kleidungsstücke vermachen: so dem frommen Kanoniker Ehinger, dem ehrwürdigen Kanoniker Franciscus Sparr, dem frommen Kanoniker Dr.Sölner, dem Vikar Bartholomäus Lindter und dem Vikar Kock. Seinen neuen Überrock sprach er dem Kanoniker Johann Zimmerman zu, der, weil er selbst noch kein Priester wäre, zwölf Seelenmessen für ihn zelebrieren lassen solle, "...ehr bestel sie wo ers bekummen kan."[74]

Das noch in seinem Haus vorhandene Brennholz sollte an das Dominikaner-, Barfüßer-, Karmeliten- und Augustinerkloster abgegeben werden, "mit hechster bitt fohr mein arme seel" in jedem Gotteshaus zwei Messen zu lesen.[75] Was dann noch an Holz in seinem Haus übrig wäre, sollte seiner Magd, die ihm vier Jahre lang den Haushalt geführt hatte, ebenso wie der noch ausstehende Lohn, das Bett, in dem sie schlief, zwei oder drei Paar alte Leintücher, das oben erwähnte Stück Tuch, ein oder zwei alte Hemden und ein Malter Korn ausgehändigt werden. Dafür müsse sie sich verpflichten, "alle tag ein mes fohr J[hre]. f[ürstlichen]. g[naden] vmb ein gesundtes leben, lange regirung" zu hören und auch seiner armen Seele eingedenk zu sein.[76]

---

[73]DAW Hexenprozesse, Geistliche der Stadt Würzburg, Verlassenschaftsakten 1628-1630, Fasz.9.

[74]Ebd.

[75]Ebd.

[76]Ebd.

Zuletzt "vndt fohr das aller hechst" bat er den Fürstbischof "vmb gottes willen, vndt vmbs Jungste gericht willen, sie wollen meinen armen vetter, welcher mit mir geschwister kind ist, seine arme kind[er] nit verlassen welcher ein burg[er] meiner zu stadt prozeln ist."[77] Philipp Adolf sollte dafür sorgen, daß diesem und seinen Kindern 160fl. zukämen, die sich aus Staubers Besitz in Grünsfeld befanden. Ebenso wurde der Fürst vom Verurteilten gebeten, ihnen "die Zwe schlechte pettlein, Hemmeter, edtlich bar leilacher, vndt den armen Hausradt vmb gottes willen" zu überlassen.[78]

Betrachtet man die Personen, die Stauber im einzelnen bedacht wissen wollte, so fällt auf, daß vor allem die wichtigen Mitglieder der Würzburger Hexeninquisition mit relativ wertvollen Pretiosen bedacht werden sollten. Der Verurteilte versuchte wohl auf diese Weise zu erreichen, daß auch seine Magd und seine Verwandtschaft in den Genuß eines Teiles des konfiszierten Besitzes kommen konnten.

5. Ein Versuch von privater Bereicherung?

Bei der Konfiskation des Eigentums des Hauger Vikars Melchior Hammelmann im Oktober 1628 stellten die dafür zuständigen Exekutoren fest, daß ihm der damalige Schultheis von Hausen, Gering, noch 17 Malter Getreide schuldig war. Als die Exekutoren nun von ihm die Begleichung seiner Schuld verlangten, sagte dieser, daß er das Geschuldete bereits an Hammelmann bezahlt habe. Bei dieser Aussage ist es dann zunächst geblieben.[79]

Etwa im Juni 1629 ist der ehemalige 'Kostgänger', d.h. eine Art Untermieter mit Kost und Logie, Hammelmanns, der Hauger Vikar Michael Dorsch, auch wegen Hexerei verhaftet worden. Dieser hat "vmb dise schuldt vnd sein Hammelmanns sachen gutte wißenschafft gehabt..."[80] Vor seiner Hinrichtung hat er aber nicht nur den "Herrn Examinatorib[us], [sondern] auch andern angezeigt vnnd bekhändt, d[a]z dises Getreidt nicht bezalt, Sond[er]n seÿe darmit also beschaff[en]: alls der Hammelmann hingerichtet worden, were mehrerwenter Gering Zu Jhme Dorschen khommen, vnnd vermeldet, wolle Jhme ein gutte verehrung geben, Er solle sagen, d[a]z solch Getreidt vnnd Schuldt bezalt were, welches Er also gethan."[81] Doch als Dorsch dann kurz vor seiner Hinrichtung stand, wollte er die Wahrheit sagen und sein Gewissen nicht länger beschweren. Auf diese Aussage ist er "auch also gestorben."[82]

---

[77]DAW Hexenprozesse, Geistliche der Stadt Würzburg, Verlassenschaftsakten 1628-1630, Fasz.9.

[78]Ebd.

[79]Ebd., Fasz.3 (Brief an den Keller von Arnstein v.31.Juli 1629).

[80]Ebd.

[81]Ebd.

[82]Ebd.

So erschien es allen Beteiligten im Juli 1629 klar zu sein, daß der ehemalige Schultheis von Hausen im Oktober 1628 "falsch vnnd betrüglich gehandelt" hatte.[83] Daher wurde am 31.Juli 1629 auf Befehl des Fürstbischofs, der sich die gebührende Bestrafung Gerings vorbehalten haben wollte, der Keller von Arnstein benachrichtigt, dem ehemaligen Hausener Schultheisen zu befehlen, sich demnächst in Würzburg einzufinden und die 17 Malter Getreide bezahlen bzw. "mit Wahrheitsgrundt genugsamb" darzulegen und zu bescheinigen, "wie vnnd was gestallt, vnnd weme Er solche bezalt habe."[84]

Am 6.August 1629 erschien Gering vor den Geistlichen Räten und nahm es auf sein Gewissen, daß er seine Schuld gegenüber Hammelmann gänzlich beglichen habe.[85]

Dabei ist es dann letztlich geblieben. Ob nun der hingerichtete Hauger Vikar Dorsch oder der ehemalige Schultheis Gering die Wahrheit sagte bleibt offen.

6. Die Gesamtabrechnung

Sämtliche in Würzburg von 1627 bis 1629 konfiszierten Güter von hingerichteten angeblichen Hexen ergaben eine Gesamtsumme von 69.127 fl. 2 lb. 17 d. Nimmt man die derartigen Einnahmen aus Volkach, Ostheim und Karlstadt in Höhe von 677 fl. 5 lb. 9 d., eine Zinseinnahme von 460fl. und sonstige Einnahmen in Höhe von 73 fl. 22 d. hinzu, ergibt sich ein Betrag von 70.338 fl. 3 lb. als Gesamteinnahme. Die Gesamtausgaben der Hexenverfolgung schlugen dagegen mit 57.738 fl. 3 lb. 1 d. zu Buche.[86]

Die Gesamteinnahmen aus dem Hexenprozeß gegen Würzburger Geistliche beliefen sich im Zeitraum vom 6.Oktober 1628 bis zum 29.März 1631 auf 10.523 fl. 3 lb. 2 d., die Ausgaben für den gleichen Zeitraum auf 4765 fl. 2 lb. 15 d. Dies bedeutete ein Plus von 5758 fl. 17 d. für die fürstliche Kasse.[87]

Eine im Diözesanarchiv Würzburg aufbewahrte "Designatio der hingerichten Geistlichen und deren auf sie ergangene Gerichts Vnkhosten" gibt über die für die einzelnen Verfahren ausgegebenen Summen Auskunft.[88] Sie bewegen sich bei den verschiedenen Getöteten zwischen 5 fl. 1 lb. 26 d. und 17 fl. und ergeben zusammen eine Gesamtausgabe von 328 fl. 5 lb. 6 d. für die Unkosten des Gerichts. Hinzu kamen noch ungefähr 10fl. für Holz, das zum Heizen des Gefängnisses

---

[83]DAW Hexenprozesse, Geistliche der Stadt Würzburg, Verlassenschaftsakten 1628-1630, Fasz.3.

[84]Ebd.

[85]Ebd.

[86]StAW Geistl.Sachen 61/1240.

[87]DAW Hexenprozesse, Geistliche der Stadt Würzburg, Verlassenschaftsakten 1628-1630, Fasz.20.

[88]Ebd., Fasz.2.

benötigt wurde und 50fl. für den Hofschultheisen "vor seine Mühewaltung, in erbauung der neuen gefänckhnussen", sowie für die Beschaffung von Holz und anderer benötigter Dinge.[89]

Auch in den Kassen der Würzburger Stifte hatte sich aufgrund des ihnen zufallenden Anteils an den Konfiskationseinnahmen 'Hexengeld' angesammelt. So sind im Stift Haug im Jahre 1631 durch den Schwedeneinfall 160 fl. 1 lb. 3 d. "geblündert worden," die im dortigen Archiv deponiert waren.[90]

---

[89] DAW Hexenprozesse, Geistliche der Stadt Würzburg, Verlassenschaftsakten 1628-1630, Fasz.2.

[90] StAW Rechnung Nr.40421.

SCHLUSSBETRACHTUNG

Zu Hexenprozessen gegen Geistliche kam es in Würzburg erst, als das Hexenstereoptyp der alten Frau aufgebrochen war. Nachdem von den Gefolterten neben Frauen auch Männer als Komplizen angegeben wurden, waren bald auch Geistliche von Denunziationen betroffen. Dies zeigen beispielsweise die im Juliusspital gegen Kleriker ausgesprochenen Bezichtigungen.[1] Sobald dann ein Geistlicher als Hexe geständig war, gab er auf der Folter natürlich auch andere Personen seines Standes als Teufelsdiener an. Die in Würzburg verhafteten und hingerichteten Stiftsgeistlichen bezichtigten, durch die Folter erpreßt, wiederum andere Stiftsgeistliche als Komplizen, da ihnen deren Namen wohl am ehesten in den Sinn kamen und es bei der Tortur ab einem gewissen Zeitpunkt nur noch darum ging, durch die Nennung möglichst vieler Komplizen die Inquisitoren zufrieden zu stellen und so von den Folterschmerzen befreit zu werden.

Die hingerichteten Vikare und Kanoniker sind aber auch von Laien denunziert worden. Auffällig ist dabei, daß kein Pfarr- oder Ordensgeistlicher in einen Hexenprozeß verwickelt wurde, sondern nur Stiftsgeistliche. Bei der Suche nach den Gründen für diesen offensichtlichen Tatbestand kommt man über Vermutungen noch kaum hinaus. Eine mögliche Erklärung läßt sich durch die Betrachtung der Zeitumstände des frühen 17. Jahrhunderts in Franken dennoch wahrscheinlich machen: es war eine Zeit des Krieges, der Mißernten, des Hungers und der Seuchen. Besonders auf dem Land wurden die Einquartierungen von Soldaten und die Vernichtung der Ernten hautnah und bedrückend erlebt, während die Stiftsgeistlichen in der Stadt Würzburg bis zum Einzug der Schweden geschützt lebten und von der Landbevölkerung die Entrichtung der Zehnt- und Pfründabgaben forderten.

Doch auch Würzburger Bürger scheinen ihre Erfahrungen mit den Kanonikern und Vikaren in ihrer Stadt gemacht zu haben. Für den 24. September 1622 vermerkt das Kapitelsprotokoll des Stifts Neumünster, daß M. Philipp Haubenschmidt bei einigen Stiftsangehörigen verschuldet sei.[2] Falls dieser Schuldner mit dem im Verhörprotokoll des Prozesses gegen Melchior Hammelmann genannten Haubenschmidt identisch ist, wäre damit eventuell ein Anhaltspunkt für die von ihm gegen Stiftskleriker ausgesprochenen Denunziationen gegeben, die er als seine Komplizen bei den Hexentänzen und dem Teufelsbündnis diffamierte. Hammelmann nannte ihn wohl nicht von ungefähr einen 'rechten Pfaffenfeind'.[3]

Aber auch das eher freizügige, noch tief in den Lebensformen der alten Reichskirche verwurzelte Leben etlicher Kanoniker und Vikare dürfte v.a. dem Fürsten, der ein konsequenter Befürworter einer strengen tridentinisch

---

[1] Vgl. StAW Histor. Saal VII 25/377.
[2] StAW Kap. Prot. Neumünster Bd. 8 (1617-1623), fol. 358v.
[3] DAW Hexenprozesse, Geistliche der Stadt Würzburg, Verlassenschaftsakten, Fasz. 2.

geprägten Kirche war, ein Dorn im Auge gewesen sein. So ließ er am 27.Januar 1627 durch den Generalvikar und Dr.Stumpf dem Kapitel des Neumünsters mitteilen, daß die Geistlichen "mit Jhren excessen, Vnd Epicurischen Leben bei dem gemeinen Man sehr grosse ergernuß erweckhten."[4] Aber nicht nur die Laien, sondern insbesondere Gott selbst würde durch dieses lasterhafte Leben erzürnt.[5] Ganz ähnlich hatte sich Philipp Adolf von Ehrenberg in seinem 1627 erlassenen Mandat auch über die Untaten der Hexen geäußert. Seiner Überzeugung nach sei Gott nicht mehr willens, die Verbrechen dieser Menschen hinzunehmen. Um nun einem Strafgericht des Allmächtigen zuvorzukommen, sah sich der Fürstbischof veranlaßt, sowohl die Sittlichkeit seines Klerus zu heben, als auch die Untaten der Hexen in seinem Land zu verfolgen und zu bestrafen. Beides tat er mit derselben Unnachgiebigkeit und Konsequenz.

---

[4]StAW Kap.Prot.Neumünster Bd.9 (1624-1629), fol.170^{v}.
[5]StAW Kap.Prot.Neumünster Bd.9 (1624-1629), fol.182^{r}.

BIOGRAPHISCHES MATERIAL ZU DEN VERBRANNTEN GEISTLICHEN

Balthasar Bach

Die Tonsur erhielt er am 5.Juni 1610, die Subdiakonatsweihe am 18.September 1610, die Diakonatsweihe am 17.Dezember 1611 und schließlich die Priesterweihe am 22.September 1612.[1] Am 26.Mai 1629 wurde der Domvikar degradiert und im 36.Hexenbrand getötet.[2]

Melchior Bauer

Der 24.Februar 1623 war der Tag seiner Tonsur.[3] Das Protokoll der Kapitelssitzung von Stift Haug vom 7.November 1628 erwähnt ihn im Zusammenhang von Streitigkeiten.[4] Am 8.Mai 1629 erlitt der Hauger Kanoniker die Degradation und wurde bald darauf in der 35.Hexenverbrennung hingerichtet.[5]

Johann Philipp Baumann

Am 6.11.1604 schrieb sich "Johannes Philippus Baumann Orbensis" an der Würzburger Universität ein.[6] Der spätere Hauger Unterpropst wurde am 17.Dezember 1611 zum Subdiakon, am 17.März 1612 zum Diakon und am 21.April 1612 zum Priester geweiht.[7] Der 6.März 1629 ist der Tag seiner Degradation.[8] Am 14.März desselben Jahres starb er durch Henkershand.[9]

Dr.Sebastian Berchtold

Der Hauger Kanoniker wurde am 21.April 1629 degradiert und kurze Zeit später hingerichtet.[10] Am 25.Oktober 1629 wurde sein ehemaliges Kanonikat neu vergeben.[11]

Heinrich Betz [Batz, Bötz]

Er stammte aus Apfelbach bei Mergentheim[12] und erhielt am 17.Dezember 1622 die Tonsur und die niederen Weihen. Am 22. Februar 1625 wurde er Subdiakon, am 29. März 1625 Diakon und am 6.Juni 1626 Priester.[13] Am 20.Juli 1624 war ihm der Besitz der Vikarie *St.Walburg* am Neumünster zugesprochen

---

[1] DAW Liber ord.
[2] DAW Hexenprozesse, Fasz.2.
[3] DAW Liber ord.
[4] StAW Prot.Stift Haug Nr.5 (1627-1639), S.151.
[5] DAW Hexenprozesse, Fasz.2.
[6] Merkle, Matr.Nr.1477.
[7] DAW Liber ord.
[8] DAW Hexenprozesse, Fasz.2.
[9] Vgl.Schwillus, S.153.
[10] DAW Hexenprozesse, Fasz.2.
[11] StAW Prot.Stift Haug Nr.5 (1627-1639), S.208.
[12] StAW Kap.Prot.Neumünster Nr.9 (1624-1629), vom 20.Juli 1624, fol.10v; DAW Hexenprozesse, Fasz.1.
[13] DAW Liber ord.

worden.[14] Am 27.Juni 1626 gab er dem Stiftskapitel bekannt, daß er seine Primiz an Peter und Paul abzuhalten gedachte.[15] Am 26.Oktober 1628 bezichtigte ihn der gefolterte Hans Schuh als seinen Hexereikomplizen: "Vnd welchen er gekennet den Vicariu[m] im Neuen Münster, Heinrich genant, so schon eingezogen."[16] Das Protokoll des vom 26.Oktober bis 7.November 1628 durchgeführten Prozesses Heinrich Betz' wird im Diözesanarchiv aufbewahrt.[17] Er wurde schließlich am 6.November 1628 degradiert[18] und am 10.November verbrannt.[19] Am 5.Mai des darauffolgenden Jahres vergab man seine Vikarie neu.[20]

Christoph Bulbeck

Am 20.Dezember 1614 erhielt er die Tonsur und die niederen Weihen.[21] Als Hauger Kanoniker schrieb er sich fünf Jahre später, am 4.Dezember 1619 in die Würzburger Universitätsmatrikel ein.[22] Der 18.Dezember 1627 war der Tag seiner Subdiakonatsweihe.[23] Das Protokoll des Hauger Kapitels vermerkt unter dem Datum vom 11.Januar 1628 eine Bestrafung dieses Geistlichen.[24] Am 26.Mai 1629 wurde er wegen angeblicher Hexerei degradiert und bald darauf im 36.Brand hingerichtet.[25]

Erhard Demeradt

Am 12.Oktober 1614 erhielt er die Tonsur.[26] Er immatrikulierte sich als Hauger Kanoniker am 12.Dezember 1617 an der Würzburger Universität.[27] Am 23.September 1623 erhielt er die niederen Weihen und schließlich am 2.März 1624 die Subdiakonatsweihe.[28] Nachdem er am 17.März 1629 degradiert[29] und am 23.März desselben Jahres hingerichtet worden war,[30] wurde sein Besitz am 5.April 1629 inventarisiert und konfisziert.[31] Am 9.August 1629 vergab das Hauger Kapitel sein ehemaliges Kanonikat neu.[32]

---

[14] StAW Kap.Prot.Neumünster Nr.9 (1624-1629), fol.10v.
[15] Ebd., fol.134v.
[16] StAW Histor.Saal VII 25/377, fol.122v.
[17] DAW Hexenprozesse, Fasz.1.
[18] DAW Hexenprozesse, Fasz.2.
[19] Vgl.Schwillus, S.152.
[20] StAW Kap.Prot.Neumünster Nr.9 (1624-1629), fol.302r.
[21] DAW Liber ord.
[22] Merkle, Matr.Nr.2793.
[23] DAW Liber ord.
[24] StAW Prot.Stift Haug Nr. 5 (1627-1639), S.72f.
[25] DAW Hexenprozesse, Fasz.2.
[26] DAW Liber ordin.
[27] Merkle, Matr.Nr.2637.
[28] DAW Liber ord.
[29] DAW Hexenprozesse, Fasz.2.
[30] Vgl.Schwillus, S.153.
[31] DAW Hexenprozesse, Fasz.17.
[32] StAW Prot.Stift Haug Nr.5 (1627-1639), S.203.

Michael Dorsch

Der Hauger Vikar Michael Dorsch erhielt am 21.Dezember 1619 die Tonsur und die niederen Weihen, am 14.März 1623 die Subdiakonats, am 11.März 1623 die Diakonats und am 15.April 1623 die Priesterweihe.[33] Er war Kostgänger beim 1628 hingerichteten Melchior Hammelmann.[34] Am 30.Juni 1629 ist er selbst degradiert und bald darauf verbrannt worden.[35]

Caspar Eiring [Eyrich]

Gebürtig aus Saal, trat am 16.Dezember 1625 in das Würzburger Priesterseminar ein[36] und erhielt am 18.März 1628 die Tonsur.[37] Die Urkunde über seine Degradation am 16.September 1628 ist im Diözesanarchiv Würzburg erhalten.[38] Der Catalogus Alumnorum verzeichnet für den September 1628 seinen Tod.

Bernhard Elling [Ölling]

Der Würzburger Bernhard Elling immatrikulierte sich am 12.Dezember 1617 an der dortigen Universität.[39] Am 23.Februar 1619 erhielt er die niederen Weihen, am 30.März 1619 die Subdiakonats-, am 25.Mai 1619 die Diakonats- und am 21.Dezember 1619 die Priesterweihe.[40] Am 16.Januar 1629 gab ihn Nikolaus Schwerdt als einen seiner Hexereikomplizen an. Diese Denunziation ist auch für die Biographie Ellings interessant: "Den Bernhardt Elling hat der denuncians zwar den nahmen nit gewust, iedoch sagt er sei ainer mit eim roten dickhen bardt vnd haar, sey vor disem ein Münich zu den Predigern gewesen vnd wider herauß vfs New Münster vnd von dannen zu St.Burchard kom[m]en..."[41] Als Vikar des Stifts St.Burkard wurde er dann am 27.Januar 1629 degradiert und im 28.Brand hingerichtet.[42]

Heinrich Eppt

Der Randersackerer Eppt schrieb sich am 11.Dezember 1615 in die Würzburger Universitätsmatrikel ein.[43] Ein halbes Jahr zuvor, am 13.Juni 1615, war er Subdiakon gewor-

---

[33]DAW Liber ord.
[34]DAW Hexenprozesse, Fasz.3.
[35]Ebd., Fasz.2.
[36]DAW Catalogus Alumnorum, S.46.
[37]DAW Liber ordinationum
[38]DAW Hexenprozesse, Fasz.2.
[39]Merkle, Matr.Nr.2677.
[40]DAW Liber ord.
[41]DAW Hexenprozesse, Fasz.1.
[42]Ebd., Fasz.2.
[43]Merkle, Matr.Nr.2495.

den. Am 11.März 1625 wurde er Diakon und am 22.September 1618 Priester.[44] Als Domvikar erlitt er am 13.Juni 1629 die Degradation und wurde kurze Zeit später verbrannt.[45]

Erhard Adolph von Fischborn

Am 13.März 1608 trat er im Alter von 16 Jahren in das adelige Seminar Julianum in Würzburg ein. Am 23.September 1610 verlies er es wieder, um in Mainz sein Biennium zu beenden. Nachdem er einige Jahre Kämmerer des Fürstbischofs gewesen ist, bekam er von diesem ein Kanonikat am Stift Haug zugesprochen.[46] Am 19.Dezember 1615 erhielt er in Würzburg die Tonsur, sowie am 26.Februar 1616 die Subdiakonenwürde.[47] Am 10.Februar 1629 degradierte ihn der Weihbischof in der St.Brictiuskapelle und übergab ihn der weltlichen Justiz zur Hinrichtung.[48] Am 17.Februar 1629 wurde seine Hinterlassenschaft aufgezeichnet und konfisziert.[49] Schließlich besetzte das Hauger Stiftskapitel am 22.März 1629 sein ehemaliges Kanonikat auf Befehl des Fürstbischofs neu.[50]

David Haas

Er stammte aus Neustadt an der Saale.[51] Am 19.September 1592 erhielt er die Tonsur und die niederen Weihen.[52] Nachdem er sich am 5.März 1598 an der Würzburger Universität immatrikuliert hatte,[53] bekam er am 27.April desselben Jahres ein Kanonikat am Stift Neumünster.[54] Die Subdiakonatsweihe erhielt er am 16.Juni 1601.[55] Am 17.Mai 1602 stellte er den Antrag auf Erhalt der vollständigen Einkünfte seiner Pfründe.[56] Der 3.April 1604 war der Tag seiner Diakonenweihe.[57] Am 17.September 1604 erhielt er einen Sitz im Kapitel.[58] Am 9.August 1605 gelangte er in den Besitz des Hofes Hohenlauben.[59] Am 10.November 1606 wurde David Haas in den Oberen Rat bestellt.[60] Im Jahr darauf, am 22.Dezember 1607, erhielt er im Kapitel des Stifts Neumünster das Stimmrecht.[61] Am 24.April 1608 hat er im Kapitel "ein

---

[44] DAW Liber ord.
[45] DAW Hexenprozesse, Fasz.2.
[46] StAW Standbuch 242, fol.23r.
[47] DAW Liber ord.
[48] DAW Hexenprozesse, Fasz.2.
[49] Ebd., Fasz.6.
[50] StAW Prot.Stift Haug Bd.5 (1627-1639), S.177.
[51] Merkle, Matr.Nr.929.
[52] DAW Liber ord.
[53] Merkle, Matr.Nr.929.
[54] StAW Kap.Prot.Neumünster Bd.4 (1592-1600), fol.109r.
[55] DAW Liber ord.
[56] StAW Kap.Prot.Neumünster Bd.5 (1600-1607), fol.153av.
[57] DAW Liber ord.
[58] StAW Kap.Prot.Neumünster Bd.5 (1600-1607), fol.71v.
[59] Ebd., fol.117v.
[60] Ebd., fol.186r.
[61] Ebd., fol.247v.

Supplication eingeben, die auch verlesen worden, darinnen Er vmb das noch uacierende procuracej Ambt in gebüer gebetten vnd angesucht hatt, mit billigem erbietten seines embsigen fleis."[62] Am 29.Mai 1608 bekam er es schließlich übertragen.[63] Im folgenden Jahr, am 29.Mai 1609, legte er es wieder nieder.[64] Am 18.April 1620 erhielt er die Priesterweihe[65] und lud daher am 22.September 1620 die Kanoniker des Neumünsters zu seiner Primiz ein.[66] Am 7.Juni 1622 übergab David Haas dem Kapitel eine "Donation ad Vicariam B.Mariae Magdalenae, bit vorderst damit den Altar vfs beste zuzurichten, vnd den Rest zue beßerer Vnderhaltung deß Possessoris vmb zinß auszuleihen..."[67] 1627, am 27.Januar, wurde David Haas "von seiner Dienstmagdt Magdalena schrifftlich verclagt, daß Er Sie Jüngsthin biß zukünfftig Kiliani gedingt, vnd vnuerdienter weiß, auß vorgebener anderer Verhetzung, zwischen dem Zihl neulich abgeschafft; bittend, das Er zuerstattung des völligen Lohns angewiesen werde; Welchß schreiben H. beclagten vorgelesen, auch ein Copey sich darüber zubeantwortten zugestellet worden; der sich erbotten, vnd mit Jhr gehandelt habe, wochentlich 2 brod biß vff ferner dienst, sampt 2 Reichsthalern zugeben."[68] Als am selben Tag Johann Riedner und Zacharias Stumpf im Auftrag des Fürstbischofs vor dem Kapitel des Stiftes Neumünster erschienen, um die Kapitulare und Vikare zu einer besseren Lebensführung zu ermahnen, brachten sie auch einen "specialbefelch" gegen David Haas und seinen Bruder Johann Haas mit, wobei sie vorbrachten, "Welcher masen Jedermenniglich kuntbar seie, wie vor etlichen Wochen ein Verruchte WeibsPerson, Welche sich ein Zeitlang bei ernanten Herrn Dauiden in diensten auffgehalten, wegen Jhres ärgerlichen Lebens Vnd missethatten, durch die Obrigkeit vnd Justitz Zur straff gezogen vnd mit Ruten auß der Statt gesteüpt worden seie, Weiln aber d[a]z gemeine geschreÿ, in der gantzen Statt vber oberwente beede Brüder so weit eingewurzelt, vnd erschollen, daß es noch nit erloschen, Auch gedachter WeibsPerson selbst eigene Criminal Confession, wegen dern mit Jhr Verübter Excessen, Jhre fürstl[ichen] Gn[aden] dahin genugsamb mouirten vnd Verursachten, ein anders für Zunem[m]en, vnd in der scherpffe secundu[m] Canones Zuprecedirn; So Wolten Sie doch auff dißmal, auß Hoffnung Jhrer besserung, ad eluendam illam maculam, Vnd d[a]z gemeine geschreÿ Zu purgiren, so Vil genad einwenden, Vnd sich mit einer geld straff gnedig Contentiren Lassen, doch mit angeheffter disen Condition, vnd fürstl[ichen] befelch, d[a]z dessen Vngeachtet beede mehrangeregte H. gebrüder, Von Jhren Hern Dechant vnd Capitulo, mit allem Ernst angesehen

[62]StAW Kap.Prot.Neumünster Bd.6 (1608-1611), fol.24v.
[63]Ebd., fol.34v.
[64]Ebd., fol.103r/v.
[65]DAW Liber ord.
[66]StAW Kap.Prot.Neumünster Bd.8 (1617-1623), fol.130r.
[67]Ebd., fol.332v.
[68]StAW Kap.Prot.Neumünster Bd.9 (1624-1629), fol.169v.

vnd gestrafft werden."[69] Jeder der beiden mußte als Strafe innerhalb der folgenden acht Tage 200 Reichstaler bezahlen. "Vnd komme Jhr[en] f[ü]r[stlich]en Gn[aden] sehr frembdt vnd Verwunderlich Vor, d[a]z Sie gleubhafft Vernem[m]en müssen, wie Er H. David, mehrangedeutter Weibs Personen |: Vnangesehen Sie dem Henckher Vnter den Handten gewesen, vnd infamis seie: | noch Weiters nachhengen, derselbig[en] nachgehen, Sie besuchen, vnd alimentiren, auch mit anderer notturfft Versehen dörffe, vnd sich dessen nit scheühe. Solle derwegen Jhme ernstlich Vntersagt vnd inhibirt primo, Alle ferner gemeinschafft vnd Com[m]ercia gegen der Jenigen Person gentzlich Zuvermeiden. 2do. Jhr nichts ahn Victualien, Kleidung vnd andern Sachen, weder für sich noch durch andere ZuZustossen. 3o. Auch Jhrer Eltern, Verwanten vnd bekanten gemeinschafft Zuvermeiden, deren auß: vnd eingang in seinem Closterhoff Zucariren; Woruber Herr Dechant vnd Capitul ein vleissigs auffsehen haben solten."[70] Am 9.März 1627 beschloß das Kapitel, zusätzlich zu der vom Fürstbischof auferlegten, noch eine eigene Strafe gegen David und Johann Haas auszusprechen: den beiden wurde für ein halbes Jahr die Teilnahme an den Sitzungen des Kapitels, sowie das Einnehmen irgendwelcher Pfründtleistungen untersagt.[71] Bereits am 4.Mai 1627 baten die Brüder das Kapitel mit der Hilfe von Fürsprechern, daß ihnen die auferlegte Strafe vorzeitig erlassen werde.[72] Ihrer Bitte entsprechend wurden sie am 20.Mai 1627 wieder ins Kapitel aufgenommen und erhielten ihre Einkünfte wieder zugesprochen.[73] Bereits vor der vom Kapitel ausgesprochenen Strafe hatte sich im Hof des David Haas ein Unglücksfall ereignet. Das Kapitelsprotokoll vom 12.Februar 1627 berichtet darüber: "Demnach in H.M[a]g[iste]r David Haasen Closterhoff sich in Vergangener nacht ein Vnuersehener Leidiger Cas[us] ergeben, d[a]z Jhre Ehrw. Weingartsman, deme Sie die gewonliche faßnachtmalzeit gutwillig widerfahren lassen, zwischen 11 vnd 12 Vhrn der nacht die stigen abgefallen, vnd todt pliben, So ist darfür gehalten, weil Er ein ehrlicher Burgersman gewesen, vnd vor monatlicher Zeit gebeichtet, d[a]z sein todter Cörper von ermeltem Closterhoff auß, vff den Prediger Kirchoff nach mittagzeit getragen vnd ordentlich begraben werde; Jedoch aber vnd zuvor solte solcher todtfall durch seinen Virtelmeistern, der Cantzlei zu verhüttung anderwertiger Vngleicher suspicionen, gebürlich angemeldet werden."[74] Am 15.Dezember 1628 wurde David Haas degradiert[75] und am 20.Dezember wegen Hexerei verbrannt.[76]

---

[69] StAW Kap.Prot.Neumünster Bd.9 (1624-1629), fol.171r/v.
[70] Ebd., fol.171v-172r.
[71] Ebd., fol.182r/v.
[72] Ebd., fol.187r.
[73] Ebd., fol.190r.
[74] Ebd., fol.172v.
[75] DAW Hexenprozesse, Fasz.2.
[76] Vgl.Schwillus, S.152.

Sein Eigentum wurde am 20.bzw.29.Dezember 1628 konfisziert,[77] sein Kanonikat am 17.März 1629 neu vergeben[78] und sein Hof am 5.Mai 1629 verkauft.[79]

Melchior Hammelmann

Er stammte aus Kürnach und war Vikar zu Stift Haug.[80] Sein Vetter Michael Hammelmann war dort Dechant. In den 1628 angefertigten Verhörprotokollen macht Melchior Hammelmann auch einige persönliche Angaben zu seiner Person. So sagt er, daß er etwa dreißig Jahre zuvor, also ca. 1598, zum Studium in Mainz war und auf dem Stephansberg als Kostgänger wohnte. Nach einem relativ kurzen Aufenthalt in Mainz von etwa einem Viertel Jahr sei er für zwei Jahre nach Lothringen gegangen und dann bis zu seiner Verhaftung 28 Jahre in Würzburg wohnhaft gewesen. Als seinen Beichtvater nannte er einen Pater Hermann. Eine letzte kleine biographische Notiz in den Verhörprotokollen bezieht sich noch auf seinen "zotteten Hundt", den er nach eigener Aussage bereits sechs Jahre lang besaß.[81] Am 23.Dezember 1595 erhielt er die Tonsur, am 16.Juni 1601 die Subdiakonats-, am 29.März 1603 die Diakonats- und am 3.April 1604 die Priesterweihe in Würzburg.[82] Das Diözesanarchiv Würzburg bewahrt das Protokoll seiner Folter und gerichtlichen Untersuchung vom 2., 4., 7., 11., 17. und 18.Oktober 1628, sowie die gegen ihn ausgesprochene und beurkundete Degradation am 9.Oktober 1628 auf.[83] Daneben befinden sich dort noch eine Aufstellung des Inventars seines aufgelösten Haushaltes, sowie eine Abrechnung der für diese Haushaltsauflösung eingesetzten Kommissare.[84] Am 10.Oktober 1628 bereits bat der Vikar Martin Walmersbach das Hauger Kapitel, ihm das Benefizium Melchior Hammelmanns zu übertragen, was von den Kapitularen abgelehnt wurde "...et extreme expröbatum quod sinistre de Dominis capitularib[us] passim in ciuitate loquatur."[85] Am 31.Oktober 1628 wurde dann Hammelmanns Vikarie St.Michael neu vegeben.[86] Eine letzte Nennung Melchior Hammelmanns findet sich für den 13.Juli 1630 in einer Abrechnung, die besagt, daß 300 Reichstaler "wegen Melchior Hammelmans gewesenen Vicariern im Stift Haug" von Herrn Katz erlegt worden seien.[87]

---

[77]DAW Hexenprozesse, Fasz.15.
[78]StAW Kap.Prot.Neumünster Bd.9 (1624-1629), fol.294r.
[79]Ebd., fol.303r.
[80]DAW Liber ordinationum.
[81]DAW Hexenprozesse, Fasz.2.
[82]DAW Liber ordinationum.
[83]DAW Hexenprozesse, Fasz.2.
[84]Ebd., Fasz.3.
[85]StAW Prot.Stift Haug Bd.5 (1627-1639), S.143.
[86]Ebd., S.147(31.Oktober 1628).
[87]StAW Rechn. 40421.

Georg Henfler

Der Würzburger Georg Henfler[88] erhielt am 22.Dezember 1584 die Tonsur und die niederen Weihen, sowie am 25.Februar 1589 die Subdiakonatsweihe.[89] Am letzten Tag des Februars 1589 wurde er vom Dekan des Neumünsterstiftes für die Vikarie St.Andreas präsentiert.[90] Am 21.April 1590 ließ er sich zum Diakon und am 9.März 1591 zum Priester weihen.[91] Im Jahr darauf, am 20.März 1592, erhielt er die Vikarie St.Bartholomäus.[92] Am 17.April 1595 verobligierte er sich, jährlich 10fl. an Abzahlung für sein Subkustoreihaus zu bezahlen.[93] Bereits am 30.Januar des folgenden Jahres bat er das Kapitel aber, ihm diese Summe zu ermäßigen. Die Kanoniker verminderten sie daraufhin "ex gratia" auf 8fl.[94] Am 31.Januar 1597 sprach er mit einem neuen Anliegen vor: er beschwerte sich, "wegen der 4 morg[en] weingart[en], so zue seiner Vicarey Bartolomej gehörig,... , daß er dieselbe hinfuro dem Stifft lassen, vnd sich mit 47 Aymern Contentirn lassen solle, daruffer gebett[en] Jre E. als Collator, Vnd die Herrn semblich wolten Jne[n] gn. bedenckh[en] vnd solche Weingart[en] Jme restituiren..."[95] Am 20.Juli 1595 war er - gemäß des Vermerkes im Protokoll vom 31.Januar 1597 - aber mit der nun angefochtenen Lösung einverstanden gewesen. Allerdings hatte er die ihm darüber ausgehändigte Urkunde nie besiegelt. So kamen die Kapitulare zu dem Urteil, daß sie sehr wohl im Recht seien, wenn sie auf der Vereinbarung von 1595 beharrten. Trotzdem haben sie "zue fursehung eines mehreren Anlauffens, sein Henflers vnd der seinig[en] als vnruigen Leuth" beschlossen, ihm den Weingarten wieder zu übergeben. Allerdings mußte er eine Kaution von 100fl. stellen, mit der sichergestellt werden sollte, daß er dieses Grundstück auch pflegte.[96] Diese Angelegenheit beschäftigte das Stiftskapitel aber noch zweimal: am 7.März 1597 setzte man über die Übergabe des Weingartens an Henfler ein Schriftstück auf, das diesem zur Besiegelung übersandt wurde.[97] Unter dem Datum vom 10.März 1597 liest man: "In disem Cap[itu]l[o] ist nichts besonders furgefallen, dan daß abermals von Georg[en] Henflers Obligationis vnd Reuerß geredt word[en]."[98] Am 4.Dezember 1601 erhielt er die Vikarie *St.Ursula und die elftausend Jungfrauen.*[99] Im Juli

[88]Vgl.StAW Kap.Prot.Neumünster Bd.3 (1580-1591, Teil II), fol.138v.

[89]DAW Liber ord.

[90]StAW Kap.Prot.Neumünster Bd.3 (1580-1591, Teil II), fol. 138v.

[91]DAW Liber ord.

[92]StAW Kap.Prot.Neumünster Bd.4 (1592-1600), fol.11av.

[93]Ebd., fol.191av.

[94]Ebd., fol.231av.

[95]Ebd., fol.28v.

[96]Ebd., fol.28v-29r.

[97]Ebd., fol.40v.

[98]Ebd., fol.41r.

[99]StAW Kap.Prot.Neumünster Bd.5 (1600-1607), fol.125ar.

1604 kaufte er mit Einwilligung und Unterstützung des Kapitels den Hof Zum kleinen Hiffhalter als sein Wohnhaus.[100] Im Jahre 1608 mußte er Reparaturarbeiten am Schlot dieses Gebäudes vornehmen lassen, wofür er vom Stift 60fl. "vmb gebierende verzinsung vff sechs Jahr lang" geliehen bekam.[101] Am 11.Juni 1609 resignierte er seine Vikarie St.Ursula und die elftausend Jungfrauen[102] und erhielt am 4.bzw.11.Juli desselben Jahres ein Kanonikat übertragen.[103] In die Regel der Kurie Emerich schrieb er sich am 3.August 1609 ein.[104] Am 12.Januar 1621 wurde im Kapitel vorgebracht, daß der Fürstbischof ein neues Rituale herausgeben wolle und daher die Geistlichkeit um Informationen über die üblichen Bräuche anging . Man beschloß daraufhin die älteren Priester zu befragen und die alten Rituale durchzugehen. Für diese Aufgabe wählte man Anton Gerck und Georg Henfler aus, der dabei als "Alter Stiffts Priester" bezeichnet wurde.[105] Am 10.Juni 1623 wurde Georg Henfler in das Kapitel aufgenommen.[106] Da bei der Austeilung der Fraternitätsgefälle und bei anderen Dingen die Vikare unzulässig viel "eigenthättig ihres gefallens gebraucht," ist Henfler am 27.Juni 1623 "zum Superintendenten, dergestalt capitulariter verordtnet worden, d[a]z fürterhin one deßen vorwissen vndt willen, hierin dieselbe[n] d[a]z geringste nit sollen mehr vornehmen oder verhandtlen."[107] Nach seiner Verwicklung in die Hexenprozesse wurde er am 10.Juli 1629 degradiert und bald darauf hingerichtet.[108] Am 20.Juli 1629 konfiszierte man sein Eigentum.[109] Bereits am 17.Juli 1629 hatte der Kanoniker Valentin Schmid gebeten, den Hof des hingerichteten Henfler kaufen zu dürfen.[110]

Sigmund Heß [Heßrödlein]

Der Würzburger Sigmund Heß schrieb sich am 16.Mai 1607 an der Würzburger Universität ein.[111] Am 24.September 1611 erhielt er die Weihe zum Subdiakon, am 17.Dezember 1611 zum Diakon und am 2.März 1613 zum Priester.[112] Als neuem Chorherr zu Stift Haug wurde ihm am 7.Januar 1620 auf Drängen des Fürstbischofs für seine "annos Carentiae" die unierte Vikarie *St.Johannis Bapt. et Ev. et Catharinae* in

---

[100]StAW Kap.Prot.Neumünster Bd.5 (1600-1607), fol.39^{v}u.65^{r}.
[101]StAW Kap.Prot.Neumünster Bd.6 (1608-1611), fol.44^{v} (11.August 1608).
[102]Ebd., fol.106^{v}.
[103]Ebd., fol.112^{v}.
[104]Ebd., fol.117^{r}.
[105]StAW Kap.Prot.Neumünster Bd.8 (1617-1623), fol.176^{r}.
[106]Ebd., fol.436^{v}.
[107]Ebd., fol.441^{v}.
[108]DAW Hexenprozesse, Fasz.2.
[109]Ebd., Fasz.19.
[110]StAW Kap.Prot.Neumünster Bd.9 (1624-1629), fol.352^{r}.
[111]Merkle, Matr.Nr.1719.
[112]DAW Liber ord.

Röttingen übergeben.[113] Am 3.April 1629 wurde er wegen angeblicher Hexerei degradiert und anschließend verbrannt.[114]

Nicodemus Hirsch

Nicodemus Hirsch aus Augsburg[115] erhielt am 23.Dezember 1600 in Würzburg die Tonsur und die Minores.[116] Am 17.Mai 1601 bekam er das zum Stift Neumünster gehörende Kanonikat des verstorbenen Johannes Wirsberg übertragen.[117] Am 31.Juli 1601 übergab sein Vater Johann Hirsch, fürstlicher Sekretär, dem Stiftskapitel ein "Testimonium ætatis et Nativitatis" für seinen Sohn, "welches die Herrn also vernom[m]en, vnd seind darmit zufriden gewest."[118] Gemäß den Statuten des Stifts Neumünster erbat Nicodemus Hirsch am 13.März 1604 die Genehmigung in den Genuß der Hälfte seiner Pfründe zu kommen, was ihm für den 20.Juni zugesagt wurde.[119] Am 21.April 1605 ist ihm vom Kapitel deren ungeschmälerter Besitz ab dem 20.Juni 1605 zugesagt worden.[120] An diesem Tag hätte er nun gemäß den *statuta Capitularia* traditionsgemäß bei der Matutin nochmals durch einen Kapitelskanoniker darum bitten müssen. Dies hat Hirsch unterlassen. Das Kapitel beschäftigte sich daher am 19.Juli 1605 mit dieser Traditionsverletzung und stellte fest, daß er trotz der erfolgten Pründenübertragung nicht, "wie es seithero alwegen gehaltten vnd herkom[m]en, in matutinis selbigen tags... widerumb bej Herrn dechanten per D[omi]num Capitularem darum[m]ben pitten lassen, Jst deßwegen fur straffellig erkantt, vnd soll vor Capitul erfordert vnd Jme Verwiesen werden."[121]

Auch 1607 scheint Nicodemus Hirsch negativ aufgefallen zu sein, da das Stiftsprotokoll vom 27.Oktober dieses Jahres vermerkt, daß er erst nach zuvor erfolgtem untertänigen Ansuchen "totae ac integrae p[rae]bendae de nouo capax" sein solle, nachdem ihm diese zuvor entzogen worden war.[122]

Am 5.Juni 1609 wurde dem Stiftskapitel berichtet, daß der Kanoniker Dr.Jordan ernste Klage gegen Johann Wilhelm Patterßheuser und Nicodemus Hirsch führte, "weiln sich beede Canonicj Extra Capitulares ... sub specie bonj erzeigen vnd fürgeben, alß thetten sie in dieb[us] Domin. et alijs fest. die H.Ämbtter vnd Vespertinas præces in hui[us] Eccl[es]iæ choro visitirn, so befinde seine Ehrw. doch etwan

---

[113] StAW Kap.Prot.Neumünster Bd.8 (1617-1623), fol.110r.
[114] DAW Hexenprozesse, Fasz.2.
[115] vgl. Merkle, Matrikel Nr.2263.
[116] DAW Liber ordinationum.
[117] StAW Kapitelsprotokolle Neumünster Bd.5 (1600-1607), fol.94ar.
[118] Ebd., fol.103av.
[119] Ebd., fol.48v.
[120] Ebd., fol.102v.
[121] Ebd., fol.115r.
[122] Ebd., fol.239v.

mehrmalß daß widerspiel..."[123] Daher bat Dr.Jordan den Dechanten "Jnen solchen Jhren Vnfleiß mit sonder vleiß vnd ernst zu verweisen, sonsten wolten seine Ehrw. viel lieber sehen vnd endtlich gehern haben, damit sie auß dem Collegio seu Convictu abgefordert wurden."[124] Anschließend rief man die beiden Beklagten und der Dechant gebot ihnen, "daß sie H.D.Jordan alß Collegij Regenti nit allein in allem gehorsamen, sondern auch Jhre Lectiones neben dem Choro embsig uisitirn vnd frequ[en]tirn sollen.[125]

Auch am 6.April 1610 wurde Nicodemus Hirsch wieder ermahnt, "das er sich ins künfftig ein bessers Leben wolle anstelen, daß Jme rümblich erscheinen möchte.[126]

Am 12.August 1610 machte das Kapitel einen von Hirsch durchgeführten Getreideverkauf an den Präsenzmeister rückgängig, da er an diesen 7 Malter Weizen zu 4,5fl. je Malter veräußert hatte, "die er noch nit verdient gehabt."[127] Stattdessen mußte Nicodemus Hirsch dieses Getreide, das noch auf dem Kellereiboden lag, an Paul Völckher für 6,5fl. pro Malter verkaufen, um damit seine Schulden von 40fl. bei ihm abzuzahlen.[128] Am 10.März des folgenden Jahres klagte der Vikar Thobias Kelz vor dem Kapitel gegen Hirsch wegen 1,5 Malter Weizen, die er schon bezahlt, aber vom Beklagten noch nicht erhalten hatte.[129]

Über weitere finanzielle Schwierigkeiten Nicodemus Hirsch' geben uns zwei Protokolleinträge des Jahres 1611 Auskunft. Am 21.Juli beschwerte "sich der Gastgeber zu der Schleihen, so woln schrifftlich, alß mündlich", daß Hirsch ihm noch 38fl. schulde. Das Kapitel befahl daraufhin, daß der beklagte Kanoniker bis zum kommenden Samstag eine Liste aufzustellen habe, in der er alle seine Schulden verzeichnen mußte.[130] Am 9. August 1611 beschäftigte man sich dann ausführlich mit seinen Rückständen: "Nach deme gegen vnd wider D.Nicodemum Hirschen Can.extra Capitularem allerej Clag[en] seiner gemacht[en] schulden halber fürgeloffen, alß ist Capitulariter beschlossen, daß nachvolgenden Personen gevolgt vnd von deß Stiffts Kellern, weg[en] sein Hirschen noch restierender Pfrundt weitz bezalt werden sollen, alß

D.M.Paulo Grünewaldt Can.Capit. propter ipsi[us] actus	3fl.
Dem Glaßmalern weg[en] seines Bruders Lehrgeldt	6fl.
Geörgen Holzman Wirdt zu der Schleihen	6fl.
Simoni Lintzenig Kremern	3fl.
D.Rectori magnif.Vniuers.Herb[ipole]n[sis]	3fl.
Dem Appoteckhern	4fl.

---

[123]StAW Kapitelsprotokolle Neumünster Bd.6 (1608-1611), fol.105^{v}.

[124]Ebd.

[125]Ebd.

[126]Ebd., fol.170^{v}.

[127]Ebd., fol.189^{v}.

[128]Ebd.

[129]Ebd., fol.221^{v}.

[130]Ebd., fol.250^{r}.

Dem Heckhner 2½fl.
Buchbindern 3fl.
Rebhurn 2fl."[131]

Am 16.August 1611 ist seinem Kostherren vom Dekan des Stiftes befohlen worden, ihm täglich nicht mehr als ein Maß Wein zu reichen.[132]

Doch die Kette der Gläubiger riß nicht ab: am 27.September 1611 klagte der Schumacher Martin Schweiß beim Kapitel gegen Hirsch um Bezahlung von "17fl. min[us] 17d., so er Jme weg[en] gemachter Arbeit schuldig worden..."[133] Um diesem Mißstand in Zukunft zuvorzukommen beschloß das Stiftskapitel am 15.November 1611 Hirsch einen Kurator zu verordnen: "Nach deme Herr Nicodemus Hirsch Can.extra cap. an vnderschiedtlich[en] ortten sich dermassen mit mit [sic!] schulden vberhaufft, das ein Ehrw. capitul fast täglich von seinen Creditorn molestirt vnd angeloffen worden, alß hatt man für rathsam angesehen, damit er sich einest darauß erschwingen, auch dergleichen vngelegenheit Hinfuro verhüett werden möchte, daß Jme ein Stiffts Officiant zu einem Curatorn geordtnet werden, wie dan hierauffer Johan Dulckh[en] des Stiffts Keller Jme solcher gestalt verordtnet worden, das er niemantt von sein Hirschen wegen ohne vorwissen eines Ehrw. capituls, das geringste hinnauß geben, auch sein zugebierendt getreidt vnd wein mit solchem vorwissen verkauffen, Hergeg[en] für sein mühewaltung 10fl. Jährlich[en] haben solle."[134]

Am 17.November 1611 wurde Hirsch aufgrund der Fürsprache des Dekans beim Regenten Dr.Jordan wieder in das Konvikt aufgenommen. Allerdings mit "vorbehaltener straff der suspension."[135] Nicodemus Hirsch mußte dabei schwören, daß er sich in Zukunft "in allem gehorsamblich vleissig, vffrecht vnd alß vnclagbar gegen Jedermeniglich" verhalten wollte.[136] Am selben Tag hat das Kapitel noch den Beschluß gefaßt, daß der Keller 2 Malter Weizen zu je 7fl. verkaufen sollte, um für Hirsch Kleidung zu beschaffen.[137]

Am 20.September 1614 erhielt er die Subdiakonen- und am 26.Dezember desselben Jahres die Diakonenweihe.[138]

Im Jahre 1618, am 8.März, überlies er sein Recht des Nachrückens ins Kapitel Jodocus Wagenhauber.[139] Am 27.März desselben Jahres bat Hirsch das Kapitel um die Präsentation zum Priester. Man beschloß, daß er den "Examinatorib[us] sistirt werden [solle], dieselbige werden wissen was zu thun sey, doch ihme vorhin vorgehalten habitum zuändern."[140] Wenige Tage später, am 31.März ist ihm befohlen worden

---

[131]StAW Kap.Prot.Neumünster Bd.6 (1608-1611), fol.255^{r}.
[132]Ebd., fol.257^{v}.
[133]Ebd., fol.268^{r}.
[134]Ebd., fol.276^{v}.
[135]Ebd., fol.278^{v}.
[136]Ebd.
[137]Ebd., fol.279^{r}.
[138]DAW Liber ord.
[139]StAW Kap.Prot.Neumünster Bd.8 (1617-1623), fol.64^{r}.
[140]Ebd., fol.69^{v}.

"lectiones Casuum conscientiae" zu hören[141] und sich "ad examen ohne schimpff vnnd nachreden des Stiffts besser qualificirt machen."[142] Schließlich wurde er am 9.Juni 1618 zum Priester geweiht.[143] Daher lud er am 30.Juni 1618 das Kapitel für den 2.Juli zu seiner Primiz ein.[144] Etwa 1618 ist er dann auch als Vikar in Heidingsfeld nachweisbar.[145]

Am 19.Februar 1619 ist "H.Nicodemo Hirschen... vergonstiget worden, den Chorherrnhoff Ollingen vff vier Jar lang noch vmb 100fl. zu den alberait darauf stehenden 200fl. vnd also in toto 300fl. dem Praesenzambt zuversetzen."[146] Wenige Tage später, am 23.Februar, wurde er in die Regel eingeschrieben.[147]

Am 16.August 1621 immatrikulierte er sich an der Universität Würzburg als Student beider Rechte.[148]

Unter dem Datum vom 19.Februar 1622 findet sich in den Protokollen des Neumünsterstift dieser Eintrag: "Herr Nicodemus Hirsch Canon. Cap[itu]laris, vnd der zeitt mittag prediger zu heydingßfeldtt p. ist per vota Dominorum, ob perpetratum delictum carnale, in schwängerung seiner Magdt per trimestre a consessu capitulari excludirt, vnd zugleich a fructibus suae praebendae suspendirt worden."[149] Am 7.Mai 1622 wurde die gegen ihn ausgesprochene Suspension aufgrund seiner Bitte vorzeitigt aufgehoben.[150] Am 8.April 1623 wurde er "in numerum oblagiorum" aufgenommen.[151]

Am 17.Oktober 1626 meldete sich wieder ein Gläubiger Hirschs beim Kapitel an: der Händler Sebastian Schwab. Dieser sagte, daß Hirsch ihm vor 7 Jahren für Waren ein Malter Korn zugesagt habe, das er bis zu diesem Tag nicht erhalten hätte. Der beklagte Kanoniker konnte sich aber nicht daran erinnern, dem Händler das Getreide versprochen zu haben. Daraufhin sagte Schwab, "d[a]z er seine gethane forderung in ermangelung andern beweises cum Juramento affirmiren vnd behaupten könne. Weil nun beede theil in Contradictorijs gestanden, Vnd dise Zwar geringe forderung zu einer andern erweiterung, vnd aydtsleistung kom[m]en zulassen für vnrathsamb gehalten, seind beede theil also verglichen, d[a]z der Cleger vom H.beclagten 6 metz[e]n Korn annemmen: vnd einander ferners nit beleidigen, noch außschreien solten, daruber Sie stipulatis manib[us] promittirt."[152] Ein weiterer Gläubiger, der Krämer Jocob Kopp,

---

[141]StAW Kap.Prot.Neumünster Bd.8 (1617-1623), fol.69v.
[142]Ebd., fol.70r.
[143]DAW Liber ord.
[144]StAW Kap.Prot.Neumünster Bd.8 (1617-1623), fol.87v.
[145]DAW Diözesanmatrikel, fol.26.
[146]STAW Kap.Prot.Neumünster Bd.8 (1617-1623), fol.101r.
[147]Ebd.
[148]Merkle, Matr.Nr.2263.
[149]StAW Kap.Prot.Neumünster, fol.291v.
[150]Ebd., fol.316v.
[151]Ebd., fol.423v.
[152]StAW Kap.Prot.Neumünster Bd.9 (1624-1629), fol.150v-151r.

forderte am 11.September 1627 die Begleichung einer bereits etliche Jahre alten Schuld von 20fl., die er mit einer Verschreibung belegen konnte. Hirsch versprach zu zahlen.[153]

Am 9.Oktober 1628 wurde er unter dem Verdacht der Hexerei verhaftet und am folgenden Tag gefoltert.[154] Nach seiner Degradierung am 16.Oktober 1628[155] wurde er am 20.Oktober hingerichtet.[156] Fünf Tage später wurde sein Besitz aufgezeichnet und konfisziert.[157]

Lorenz Hofmann

Am 16.Dezember 1621 schrieb sich der Würzburger an der dortigen Universität ein.[158] Die Tonsur erhielt er am 20.Dezember 1625, die Subdiakonenweihe am 23.März 1626, die Diakonenweihe am 19.Dezember 1626 und die Priesterweihe am 29.Mai 1627.[159] Als Hauger Vikar wurde er in die Hexenprozesse verwickelt und am 13.Januar 1629 degradiert.[160] Nach dem 15.Januar 1629 wurde er hingerichtet.

Balthasar Knorr

Der Würzburger Balthasar Knorr erhielt am 24.September 1605 die Tonsur und die niederen Weihen, am 1.März 1608 die Subdiakonats- und am 14.März 1609 die Diakonatsweihe.[161] Am 5.Juni 1609 wurde er als Vikar des Neumünsters mit zwölf Wochen Präsenzentzug und zwei Tagen Karzer bestraft, weil er gefälschte Studienzeugnisse vorgezeigt hatte.[162] Am 27.Juni wurde ihm auf seine Bitte die Hälfte der Strafe erlassen.[163] Die Vikarie *SS.Apostolorum Petri et Pauli* des Stifts Neumünster erhielt er am 28.Juli 1609 unter der Bedingung, daß er innerhalb eines Jahres Priester werde.[164] Am gleichen Tag hat er seine vorige Vikarie *St.Nikolaus* abgegeben.[165] Der 5.Juni 1610 war der Tag seiner Priesterweihe.[166] Am 24.Juli 1610 bat er den Dekan und das Kapitel, seine erste Hl.Messe am Hauptaltar der Neumünsterkirche feiern zu dürfen.[167] In der Zeit zwischen 1618 und 1629 muß Knorr vom Stift

---

[153] StAW Kap.Prot.Neumünster Bd.9 (1624-1629), fol.198ᵛ-199ʳ.
[154] DAW Hexenprozesse, Fasz.1.
[155] Ebd., Fasz.2.
[156] Vgl.Schwillus, S.152.
[157] DAW Hexenprozesse, Fasz.9a.
[158] Merkle, Matr.Nr.3042.
[159] DAW Liber ord.
[160] DAW Hexenprozesse, Fasz.2.
[161] DAW Liber ord.
[162] StAW Kap.Prot.Neumünster Bd.6 (1608-1611), fol.105ᵛ.
[163] Ebd., fol.111ʳ.
[164] Ebd., fol.114ᵛ.
[165] Ebd., fol.115ʳ.
[166] DAW Liber ord.
[167] StAW Kap.Prot.Neumünster Bd.6 (1608-1611), fol.185ᵛ.

Neumünster nach Stift Haug gewechselt sein, denn dort wird nach seiner im Januar 1629 erfolgten Hinrichtung[168] seine Vikarie *St.Egidius et Gregorius* am 18.Januar 1629 neu vergeben.[169]

Paul Lamprecht

Der Würzburger Paul Lamprecht schrieb sich am 31.Januar 1588 als Student der Rechte an der Universität seiner Heimatstadt ein.[170] Am 19.Dezember 1598 erhielt er die niederen Weihen und am 6.März 1599 die Subdiakonatsweihe.[171] Für den 13.August 1602 läßt sich Lamprecht als Inhaber eines Kanonikates am Stift Neumünster nachweisen.[172] Im folgenden Jahr, am 14.Mai 1603, erhielt er die halbe Präbende zugesprochen.[173] Für den 21.Juli 1603 ist seine Emancipatio vermerkt.[174] Am 5.März 1604 resignierte er als Canaonicus extracapitularis und Besitzer der unierten Vikarie *Corporis Christi, SS.Petri et Pauli ac S.Blasij* in Röttingen.[175] Am 19.Mai 1604 bat er gemäß den Stiftsstatuten um die Gewährung sämtlicher Präbendaleinnahmen, die er am 18.Juli zugesprochen bekommen sollte.[176] Zur Unterstützung für den Pfarrer wurde Lamprecht für die Ostertage am 27.März 1605 nach Igersheim geschickt.[177] Auch 1606 ging er dorthin.[178] Unter dem Datum vom 9.August 1605 wurde er in die Regel der Kurie *Öllingen* eingeschrieben.[179] Am 12.September 1606 beschloß das Kapitel, daß Lamprecht die Pfarrei Bütthard bis zur Amtseinführung eines neuen Pfarrers betreuen sollte.[180] Für die Aufnahme ins Kapitel entrichtete er am 22.September 1606 die Taxe von 40fl.[181] Am 10.September 1607 wurde er für die Kurie *Rennicken* präsentiert und bot seine bisherige Kurie Öllingen zum Verkauf an.[182] Am 12.Dezember 1609 sehen wir ihn in Erbschaftsstreitigkeiten verwickelt.[183]

Für den 3.Juli 1610 findet sich in den Stiftsprotokollen ein längerer Eintrag, der sich mit der Sittlichkeit seiner Lebensführung beschäftigt: "Es ist an heuth de nouo repetirt worden, wie das Herr Paulus Lambrecht Can. Capitularis, nun ein lange zeit hero cum famula sua antiqua Margar; so sich vor etlich[en] wuch[en] mit des Schulthessen

---

[168]Vgl.Schwillus, S.152.
[169]StAW Prot.Stift Haug Bd.5 (1627-1639), S.165.
[170]Merkle, Matr.Nr.316.
[171]DAW Liber ord.
[172]StAW Kap.Prot.Neumünster Bd.5 (1600-1607), fol.165a^{r}.
[173]Ebd., fol.6^{v}.
[174]Ebd., fol.13^{r}.
[175]Ebd., fol.47^{r}.
[176]Ebd., fol.58^{v}.
[177]Ebd., fol.100^{v}.
[178]Ebd., fol.160^{v}.
[179]Ebd., fol.117^{v}.
[180]Ebd., fol.180^{v}.
[181]Ebd., fol.181^{r}.
[182]Ebd., fol.231^{v}.
[183]StAW Kap.Prot.Neumünster Bd.6 (1608-1611), fol.142^{r}.

Sohn zu Klein Rinderfeldt vereheliget vnd hernacher bey 20 wuchen daselbst[en] miteinander zu Kirchen vnd strassen gang[en] in böser suspicion gestanden auch deßweg[en] so woln von dem verstorbenen, alß ietzig[en] Herrn Decano Jhren Ehrw. paterne et fraterne, vnd alß in aller güette, sie zuuerlassen, vnd von Jme abzuschaffen adhortirt worden, Dessen aber ungeachtet, noch lenger bej Jme in seinem geistlich[en] Hoff behalten, Eines malß cum magno ho[m]i[nu]m scandalo, mit Jhr vff einem Kahn von Wirtzburg auß, gehen Dettelbach gefahren, Jtem so habe er sie auch von dem seinigen stattlich gecleidt, Sie Zu Jhrer Hochzeit solte außgesteuert, vnd anders mehr gegeben haben, wan sie dan auch innerhalb 20 wuch[en] eines Kindts Zu besagtem Rinderfeldt gelegen, so wehre es woll zuuermutten, daß sie in sein Herrn Lambrechts Hoffe durch Jhren ietzigen Man müesse imp[rae]gnirt worden sein p. Darauffer beschlossen mehrbesagtem Herrn Lambrecht[en] ein wall Zuzulassen, ob er lieber zur straff eines Monats o[mn]ib[us] p[rae]bendae suae fructibus priuirt, oder cum pane et aqua p[er] unam septim: in Carcere punirt werden wolle p. Darauffer, weiln Herr Lambertus selbst[en] ein Monat den 7.Julij Jme sein straff erwälet, so ist es darbej verblieben."[184] Am 5.August 1610 bat Paul Lamprecht schriftlich die ihm "Capitulariter vfferlegte straff" zu verringern. "Hirauffer besagtem Herrn zur antwortt eruolgt dieweiln man auch in erfahrung gebracht, ob woln Er H.Lambrecht sich vor etlichen wuchen cranckh anzeigen lassen, so wehre er doch nit in seinem Hoff verblieben, sondern sich vnabsentirt ausserhalb der Statt anderstwhohin begeben, wan dan auch solches huius sacrae Aedis statutis antiquis stracks zuwider, vnd zu deme auch, dieweiln auß seiner ubergebener Supplication ein geringe humilitas zu spieren vnd abzunemen seie, Alß bewende es nochmalß bey deme zuuor 7.Julij in Camera gegebenen bescheidt, da er H.Lambrecht aber, sich der vorigen Person hinfüro pro euitando maiori scandalo, aller ding zu endthalten versprechen, seine mit capitularsherren pro impetranda Venia humiliter Pitten, Culpam seu reatum suum in Capitulo agnoscirn, D[omin]um Decanu[m], atq[ue] alios suos D[omi]nos concapitulares debito modo honorirn, dieselbige auch inposterum, neq[ue] uerbis, neque factis, aperte, vel occulte, aut alio quouis quesito colore offendirn, oder accusirn, So solle alß dann hirüber fernerer bescheidt ergehen."[185] Am 7.August stand Lamprecht im Stiftskapitel auf und bat die Herren demütig um Vergebung und sagte zu "sich auch hinfüro der Jenig[en] Person so Jhr wohnung nit mehr alhier habe, gentzlich" zu enthalten.[186]

---

[184] StAW Kap.Prot.Neumünster Bd.6 (1608-1611), fol.183^{v}.
[185] Ebd., fol.187^{v}-188^{r}.
[186] Ebd., fol.188^{v}-189^{r}.

Am 17.November 1628 wurde Paul Lamprecht degradiert und bald darauf verbrannt.[187] Bereits am 2.Dezember bat Sparr von Greiffenberg das Kapitel des Neumünsters um "participationem oblagiorum", da Lamprecht tot sei.[188]

Dr.Michael Mair

Am 18.April 1620 erhielt er die Tonsur, am 23.September 1623 die Weihe zum Subdiakon, am 28.März 1626 zum Diakon und am 11.April 1626 zum Priester.[189] Weniger als drei Jahre später, am 10.Februar 1629, wurde dieser Hauger Kanoniker degradiert und im 29.Hexenbrand in Würzburg hingerichtet.[190] Am 15.Mai 1629 vergab man seine Präbende neu.[191]

Georg Mairhofer

Georg Mairhofer aus Würzburg schrieb sich am 4.Dezember 1619 an der dortigen Universität ein.[192] Am 28.März 1626 wurde er zum Diakon und am 11.April 1626 zum Priester geweiht.[193] Er wurde als Hauger Kanoniker in die Hexenprozesse verwickelt und erlitt am 8.Mai 1629 die Degradation.[194] Nach dem 26.Mai 1629 verbrannte er auf dem Sanderrasen.[195]

Bernhard Marck

Er erhielt am 30.März 1619 die Tonsur, am 19.Dezember 1620 die Subdiakonenweihe, am 10.Juni 1623 die Diakonenweihe und am 23.Dezember 1623 die Priesterweihe.[196] Als Domvikar wurde er am 27.Januar 1629 degradiert[197] und bald darauf lebendig verbrannt.[198]

Gabriel Marck

Der Würzburger Gabriel Marck[199] erhielt am 5.März 1605 die Tonsur und die niederen Weihen.[200] Am 18.März desselben Jahres bekam er die zum Stift Neumünster gehörende Vikarie *Maria Magdalena* zugesprochen.[201] Als Vikar bewohnte er das

---

[187] DAW Hexenprozesse, Fasz.2.
[188] StAW Kap.Prot.Neumünster Bd.9 (1624-1629), fol.267r.
[189] DAW Liber ord.
[190] DAW Hexenprozesse, Fasz.2.
[191] StAW Prot.Stift Haug Bd.5 (1627-1639), S.185.
[192] Merkle, Matr.Nr.2849.
[193] DAW Liber ord.
[194] DAW Hexenprozesse, Fasz.2.
[195] Vgl.Schwillus, S.153.
[196] DAW Liber ord.
[197] DAW Hexenprozesse, Fasz.2.
[198] Vgl.Hauber, S.814.
[199] Vgl.Merkle, Matr.Nr.1767.
[200] DAW Liber ord.
[201] StAW Kap.Prot.Neumünster Bd.5 (1600-1607), fol.98r.

Haus *Dadermann.*[202] 1607 immatrikulierte er sich an der Würzburger Universität.[203] Am 22.September 1607 erhielt er die Subdiakonen-, am 20.September 1608 die Diakonen- und am 18.September 1610 die Priesterweihe.[204] Aus diesem Grund bat er am 11.Januar 1611 das Stiftskapitel seinen Primizgottesdienst im Chor des Neumünsters abhalten zu dürfen.[205] Am 12.Januar 1621 bat er gemäß den Stiftsstatuten um die Gewährung der halben Präbende, was ihm ab dem 12.März zugesagt wurde.[206] Am 13.März 1621 hat er "durch Herrn M.Nicolaum Vbelhern Can.Capitularem furbring[en] Lassen, Wie Er diß Jahr ein Vicarius im Dombstifft verbleiben wölle; Bitte demnach diß Jahr lang nachzusehen, vnd Jhme souil zuuergünstigen; Welches auch geschehen p."[207] Am 6.März 1629 wurde er degradiert[208] und am 14.März 1629 hingerichtet.[209]

Hans Conrad Marck

Er war der Bruder Gabriel Marcks.[210] Am 30.März 1619 erhielt er die Tonsur und die niederen Weihen.[211] Das Kapitel des Stiftes Neumünster beschloß am 4.Februar 1625 Conrad Marck mit Abzug von zwei Achtel Wein bei der nächsten Austeilung zu bestrafen, da er "wegen seines höchsten vnvleises vndt negligentz sowol in der Schulen, alß Kirchen, vnd anderer muthwilliger zue Hauß vorgenommener straffbarer Verhandlungen in die KohlCammer gesperret, vnd nach eröffnung der Thür freies willens heraußgangen: Wurdte deswegen ein starckher Verweiß gegeben; vnd zugleich zu Künfftiger besserer verhaltung, vnd vermeidung aller vngebürnussen, mit anbetrohung ernstlicher straffen hortirt."[212] Am 13.Mai 1628 kam wiederum ähnliches im Stiftskapitel zur Sprache: "Reuerendissim[us] D[omi]n[us] Suffragane[us] p. et Scholastic[us] exhibuit et p[er]legit Testimonium a Patre Societatis et Logicae p[ro]fessore acceptu[m], in quo testificatur de crassa et supina neglegentia... Joan: Conradi Marcken Canon: Extracapitularis; Vnd weil die ins geraume Zeit hero von Jhr[en] Hochwurd[en]: alß Scholastico gegen Jhnen adhibirte Vermanung vnd Correctiones, ie keine frucht bei Jhme verfangen wolten; so habe derselb es in pleno Capitulo anmeld[en] wollen, d[a]z gegen denselben ad correctionem ipsi[us] anderer gestalt procedirt, vnd andere ernstliche

---

[202] StAW Kap.Prot.Neumünster Bd.5 (1600-1607), fol.212^{v} (6.April 1607).
[203] Merkle, Matr.Nr.1767 (am 16.[?]5.[?]).
[204] DAW Liber ord.
[205] StAW Kap.Prot.Neumünster Bd.6 (1608-1611), fol.213^{v}.
[206] StAW Kap.Prot.Neumünster Bd.8 (1617-1623), fol.174^{v}.
[207] Ebd., fol.192$^{r/v}$.
[208] DAW Hexenprozesse, Fasz.2.
[209] Vgl.Schwillus, S.153.
[210] Vgl.StAW Kap.Prot.Neumünster Bd.8 (1617-1623), fol.203^{r} (24.April 1621).
[211] DAW Liber ord.
[212] StAW Kap.Prot.Neumünster Bd.9 (1624-1629), fol.50^{v}.

mittel vorgenom[m]en werd[en]."[213] Am 17.März 1629 ist Hans Conrad Marck degradiert[214] und am 23.März 1629 verbrannt worden.[215]

Dr.Wilhelm Marius

Am 23.September 1600 erhielt der Würzburger[216] die Tonsur und die niederen Weihen.[217] Anderthalb Jahre später, am 8.Februar 1602, wurde ihm am Neumünster ein Kanonikat verliehen.[218] Am 17.Dezember 1604 beantragte er gemäß den Stiftsstatuten die Gewährung der halben Präbende[219] und am 14.Januar 1606 die Zuteilung der gesamten Präbende.[220] Am 25.August 1609 bat er das Stiftskapitel um die Erlaubnis, zum Studium der Rechte für ein Jahr nach Bologna gehen zu dürfen. Die Kapitularkanoniker stimmten seinem Antrag zu und verpflichteten ihn, baldmöglichst Zeugnisse über seine Immatrikulation, seine Studien und sein Benehmen nach Würzburg zu übersenden.[221] Am 19.Dezember 1609 trafen die unter dem Datum vom 29.November 1609 ausgestellten Zeugnisse beim Stift Neumünster ein.[222] Weitere Zeugnisse über seinen Lebenswandel und seine Promotion in Italien ließ Wilhelm Marius am 2.September 1610 dem Kapitel überreichen.[223] Kurz darauf, am 18.September 1610, erhielt er die Weihe zum Subdiakon.[224] Am 23.September 1610 wurde er ins Kapitel aufgenommen.[225] Am 22.September 1612 ließ er sich zum Diakon weihen.[226] Als Besitzer der Kurie *Paradies* wird er am 9.Mai 1617 erwähnt.[227] Am 23.Dezember 1617 erhielt er das volle Stimmrecht im Kapitel.[228] Da der Kapitelschreiber David Groll ohne Erlaubnis "ins Wildtbadt vnd Sauerbronnen vnderhalb Mäintz" abgereist war und keinen Vertreter bestimmt hatte, wurde Wilhelm Marius am 4.August 1620 vom Dekan aufgetragen, das Protokoll zu führen.[229] Am 22.August 1620 bekam er diesen Posten gänzlich übertragen, da Groll noch immer nicht zurückgekehrt war.[230] Im Jahre 1622, am 1.März, stiftete Marius 100fl., damit der Gesang der 'Sieben Worte

---

[213]StAW Kap.Prot.Neumünster Bd.9 (1624-1629), fol.232^{r}.
[214]DAW Hexenprozesse, Fasz.2.
[215]Vgl.Schwillus, S.153.
[216]Vgl.StAW Kap.Prot.Neumünster Bd.5 (1600-1607), fol.139a^{v}.
[217]DAW Liber ord.
[218]StAW Kap.Prot.Neumünster Bd.5 (1600-1607), fol.139a^{v}.
[219]Ebd., fol.81^{r}.
[220]Ebd., fol.150^{r}.
[221]StAW Kap.Prot.Neumünster Bd.6 (1608-1611), fol.118^{v}.
[222]Ebd., fol.143^{v}.
[223]Ebd., fol.191^{v}.
[224]DAW Liber ord.
[225]Ebd., fol.196^{v}-197^{r}.
[226]DAW Liber ord.
[227]StAW Kap.Prot.Neumünster Bd.8 (1617-1623), fol.15^{r}.
[228]Ebd., fol.47^{r}.
[229]Ebd., fol.115^{r}.
[230]Ebd., fol.122^{r}.

Christi' in der Johanneskrypta fortgesetzt werden konnte.[231] Der 24.Mai 1625 war der Tag seiner Priesterweihe.[232] Am 3.April 1629 erlitt er die Degradierung vom geistlichen Stand und wurde bald darauf hingerichtet.[233]

Caspar Metz

Am 22.5.1625 schrieb sich der aus Gefäll stammende Caspar Metz in Würzburg als bischöflicher Alumnus in die Universitätsmatrikel ein.[234] Er erhielt am 20.Dezember 1625 in Würzburg die Tonsur und die niederen Weihen, am 8.April 1628 die Subdiakonatsweihe.[235] Bereits wenige Monate später, am 9.Oktober 1628 degradierte man ihn wieder und richtete ihn im 23.Hexenbrand in Würzburg am 20.Oktober 1628 hin.[236]

Barthel Mezger

Am 19.September 1620 erhielt er die Tonsur, am 27.März 1621 die Subdiakonatsweihe, am 7.März 1626 die Diakonatsweihe und am 17.Juni 1628 die Priesterweihe.[237] Weniger als ein Jahr später, am 13.Juni 1629 wurde der Hauger Vikar degradiert und kurz darauf hingerichtet.[238]

Lorenz Nöth

Der Würzburger Lorenz Nöth[239] erhielt am 2.März 1602 die Tonsur und die niederen Weihen.[240] Am 10.Juni 1603 erhielt er am Neumünster die Vikarie *S. Ioannis Evangel.*[241] Im gleichen Jahr immatrikulierte er sich am 6.November an der Universität Würzburg.[242] Am 13.März des folgenden Jahres erhielt er die Weihe zum Subdiakon, am 23.März 1606 die zum Diakon.[243] In diesem Jahr beantragte er am 11.Mai beim Stiftskapitel Organist in der Neumünsterkirche werden zu dürfen. Es wurde ihm dies nach Bestehen einer einmonatigen Probezeit in Aussicht gestellt.[244] Am 10.März 1607 erhielt er die Priesterweihe.[245] 1610, am 23.März, beschloß das Kapitel ihn und Peter Sutor zur Unterstützung des Pfarres für die Osterzeit nach Marckels- und Igersheim zu

[231] Ebd., fol.294v.
[232] DAW Liber ord.
[233] DAW Hexenprozesse, Fasz.2.
[234] vgl. Merkle, Matrikel Nr.3384.
[235] DAW Liber ordinationum.
[236] DAW Hexenprozesse, Fasz.2. Zur Datierung des 23.Hexenbrandes vgl. Schwillus, S.152.
[237] DAW Liber ord.
[238] DAW Hexenprozesse, Fasz.2.
[239] Vgl.Merkle, Matr.Nr.1390.
[240] DAW Liber ord.
[241] StAW Kap.Prot.Neumünster Bd.5 (1600-1607), fol.8r.
[242] Merkle, Matr.Nr.1390.
[243] DAW Liber ord.
[244] StAW Kap.Prot.Neumünster Bd.5 (1600-1607), fol.166v.
[245] DAW Liber ord.

schicken.[246] Am 22.Mai 1610 hatte sich Nöth vor dem Kapitel in Bezug auf seinen Lebenswandel zu verantworten. So ist er "vff erfordern, vnd des H.Malefitzschreibers Hanß Jacobs anclag[en] wegen seiner ietzigen Magt erschienen, vnd hatt bekhandt, ob woln des Malefitzschreibers Magt, neben dessen jungen Döchterleins, bej Jme in Herrn M.Dauid Haasen Can: Capit. Hoff am verschienem Sontag, gewesen, vnd mit Jme einen Trunckh Weins gethan, so habe er sie aber nit geküsset, oder diese losung geben, wan er füruber gehen werde, so woll er Jhr mit dem mundt pfeiffen, desselbig[en] gleichen solle sie Jme auch thun p. Weiln aber die vermuttung[en] gahr zu groß, vnd das er Nödt vor diesem, alß er bej Herrn Johan Krausen Can: seelig[en] in der cost gewesen, etliche Mädtlein zu Jme in St.Walburgis Capellen gerueft, vnd mit inen einen schwatzmarckh darinnen gehalten, alß ist darauff beschlossen, das besagter Nött diß, vnd anders mehr etliche Täg in der Colcam[m]er verbüessen, vnd allein mit wasser vnd brodt gespeist werden solle."[247] Am 24.September 1611 woltte Nöth seine Vikarie aufgeben, um im Stift Komburg ein Beneficium zu erhalten. "Hierauffer ist Jme diese Antwort eruolgt, da er Nödt von dem Stifft Comburg literas indemnitatis bekhom[m]en khonne, diese zue p[rae]sentirn vnd dem Stifft einzuhendigen so wolle man die resignation acceptirn, sonsten aber seis es Jme abgeschlag[en] Nödt darauff gesagt, Er besorge sich der Stifft Comburg werde in solche Schadtloß Brieff nit einwilligen, Darbej es auch verblib[en]."[248]

Am 8.Mai 1618 mußte sich Lorenz Nöth wieder vor dem Kapitel wegen der ihm auferlegten "abschaffung seiner magt" verantworten. Er erklärte, daß sie sich nicht mehr in seinem Haus befinde, sondern bei seinem Vetter wohne. Die Kapitulare forderten daher von ihm, sie nicht mehr bei sich aufzunehmen. Im übrigen sollte er "ein andere Haushaltung anstellen damit ihme nichts böß mögte nachgered werden."[249] Am 22.Juni 1621 wurde er wegen seines Verhaltens gegenüber seinen Mitbrüdern mit einem Malter Korn bestraft: er hatte Bernhard Elling, "auch Vicari[us] vnd Priester des Stiffts Neü Münsters, mitt sehr trutzigen hochmüttigen wortten, Alß sie beede auß der finstern Capellen gangen, Jn beisein anderer Vicarier vnd priester mehr, ohn gegebene rechtmässige vrsach angefharen, vnd mit so vngeraumtten vnpriesterlichen zumuettungen, welche saluis honestis auribus nitt mög[e]n gedacht werden, zubeschämen v[er]meint."[250] Auch am 6.September 1622 wurde gegen ihn ein starker Verweis ausgesprochen, weil er am Freitag vor dieser Sitzung während des Gottesdienstes in der Kirche auf- und abspaziert sei und weil er sich am Tage der Sitzung beim Chorgebet als einziger und zuerst vor dem Subsenior und den Kapitularen hingesetzt

---

[246]StAW Kap.Prot.Neumünster Bd.6 (1608-1611), fol.166^{v}.
[247]Ebd., fol.176^{r}.
[248]Ebd., fol.267^{v}.
[249]StAW Kap.Prot.Neumünster Bd.8 (1617-1623), fol.78^{r}.
[250]Ebd., fol.217^{r}.

hätte.[251] Am 17.Januar 1623 mußte Nöth wegen seiner geschwängerten Magd bei Wasser und Brot in den Karzer. Zusätzlich wurden seine Einkünfte für drei Monate suspendiert. Hinzu kam noch der Befehl, die Magd so schnell wie möglich aus seinem Haus zu weisen und sich selbst im Karzer auf eine genaueste Beicht vorzubereiten.[252] Als er nach zwei Monaten, am 11.März 1623, um Verminderung der Strafe der Suspension bat, wurde ihm dies abgeschlagen.[253]

Am 6.November 1628 wurde er wegen angeblicher Hexerei degradiert[254] und am 5.November 1628 hingerichtet.[255] Am 14.November 1628 ist seine ehemalige Vikarie *Decem milium Martyrum* neu vergeben worden.[256]

Hans Prößler

Am 5.April 1597 ließ er sich zum Subdiakon weihen.[257] Vom Weihegrad eines Priesters ist er am 17.März 1629 degradiert worden.[258] Am 23.März 1629 wurde er verbrannt.[259] Zwei Tage später ließ der Fürstbischof den Besitz des Hauger Kanonikers inventarisieren und konfiszieren.[260] Am 8.Mai 1629 meldete Sebastian Hammelmann dem Hauger Kapitel, daß er "Hans Prößlers gewesten Chorherrn Hoff kauffen" wollte.[261]

Gottfried Raab

Im Jahre 1604 erhielt er die Tonsur und die niederen Weihen.[262] Im gleichen Jahr schrieb sich der Würzburger am 6.November an der Universität seiner Heimatstadt ein.[263] Am 14.März 1609 erhielt er die Subdiakonen-, am 17.Dezember 1611 die Diakonen- und am 17.März 1612 die Priesterweihe.[264] Am 17.November 1628 wurde er degradiert und bald darauf hingerichtet.[265]

Johann Reich

Am 23.Dezember 1606 erhielt er die niederen Weihen, am 21.Dezember 1613 die Subdiakonen-, am 13.Juni 1615 die Diakonen- und am 13.Juni 1620 die Priesterweihe.[266] Der Tag

---

[251] StAW Kap.Prot.Neumünster Bd.8 (1617-1623), fol.353r/v.
[252] Ebd., fol.390v.
[253] Ebd., fol.414.
[254] DAW Hexenprozesse, Fasz.2.
[255] Vgl.Schwillus, S.152.
[256] STAW Kap.Prot.Neumünster Bd.9 (1624-1629), fol.259v.
[257] DAW Liber ord.
[258] DAW Hexenprozesse, Fasz.2.
[259] Vgl.Schwillus, S.153.
[260] DAW Hexenprozesse, Fasz.10.
[261] StAW Prot.Stift Haug Bd.5 (1627-1639), S.183.
[262] DAW Liber ord.
[263] Merkle, Matr.Nr.1492.
[264] DAW Liber ord.
[265] DAW Hexenprozesse, Fasz.2.
[266] DAW Liber ord.

seiner Degradation war der 30.Juni 1629. Wenige Tage später wurde er verbrannt.[267]

Caspar Remmebarn [Remmeburn]

Der aus Haßfurt stammende Caspar Remme(n)barn (Remmeburn) trat am 12.Dezember 1624 in Würzburg in das Priesterseminar ein.[268] 1626 (10.März[?]) schrieb er sich als 21jähriger an der Würzburger Universität ein.[269] Im Diözesanarchiv Würzburg befindet sich die über ihn wegen angeblicher Hexerei ausgestellte Degradationsurkunde vom 17.Oktober 1628.[270] Am 20.Oktober 1628 wurde er lebendig verbrannt: "Hic vivus rogo impositus et combustus de malefici crimine damnatus..."[271]

Johann Ring

Am 27.Juli 1590 schrieb sich "Joannes Ring Ybingensis Reingauus" an der Würzburger Universität ein.[272] Am 14.April 1627 ist er als Succentor im Domstift nachweisbar.[273] Bei der 42.Hexenverbrennung wurde er am 30.August 1629 hingerichtet.[274]

Hector Hieronymus Christoph von Rotenhan

Am 26.Mai 1626 erhielt er die Tonsur.[275] Zwei Tage später bat er bei St.Burkard um ein Kanonikat.[276] Am 31.Oktober wurde er in das adelige Seminar Julianum aufgenommen.[277] Im 19.Hexenbrand wurde seine Leiche verbrannt, nachdem er zuvor im Hof der Kanzlei beim Kürschnerhof geköpft worden war.[278]

Johann Christoph Rüger

Am 17.Dezember 1616 erhielt er die Tonsur.[279] Die zum Neumünster gehörige Vikarie *St.Kilian* erhielt der aus Elfershausen stammende Rüger am 22.März 1617 zugesprochen.[280] Am 20.Mai 1617 wurde er zum Subdiakon, am 23,September 1617 zum Diakon und am 9.Juni 1618 zum Priester

---

[267]DAW Hexenprozesse, Fasz.2.
[268]DAW Catalogus Alumnorum, S.58.
[269]Merkle, Matrikel Nr. 3470.
[270]Hexenprozesse, Geistliche der Stadt Würzburg, Verlassenschaftsakten 1628-1630, Fasz.2.
[271]DAW Catalogus Alumnorum, S.58.
[272]Merkle, Matr.Nr.482.
[273]StAW Domkap.Prot.1627, fol.94^{v}.
[274]Vgl.Schwillus, S.153.
[275]DAW Liber ord.
[276]StAW Prot.St.Burkard Bd.15 (1623-1628), fol.136$^{r/v}$.
[277]StAW Standbuch 242, fol.195^{r}.
[278]Hauber, S.811.
[279]DAW Liber ord.
[280]StAW Kap.Prot.Neumünster Bd.8 (1617-1623), fol.10^{v}.

geweiht.[281] Am 6.September 1622 ist er mit Einbehalten der Präsenz bestraft worden, weil "beym tagambt ohn Ministraten ein Mangel erschienen, vndt Vicarius Cristoph Rüeger wohl hette ministriren können, er aber in der Kirchen darmals hin vnd her spacyrt..." ist.[282] Am 7.Februar 1623 erhielt er den Besitz über die Vikarie *Corporis Christi* zugesprochen.[283] Mit den "malefacta" Rügers beschäftigte sich das Stiftskapitel am 16.Mai 1626: "Christoph Rügern Vicario seind seine übelexemplarische bei einer Hochzeit zu Gerbrun verübte vnd bezichtigte thatten fürgehalten, Vnd Jhme neben genugsamem derselben Verweiß, die poen d[er] Kolcam[m]er zuerkant, dem Kirchner Vntersagt, ihme anders vnd mehrers nichts dan Wasser vnd brod geben zulassen. Alß sich aber hernach dißer Verlauff bezichtigter masen nicht; sondern anderst vnd milter befund[en]; ist er gehorter straff zeitlicher widerumb erlassen word[en]."[284] Am 16.Oktober 1628 wurde er degradiert[285] und vier Tage später hingerichtet.[286]

Wolfgang Sartorius

Der Würzburger Wolfgang Sartorius schrieb sich am 23.März 1623 an der dortigen Universität ein.[287] Am Stift Neumünster erhielt er am 29.Januar 1628 eine Vikarie.[288] Am 18.März 1628 wurde er zum Subdiakon geweiht.[289] Am 13.Mai 1628 ist ihm "hochsträfflich verwisen [worden], d[a]z er sich denen Vaganten so bei nächtlicher weil durch die Statt hin: vnd her grassiren, mit seiner geigen zuzeiten assocyret; inmasen er auch erst vor wenig tagen einem des Stiffts Haug Canonico vnd andern Saeculari, die des nachts einen studiosum entleibt, vnd den andern vff den todt geschediget, beigewesen, ob er schon bei solchem facto fatale nicht verpliben, sondern daruon geflogen." Für dies alles mußte er zur Strafe in die Kohlkammer.[290] Am 13.Juni 1629 erlitt er die Degradation und wurde bald darauf hingerichtet.[291]

Lorenz Schefer

Am 1.April 1623 erhielt er die Tonsur, am 23.September 1623 die Subdiakonen-, am 20.September 1625 die Diakonen- und am 7.März 1626 die Priesterweihe.[292] Als Domvikar wurde er am 19.Juli 1629 degradiert und bald darauf verbrannt.[293]

---

[281] DAW Liber ord.
[282] StAW Kap.Prot.Neumünster Bd.8 (1617-1623), fol.353r.
[283] Ebd., fol.401r.
[284] StAW Kap.Prot.Neumünster Bd.9 (1624-1629), fol.128v.
[285] DAW Hexenprozesse, Fasz.2.
[286] Vgl.Schwillus, S.152.
[287] Merkle, Matr.Nr.3163.
[288] StAW Kap.Prot.Neumünster Bd.9 (1624-1629), fol.217v.
[289] DAW Liber ord.
[290] StAW Kap.Prot.Neumünster Bd.9 (1624-1629), fol.321v.
[291] DAW Hexenprozesse, Fasz.2.
[292] DAW Liber ord.
[293] DAW Hexenprozesse, Fasz.2.

Julius Schliderer von Lachen

Die Tonsur erhielt er am 22.März 1608.[294] Am 10.[?]Mai 1627 befahl der Fürstbischof dem Kapitel von St.Burkard "auß hochbewegenden vrsachen Herrn Julio Schliderer deß Adelichen Stiffts Scholastico von seinen gefällen... biß vf fernern H[öchste]n befelch nichts volgen zu lassen."[295] Am 11.August 1629 wurde er wegen Hexerei verbrannt. Seinen Besitz inventarisierte und konfiszierte man am 31.August 1629.[296]

Georg Schwarzmann

Am 19.Februar 1622 erhielt er die Tonsur und die niederen Weihen, am 11.März 1623 die Subdiakonats-, am 20.Dezember 1625 die Diakonats- und am 28.März 1626 die Priesterweihe.[297] Als Hauger Vikar wurde er am 13.Juni 1629 degradiert und kurze Zeit später hingerichtet.[298]

Johann Schwerdt

Der aus Seßlach stammende Johann Schwerdt immatrikulierte sich am 4.Dezember 1619 an der Universität Würzburg.[299] Am 21.Dezember desselben Jahres erhielt er die Tonsur, am 19.Dezember 1620 die Subdiakonatsweihe, am 21.Mai 1622 die Diakonatsweihe und am 24.September 1622 die Priesterweihe.[300] Am 27.Juli 1627 bat der Domvikar das Kapitel, da er in den Franziskanerorden eintreten wollte, ihm das "Corpus seiner Pfrundt biß nach vollendung seines Nouitiats" folgen zu lassen. Man verschob die Angelegenheit dann zunächst einmal bis zum 3.August 1627.[301] An diesem Tag wurde ihm seine Bitte abgeschlagen. Allerdings könnte ihm "nach außgestandenem Nouitiat, da Er würde bestendig bleiben, darob aber noch zimblich zuzweiffeln seÿ, nach erzeigung vnnd befindung gleichwol in etwaß gratificirt werden."[302] Am 4.September 1627 erschienen Geistliche Räte vor dem Domkapitel und forderten von diesem die Auslieferung des hexereiverdächtigen Schwerdt.[303] Zwischen dem 30.Oktober und dem 27.November 1627 wurde er bei der 11.Würzburger Hexenverbrennung hingerichtet.[304]

---

[294]DAW Liber ord.
[295]StAW Prot.St.Burkard Bd.15 (1623-1628), fol.214ʳ.
[296]DAW Hexenprozesse, Fasz.4.
[297]DAW Liber ord.
[298]DAW Hexenprozesse, Fasz.2.
[299]Merkle, Matr.Nr.2832.
[300]DAW Liber ord.
[301]StAW Domkap.Prot.78 (1627), fol.164ʳ.
[302]Ebd., fol.166ʳ/ᵛ.
[303]Ebd., fol.206ᵛ.
[304]Hauber, S.810.

Nikolaus Schwerdt

Er war der Bruder des Johann Schwerdt[305] und stammte wie dieser aus Seßlach. Am 16.Mai 1607 schrieb er sich an der Würzburger Universität ein.[306] Am 20.Dezember 1608 erhielt er die niederen Weihen, am 6.März 1610 die Subdiakonenweihe, am 17.Dezember 1611 die Diakonenweihe und am 17.März 1612 die Priesterweihe.[307] Als Hauger Kanoniker wurde er am 15.Januar 1629 wegen angeblicher Hexerei verhaftet und gefoltert. Bei seinem Verhör gab er an, daß er schon drei Jahre zuvor aus dem Domstift ausgeschieden sei. D.h., daß er etwa bis 1626/27 Domvikar war.[308] Am 27.Januar 1629 wurde er degradiert.[309] Zwei Tage später, am 29.Januar wurde das Eigentum des hingerichteten Hauger Kanonikers inventarisiert und konfisziert.[310]

Lorenz Stauber

Nachdem er am 4.Juni 1594 die Tonsur und die niederen Weihen erhalten hatte,[311] bekam er am 1.Juli 1594 den Besitz der zum Stift Neumünster gehörigen Vikarie *Laurentius* zugesprochen.[312] Am 24.September desselben Jahres ließ er sich zum Subdiakon, am 13.April 1596 zum Diakon und am 1.März 1696 zum Priester weihen.[313] Am 15.November 1601 ist ihm "verwiesen worden, daß er An Verdechtigen Orttern sich aufenthalten soll. Deßwegen Jme Vferlegt, weilln den Herrn allerley nachred[en] vber Jne, vonwegen der Behausung vnd Haußleüth bej denen Er jetz wohnen thue, ein Kom[m]en daß er sich darauffer begeben vnd Jnnerhalb Acht Tagen solches ortt raumen soll."[314] Am 8.November 1602 bekam Stauber die Vikarie *St.Martin* übertragen.[315] Ein Jahr später, am 20.November 1603 beschäftigte sich das Stiftskapitel mit seinem ungebührlichen Benehmen: "Alß Laurentius Stauber Vicarius, nechst verschienen Sontag in Vesperis voller weins in die Kirchen kom[m]en, sich in cantando et gestibus gantz vngebührlich gehaltten, vnd meniglich in choro ein scandalum geben, darzu allererst Hern D.Magnum Schmidt Scholasticum, der ine mit guten wortten darumb[en] gestrafft, mit Vngestim[m] angefahren, iniurijrt, vnd ehrnuerlezlich angriffen, alß hette Er H.D.Magnus alß weiland Hern Daniel Staubers Canonici selig[en] verordtneter Testamentarier, mit dessen Hinderlassungschafft, gefehrlich vmbgehen, in specie aber mit disen wortten, sich verlautten lassen, Er (H.D.Magnus)

---

[305] Vgl.StAW Domkap.Prot.78 (11.Dez.1627), fol.276^{r}.
[306] Merkle, Matr.Nr.1736.
[307] DAW Liber ord.
[308] DAW Hexenprozesse, Fasz.1.
[309] DAW Hexenprozesse, Fasz.2.
[310] DAW Hexenprozesse, Fasz.11.
[311] DAW Liber ord.
[312] StAW Kap.Prot.Neumünster Bd.4 (1592-1600), fol.138a^{v}.
[313] DAW Liber ord.
[314] StAW Kap.Prot.Neumünster Bd.5 (1600-1607), fol.122a^{v}.
[315] Ebd., fol.130a^{v}.

gienge mit seinem (Staubers) sachen vmb, eß möchte Gott erbarmen, ist Er, vf furbrachte Clag, fur Capitul erfordert, Jme ein solches zum höchsten verwisen vnd daß er laesae famae ergo Jme H.D.Magno p. gebührlivhe restitutionem vnd reclamationem thue, od[er] sich seines wissens besser erklehren solle angehaltten worden, Darüber er frey offentlich ausgesagt, Eß habe Jne ye der Wein damalß vberwunden, wollte also vndtertheniger gebühr, vmb Verzeyhung gebetten haben..."[316] Am 6.April 1610 "ist Herrn Laure[n]tio Staubern auch undersagt worden, das er in Sacro officio Missae Canone[m] nit alta, sonder submissa uoce recitirn solle, vnd solches zwar cum maioro deuotione, quam hacten[us] fecit, sacrum celebrare debeat."[317] Die gleiche Mahnung wurde am 16.März 1617 nochmals gegen ihn ausgesprochen.[318] Auch am 19.Juni 1623 war Lorenz Stauber wieder unter den bestraften Vikaren zu finden: "Herr Bernhardt Ölling propter neglectas vesperas, Jngleichen auch Lorenz Nöeth, vnd Lorenz Stauber Vicarij, ihrer in choro außgestoßener Jniurien vnd schmachreden halber, Jeder pro poena, in praesentijs ad octiduum suspendirt, Sodan Vicari[us] Valtin Krieger, mit Jme Staubern, über alles von Herren Joachim Burckh.Thurneßen beschehenes abwahrnen, gehabten gezäncks, verübten scheldtwortt[en], vndt beharrlichen vngehorsambs wegen, mit der Kohlkammer abgestrafft, vnd selbigen, wie auch allen übrigen vicarijs bey vnnachleßiger straff, ernstlich vnd[er]sagt word[en], nit allein die Herren Capitulares, in mehrerm Respect zuehalten, sondern auch sich in ihren obligenheitten, vleißig zuerzeichen, Alle, vorab die iezt freyttägic processiones ohn außbleiblich hinfüro, wie auch die complet beßer zubesuchen, auch sich gehorsamblicher vnd zeitlicher beym Reliquiario find[en] zulassen Derwegen dan Succentor vff die vnfleißig oder auspleibendte guett vffsicht haben, vnd selbige ihrer Magnificenz Herren Dechant zue gebührender straff, iedesmalß ahnmeld[en]..."[319] Auch am 27.Juni 1623 wurde Stauber "sein vnsauberkeit, [und] böeße gebehrden..." verwiesen.[320] Am 6.November 1628 wurde er in der St.Brictiuskapelle degradiert[321] und am 10.November hingerichtet.[322] Seine ehemalige Vikarie *St.Martin* wurde am 14.November 1628 neu vergeben.[323]

Hans Turnus

Am 14.Februar 1594 wurde der Würzburger für ein Kanonikat am Stift Neumünster präsentiert.[324] Am 5.März 1594 erhielt er die Tonsur und die niederen Weihen. Der 16.Mai

---

[316]StAW Kap.Prot.Neumünster Bd.5 (1600-1607), fol.28ᵛ-29ʳ.
[317]StAW Kap.Prot.Neumünster Bd.6 (1608-1611), fol.170ᵛ.
[318]StAW Kap.Prot.Neumünster Bd.8 (1617-1623), fol.10ᵛ.
[319]Ebd., fol.438ᵛ-439ʳ.
[320]Ebd., fol.441ᵛ.
[321]DAW Hexenprozesse, Fasz.2.
[322]Vgl.Schwillus, S.152.
[323]StAW Kap.Prot.Neumünster Bd.9 (1624-1629), fol.259ᵛ.
[324]StAW Kap.Prot.Neumünster Bd.4 (1592-1600), fol.102aᵛ.

1598 war der Tag seiner Subdiakonenweihe und der 28.September 1600 der seiner Diakonenweihe.[325] Am 11.August 1601 bat er um die Aufnahme ins Kapitel.[326] Am 17.September 1604 erhielt er dort das Rederecht.[327] Am 25.Juni 1607 wählte ihn das Stiftskapitel zum Subpraepositus (Unterprobst).[328] Der 4.April 1620 war der Tag seiner Priesterweihe.[329] Am 23.Februar 1629 wurde er degradiert und bald danach verbrannt.[330]

Georg Wagner

Der Würzburger Georg Wagner schrieb sich 1607 an der Universität seiner Heimatstadt ein.[331] Am 18.April 1609 erhielt er die Tonsur und die niederen Weihen, 24.September 1611 die Subdiakonats-, am 22.Dezember 1612 die Diakonats- und am 20.September 1614 die Priesterweihe.[332] Der 15.Dezember 1628 war der Tag seiner Degradation.[333] Am 20.Dezember 1628 wurde der ehemalige Domvikar lebendig verbrannt.[334] Zehn Tage später wurde sein Besitz konfisziert.[335]

Michael Wagner

Der Würzburger erhielt am 25.März 1595 die Tonsur und die niederen Weihen.[336] Am 2.Mai 1600 erhielt er am Stift Neumünster den Besitz über die Vikarie *Omnium Animarum* zugesprochen.[337] Am 22.Dezember 1601 wurde er zum Subdiakon geweiht und am 17.April 1604 zum Diakon.[338] Am Stift Neumünster erhielt er am 28.Mai 1604 den Besitz über die Vikarie *SS.Petri et Pauli*.[339] Am 9.April 1605 erhielt er die Priesterweihe.[340] Als Hauger Vikar wurde er am 13.Januar 1629 degradiert und kurze Zeit später hingerichtet.[341]

---

[325]DAW Liber ord.
[326]StAW Kap.Prot.Neumünster Bd.5 (1600-1607), fol.106a^{r}.
[327]Ebd., fol.71^{v}.
[328]Ebd., fol.221^{v}-222^{r}.
[329]DAW Liber ord.
[330]DAW Hexenprozesse, Fasz.2.
[331]Merkle, Matr.Nr.1773.
[332]DAW Liber ord.
[333]DAW Hexenprozesse, Fasz.2.
[334]Vgl.Schwillus, S.152.
[335]DAW Hexenprozesse, Fasz.18.
[336]DAW Liber ord.
[337]StAW Kap.Prot.Neumünster Bd.5 (1600-1607), fol.12a^{v}.
[338]DAW Liber ord.
[339]StAW Kap.Prot.Neumünster Bd.5 (1600-1607), fol.60^{r}.
[340]DAW Liber ord.
[341]DAW Hexenprozesse, Fasz.2.

Friedrich Wasser

Am 3.April 1618 bat er das Stiftskapitel des Neumünsters "vmb lengeren bestand des praesenshauses".[342] Am 17.November 1628 wurde er vom Weihegrad eines Priesters degradiert und bald darauf hingerichtet.[343]

Bernhard Wolfart

Er stammte aus Saal und trat am 7.Dezember 1622 in das Würzburger Priesterseminar ein.[344] Er immatrikulierte sich am 23.3.1623 an der Universität Würzburg.[345] Am 21.Dezember 1624 erhielt er Tonsur und Minores, am 22.April 1628 die Subdiakonatsweihe.[346] Für seine am 16.September 1628 erlittene Degradation ist die Urkunde erhalten.[347] Der Catalogus Alumnorum vermerkt über ihn: "Hic ordini Levitarum adscriptus de veneficio confessus et damnatus partem ignis habet[?] 1628 Sept.1.[?].[348]

---

[342] StAW Kap.Prot.Neumünster Bd.8 (1617-1623), fol.71r.

[343] DAW Hexenprozesse, Fasz.2.

[344] DAW Catalogus Alumnorum, S.63.

[345] vgl. Merkle, Matrikel Nr.3174.

[346] DAW Liber ordinationum; dort ist im Text der Abschrift Amrheins für den 22.April 1628 beim Namen Wolfarts die Abkürzung 'Subd.' durchgestrichen und durch 'Diac.' ersetzt. Dies ist aber als Fehler Amrheins zurückzuweisen, da Wolfart nachweislich erst die Subdiakonenwürde erreicht hatte, als er degradiert und zum Tode verurteilt wurde!

[347] DAW Hexenprozesse, Fasz.2.

[348] S.63: das hier angegebene Todesdatum ist mit dem Dagradationstag (16.September 1628) nicht vereinbar!

Weihedaten der hingerichteten Würzburger Geistlichen[1]

Name	*Tonsur*	*Minores*	*Subdiak.*	*Diakon.*	*Priester.*
Bach, Balthasar	05.06.10		18.09.10	17.12.11	22.09.12
Bauer, Melchior	24.02.23				
Baumann, Joh.Phil.			17.12.11	17.03.12	21.04.12
Batz[Betz], Heinr.	17.12.22	17.12.22	22.02.25	29.03.25	06.06.26
Berchtold, Sebast.					
Bulbeck, Christoph	20.12.14	20.12.14	18.12.27		
Demerath, Erhardt	12.10.14	23.09.23	02.03.24		
Dorsch, Michael	21.12.19	21.12.19	14.03.20	11.03.23	15.04.23
Elling, Bernhard		23.02.19	30.03.19	25.05.19	21.12.19
Eppt[Ebbt], Heinr.			13.06.15	11.03.17	22.09.18
Eyrich, Caspar	18.03.28				
Fischborn, Erh.A.v.	19.12.15		26.02.16		
Hänfler, Georg	22.12.84	22.12.84	25.02.89	21.04.90	09.03.91
Haas, David	19.09.92	19.09.92	16.06.01	03.04.04	18.04.20
Hammelmann, Melch.	23.12.95		16.06.01	29.03.03	03.04.04
Heß, Sigmund			24.09.11	17.12.11	02.03.13
Hirsch, Nikodemus	23.12.00	23.12.00	20.09.14	26.12.14	09.06.18
Hofmann, Lorenz	20.12.25		28.03.26	19.12.26	29.05.27
Knorr, Balthasar	24.09.05	24.09.05	01.03.08	14.03.09	05.06.10
Lamprecht, Paul		19.12.98	06.03.99		
Mair, Michael	18.04.20		23.09.23	28.03.26	11.04.26
Mairhofer, Georg				28.03.26	11.04.26
Marck, Bernhard	30.03.19		19.12.20	10.06.23	23.12.23
Marck, Gabriel	05.03.05	05.03.05	22.09.07	20.09.08	18.09.10
Marck, Hans Conrad	30.03.19	30.03.19			
Marius, Wilhelm	23.09.00	23.09.00	18.09.10	22.09.12	24.05.25
Metz, Caspar	20.12.25	20.12.25	08.04.28		
Mezger, Barthel	19.09.20		27.03.21	07.03.26	17.06.28
Nöth, Lorenz	02.03.02	02.03.02	13.03.04	25.03.06	10.03.07
Prößler, Hans			05.04.97		
Raab, Gottfried	??.??.04	??.??.04	14.03.09	17.12.11	17.03.12
Reich, Johann		23.12.06	21.12.13	13.06.15	13.06.20
Remmenbarn, Caspar					
Ring, Johann					
Rotenhan, Hect.H.v.	26.05.26				
Rüger, Johann Chr.	17.12.16		20.05.17	23.09.17	09.06.18
Sartorius, Wolfgang			18.03.28		
Schefer, Lorenz	01.04.23		23.09.23	20.09.25	07.03.26
Schliederer v.L.,J.	22.03.08				
Schwarzmann, Georg	19.02.22	19.02.22	11.03.23	20.12.25	28.03.26
Schwerth, Johann	21.12.19		19.12.20	21.05.22	24.09.22
Schwerth, Nicolaus		20.12.08	06.03.10	17.12.11	17.03.12
Stauber, Lorenz	04.06.94	04.06.94	24.09.94	13.04.96	01.03.97
Turnus, Hans	05.03.94	05.03.94	16.05.98	23.09.00	04.04.20
Wagner, Georg	18.04.09	18.04.09	24.09.11	22.12.12	20.09.14
Wagner, Michael	25.03.95	25.03.95	22.12.01	17.04.04	09.04.05
Wasser, Friedrich					
Wolfart, Bernhard	21.12.24	21.12.24	22.04.28		

[1] Quelle: DAW, Liber ordinationum (Weihematrikel des Bistums Würzburg), nach der Abschrift August Amrheins.

Auszüge aus den Matrikeln der Universität Würzbug[1]

Matr.Nr.	*Text*
1477	Johannes Philippus Baumann Orbensis, Logicus, eodem die [6.11.1604], dedi 5 Batzios.
2793	[4.12.1619] Christophorus Bulbeck, Cano[nicus] in Haugis, Physices auditor, dedit medium florenum.
2637	[12.12.1617] Erhardus Demeradt, Logicus, Cannonicus [!] in Haugis, Herbipolensis, dedit decem Bazios.
3437	[10.3.1626] Georgius Dinckel Herbipolensis, N[ovi] M[onasterii] Canonicus, 21 annorum, Logicus Studiosus, sub titulo diuitis unum imperialem.
2677	[12.12.1617] Bernardus Elling Herbipolensis, Rhetorices studiosus, gratis.
2495	[11.12.1615] Henricus Eppt Randersackerensis, Log. stud., 6b.
1350	[9.7.1603] Paulus Grunewaldt Gerolzhouensis, physices studiosus, 6 Batzeos solui.
929	[5.3.1598] Dauid Haas Neustadianus ad Salam, Logicae studiosus, M[ediocris].
1210	[19.11.1601] Joannes Haas Neustadianus Franco, Physicae studiosus, 19.Nouembris Anni 1601, 5 batzios.
1719	[16.5.1607] Sigismundus Hess Herbipolensis, dedit 10 Batz.
2263	[16.8.1621] Nicodemus Hirsch Augustanus, J.[uris] V.[triusque] S[tud.], dedit 1fl.[oder $^1/_2$fl.?].
3042	[16.12.1621] Laurentius Hoffman Herbipolensis, physicus, dedi sex patzios.
3477	[10.{?}3.1626] Ego Joannes Holtzmüller Estenfeldensis, R.ac.illust.principis Alumnus, Logicus, annorum 18, sub titulo paupertatis.
1018	[1599] Joannes Kirchmayr Banarus, Eloquentiae studiosus, soluit 5 Baceos.
316	[31.1.1588] Paulus Lamprecht Würtzpurgensis, studiosus Juris.
2849	[4.12.1619] Georgius Mairhouer Herbipolitanus, logicus, dedit [Betragsangabe fehlt!].
1767	[16.{?}5.{?}1607] Gabriel [korrigiert aus Georgius; so mechanisch schrieb M. seinem Vorgänger nach.] Marck Herbipolensis, 5 batz.
3512	[18.11.1626] Joannes Conradus Marck Herbipolensis, physicus, dedi medium Regium.
2575	[14.12.1616] Michael Mayerus Herbipolitanus, Logices Auditor, dedi 6 Batzios.[2]
3384	[22.5.{?}1625] Casparus Metz Gefellensis, Logicus, R[mi] Prin[cipis] Herb. Alumnus.

---

[1] Quelle: Sebastian Merkle (Hg.), Die Matrikel der Universität Würzburg. Erster Teil: Text. Erste Hälfte. München 1922 (=Veröffentlichungen der Gesellschaft für fränkische Geschichte. Vierte Reihe. Matrikeln fränkischer Schulen).

[2] Es ist fraglich, ob hier Dr. Michael Mair, Canonicus zu Stift Haug, gemeint ist.

992	[1599] Joannes Mohr Oberschwartzensis, Eloquentiae studiosus, Pauper.[3]
1390	[6.11.1603] Laurentius Nöet, Herbipolensis et philosophiae studiosus, soluit 5 batzios.
1492	[6.11.1604] Godefridus Rab Herbipol., Rhetor[icae] studio[sus], 5 batz.
3470	[10.{?}3.{?}1626] Ego Casparus Remmeburn Hasfurthensis, Logices Studiosus, annorum uiginti unius, Reueren. Alumnus, sub titulo paupertatis.
482	[27.7.1590] Joannes Ring Ybingensis[4] Reingauus, studiosus physicae, mediocris.
3163	[23.3.1623] Wolffgangus Sartorius Herbipolensis, Rhetor, dedi 4 batzios.
2832	[4.12.1619] Joannes Schwerdt Seslacensis, Logicus, gratis.
1736	[16.5.1607] Nicolaus Schwerdt Seslacensis. [Mit anderen zusammen eingeschrieben unter der Titulatur] pauperes.
1890	[1608] Joachimus Burchardus Thurnes, Rhetorices stud., 6 bazen.
1773	[1607] Georgius Wagner Herbipolensis, 5 batz.
904	[5.3.1598] Fridericus Albertus am Wasser, Eloquentiae studiosus, Herbip., Pauper.[5]
3174	[23.3.1623] Bernardus Wolfart Saalensis, Rhetor. [Mit anderen zusammen eingeschrieben unter der Titulatur] Reuerendissimi Principis nostri Alumni, gratis.

[3] Unter der Matrikelnummer 1206 ist am 19.11.1601 ebenfalls ein Johannes Mohr genannt (Joannes Mohr Laudanus, mediocris, 1601 19. Nouembr., num[erauit] 5 batzios.). Es bleibt fraglich, ob einer der beiden genannten Personen derjenige J.Mohr ist, der in die Hexenprozesse verwickelt wurde.

[4] Zwischen den Zeilen beigefügt.

[5] Es ist fraglich ob hier der verbrannte Friedrich Wasser, Vicarius im Neumünster, gemeint ist.

Text der *Forma Sententiæ definitiuæ in crimine Maleficij*[1]

Jn causa Accusationis coram nobis Joanne Ridnero SS: Theologiæ Doctore Canonico in Haugis, et Reuerendissimi ac Jllustrissimi Principis ac Domini PHILIPPI ADOLPHI Episcopi Herbipolensis et Franciæ Orientalis Ducis Vicario generali, et ad hanc causam delegato Judice, inter eiusdem Reuerendissimi Fiscalem Actorem ex Vna, et NN clericum Herbipolensis Dioecesis, Reum personaliter præsentem ex altera partibus, Visis et auditis eiusdem Fiscalis accusatione et petitionibus, nec non Reiteratis confessionibus Judicialib[us], spontè, liberè, et expresse factis, ac aliquoties constanter repetitis, alijsq[ue] actis, ac toto processu, coram nobis instituto diligenter et accurate omnibus perpensis atq[ue] examinatis; NOS supradictus Joannes Ridnerus pro Tribunali sedentes, solumq[ue] DEVM eiusq[ue] Timorem ac Justitiam præ oculis habentes, per hanc nostram Sententiam definitiuam, quam de Theologorum et Jurisperitorum Consilio, more maiorum in his scriptis ferimus JESV CHRISTI Domini nostri, Beatæ MARIÆ Virginis, Nominibus pie et humiliter inuocatis, dicimus, declaramus, pronunciamus, et definitiuè sententiamus: Reum propter ipius| horrendissima, grauissima, nefandissima et damnabilissima Apostasiæ consumatæ, Sodomiæ veræ, Jdolatriæ perfectæ, Sortilegij, maleficij, sacrilegij, aliaq[ue] in actis designata et expresse, in Omnipotentis DEI omnium Creatoris manifestam et intolerandam contumeliam et Jniuriam directa, atq[ue] ab ipsomet Reo spontè, ultro, et libere, Judicialiter aliquoties constanter confessata maleficia, atq[ue] adeo de omnibus istis malis facinoribus et delictis propria et libera atq[ue] Judiciali proprijoris eiusdem confessione conuictum, de Jure Sacrorum Canonum suo officio et Beneficio Ecclesiastico sententialiter pertuo priuamus in his scriptis, ipsum ab illis verbis deponimus et pronunciamus, realiter et actualiter secundum traditionem canonum et Sæculari Curiæ tradendum.

---

[1] Quelle: DAW Hexenprozesse, Geistliche der Stadt Würzburg, Verlassenschaftsakten 1628-1630, Fasz.1.

QUELLEN- UND LITERATURVERZEICHNIS

I. UNGEDRUCKTE QUELLEN

Bayerisches Staatsarchiv Würzburg (StAW)

Adel 14/205
G. 19149
Geistl. Sachen 61/1240
Ger. Gerolzhofen 346 (XIV)
Histor. Saal VII, 25/374; VII, 35/376; VII, 25/277
Histor. Verein MS. f. 20
Miscell. 1954; 2879; 2884
Rechnung Nr. 40421
Standbuch 242 (Album Alumnatus nobilis Juliani)
Kapitelsprotokolle Neumünster Bd. 3 (1580-1591)
Bd. 4 (1592-1600)
Bd. 5 (1600-1607)
Bd. 6 (1608-1611)
Bd. 8 (1617-1623)
Bd. 9 (1624-1629)
Bd. 10 (1630-1648)
Protokolle Sankt Burkard Bd. 15 (1623-1628)
Protokolle Stift Haug Bd. 5 (1627-1639)
Würzburger Domkapitelsprotokolle Bd. 78 (1627)
Bd. 79 (1628)

Diözesanarchiv Würzburg (DAW)

Catalogus Alumnorum, Abschrift von E. Eisentraut und F.J. Bendel.
Diözesanmatrikel 1618.
Hexenprozesse, Geistliche der Stadt Würzburg, Verlassenschaftsakten 1628-1630
Liber ordinationum (Würzburger Weihematrikel), Bd. I: 1520-1589, Bd. II: 1590-1822. Abschrift von August Amrhein.

Stadtarchiv Würzburg (StadtAW)

Ratsbuch Nr. 15 (Beamtenbuch).
Ratsbuch Nr. 409 (Hist. Verein MS. f. 19)

Universitätsbibliothek Würzburg (UB)

Rp. 51

II. GEDRUCKTE QUELLEN UND SEKUNDÄRLITERATUR

Abert, Joseph Friedrich, Die Wahlkapitulationen der Würzburger Bischöfe bis zum Ende des XVII. Jahrhunderts. 1225-1698, Würzburg 1905.
Bechtold, A[rthur], Aus dem alten Würzburg. Beiträge zur Kulturgeschichte der Stadt, Würzburg 1940.
Ders., Beiträge zur Geschichte der Würzburger Hexenprozesse, in: Frankenkalender 1940, 53. Jg.
Beyer, Christel, "Hexen-Leut, so zu Würzburg gerichtet". Der Umgang mit Sprache und Wirklichkeit in Inquisitionsprozessen wegen Hexerei, Frankfurt 1986 (Europäische Hochschulschriften Reihe I: Deutsche Sprache und Literatur; Bd. 948).

Codex Iuris Canonici Pii X Pontificis Maximi iussu digestus Benedicti Papae XV auctoritate promulgatus, Friburgi Brisgoviae MCMXXII (1922).
Codex Iuris Canonici auctoritate Ioannis Pauli PP. II promulgatus. Codex des kanonischen Rechtes. Lateinisch-deutsche Ausgabe. Mit Sachverzeichnis. Kevelaer [2]1984.
Croissant, Werner, Die Berücksichtigung geburts- und berufsständischer und soziologischer Unterschiede im deutschen Hexenprozeß, Jur. Diss. Mainz 1953 (Maschinenschrift).
Delumeau, Jean, Angst im Abendland. Die Geschichte kollektiver Ängste im Europa des 14. bis 18. Jahrhunderts. Deutsch von Monika Hübner, Gabriele Konder und Martina Roters-Burck, Bd. I u. II, Reinbek bei Hamburg 1985.
Diefenbach, Johann, Der Hexenwahn vor und nach der Glaubensspaltung in Deutschland, Mainz 1886.
Dürr, Otto, Philipp Adolf von Ehrenberg. Bischof von Würzburg 1623-1631, Quakenbrück i.H. 1935.
Duranti, Guillelmus, Speculum iuris, Frankfurt 1592.
Franck, Theophilus, Kurtzgefaßte Geschichte des Franckenlandes, Frankfurt 1755.
Grebner, Christian, Die Hexenprozesse im Freigericht Alzenau (1601-1605), in: Aschaffenburger Jahrbuch für Geschichte, Landeskunde und Kunst des Untermaingebietes Bd. 6 (1979), S. 137-240.
Gropp, Ignatius, Wirtzburgische Chronick... Erster Teil von dem Jahr 1500 biß 1642. Würzburg 1748.
Gropp-Reuß-Heffner, Würzburger Chronik. Geschichte, Namen, Geschlecht, Leben, Taten und Absterben der Bischöfe von Würzburg und Herzöge von Franken... Bd. II, Würzburg 1849.
Hammes, Manfred, Hexenwahn und Hexenprozesse, Frankfurt 1985.
Hauber, Eberhard David, Bibliotheca, acta et scripta magica. Nachrichten, Auszüge und Urtheile Von solchen Büchern und Handlungen, Welche Die Macht des Teufels in leiblichen Dingen betreffen, Zur Ehre GOttes, und dem Dienst der Menschen heraus gegeben. Sechs und dreyssigstes Stück, Lemgo 1745.
Helbing, Franz, Die Tortur. Geschichte der Folter im Kriminalverfahren aller Zeiten und Völker. Völlig neubearbeitet und ergänzt von Max Bauer. Mit Schlußwort von Max Alsberg. Mit Abbildungen nach alten Meistern, Berlin 1926.
Hinschius, Paul, Das Kirchenrecht der Katholiken und Protestanten in Deutschland. System des katholischen Kirchenrechts mit besonderer Rücksicht auf Deutschland, Bd. 5, Berlin 1895.
Jäger, [Franz Anton], Geschichte des Hexenbrennens in Franken im siebzehnten Jahrhundert aus Original- Prozeß- Akten, in: Archiv des historischen Vereins für den Untermainkreis, Zweiter Band, Drittes Heft, Würzburg 1834, S. 1-72.
Lehmann, Hartmut, Frömmigkeitsgeschichtliche Auswirkungen der 'Kleinen Eiszeit', in: Wolfgang Schieder (Hg.), Volksreligiosität in der modernen Sozialgeschichte (= Geschichte und Gesellschaft. Zeitschrift für Historische Sozialwissenschaft, Sonderheft 11), Göttingen 1986, S. 31-50.
Lexer, Matthias, Mittelhochdeutsches Taschenwörterbuch, Stuttgart [36]1981.

Merkle, Sebastian (Hg.), Die Matrikel der Universität Würzburg. Erster Teil: Text. Erste Hälfte (= Veröffentlichungen der Gesellschaft für fränkische Geschichte, Vierte Reihe, Matrikeln fränkischer Schulen), München 1922.

Merzbacher, Friedrich, Die Hexenprozesse in Franken, München 1957 (Schriftenreihe zur bayerischen Landesgeschichte, hrsg.v.der Kommission für bayerische Landesgeschichte bei der Bayerischen Akademie der Wissenschaften Bd.56).

Ders., Die Würzburger St.Brictius-Kapelle, in: Würzburger Katholisches Sonntagsblatt. Bistumsblatt für die Diözese Würzburg 98.Jg. (11.November 1951) Nr.45, S.360.

Ders., Geschichte der deutschen Gesetzgebung, in: Ch. Hinckeldey (Hg), Justiz in alter Zeit, Rothenburg 1984 (Bd.IV der Schriftenreihe des mittelalterlichen Kriminalmuseums Rothenburg ob der Tauber), S.39-54.

Ders., Geschichte des Hexenprozesse im Hochstifte Würzburg, in: Mainfränkisches Jahrbuch für Geschichte und Kunst 2. "Archiv des Historischen Vereins für Unterfranken und Aschaffenburg Band 73", Würzburg 1950, S.162-185.

Meyer, Carl, Der Aberglaube des Mittelalters und der nächstfolgenden Jahrhunderte, o.O. 1884.

Midelfort, H.C.Erik, Witch Hunting in Southwestern Germany 1562-1684. The Social and Intellectual Foundations, Stanford (California) 1972.

Mitteis, Heinrich, Deutsche Rechtsgeschichte. Ein Studienbuch. Neubearbeitet von Heinz Lieberich, München ^{17}1985.

Muchembled, Robert, Kultur des Volks - Kultur der Eliten. Die Geschichte einer erfolgreichen Verdrängung. Aus dem Französischen übersetzt von Ariane Forkel, Stuttgart ^{2}1984.

Pölnitz, Götz Frhr.v., Julius Echter von Mespelbrunn. Fürstbischof von Würzburg (1573-1617), Schriftenreihe zur bayerischen Landesgeschichte Bd.17, München 1934.

Pontificale Romanum Summorum Pontificum iussu editum a Benedicto XIV. et Leone XIII. Pont.Max. recognitum et castigatum, Regensburg 1888.

Pfrang, Michael, Der Prozeß gegen die der Hexerei angeklagte Margaretha Königer. Ein Hexenverfahren in der Zent Gerolzhofen, in: Würzburger Diözesangeschichtsblätter 49 (1987), S.155-165.

Pusch, Matthias, Der Dreißigjährige Krieg 1618-1648, München 1978.

Reininger, N[ikolaus], Die Weihbischöfe von Würzburg. Ein Beitrag zur fränkischen Kirchengeschichte, Würzburg 1865.

Reuschling, Heinzjürgen N., Die Regierung des Hochstifts Würzburg 1495-1642. Zentralbehörden und führende Gruppen eines geistlichen Staates, Würzburg 1984.

Riezler, Sigmund von, Geschichte der Hexenprozesse in Bayern. Im Lichte der allgemeinen Entwicklung dargestellt, Stuttgart 1896.

Roskoff, Gustav, Geschichte des Teufels. Eine kulturhistorische Satanologie von den Anfängen bis ins 18.Jahrhundert, Leipzig 1869.

Rüping, Hinrich, Grundriß der Strafrechtsgeschichte, München 1980.

Sägmüller, Johann Baptist, Lehrbuch des katholischen Kirchenrechts, Bd.II, Freiburg ^{3}1914.

Scharold, [Gottfried], Zur Geschichte des Hexenwesens im ehemaligen Fürstenthume Würzburg, in: Archiv d. hist. Vereins, 6.Bd., 1.Heft, Würzburg 1840, S.128-134.
Scherzer, Walter, "...bis daß der Tod euch scheide", in: Die Mainlande. Geschichte und Gegenwart. Beilage zur Main-Post 6.Jg. Nr.11 (23.Mai 1955).
Schild, Wolfgang, Alte Gerichtsbarkeit. Vom Gottesurteil bis zum Beginn der modernen Rechtsprechung, München 1980.
Schimmelpfennig, Bernhard, Die Absetzung von Klerikern in Recht und Ritus vornehmlich des 13. und 14. Jahrhunderts, in: Monumenta Iuris Canonici, Series C: Subsidia, Vol.6: Proceedings of the Fifth International Congress of Medieval Canon Law, Salamanca, 21-25 September 1976, Città del Vaticano 1980, S.517-532.
Schormann, Gerhard, Hexenprozesse in Deutschland, Göttingen 1981.
Schwillus, Harald, "Der bischoff läßt nit nach, bis er die gantze statt verbrennt hat." Bemerkungen zu der 1745 veröffentlichten Liste der unter Fürstbischof Philipp Adolf von Ehrenberg wegen angeblicher Hexerei hingerichteten Menschen, in: Würzburger Diözesangeschichtsblätter 49 (1987), S.145-154.
Soder, Erik u. Hans Roßmann, Johann Philipp von Gebsattel. Fürstbischof zu Bamberg (1599-1609), in: Homburg am Main. 1200 Jahre Hohenburg. 880 Jahre Kallmuth- Weinbau. 550 Jahre Stadt Homburg. Beiträge zur Geschichte des Marktes Triefenstein, Bd.3, Triefenstein 1982.
Soldan, W.G. u. Heinrich Heppe, Geschichte der Hexenprozesse. Ungekürzte Fassung. Neu bearbeitet von S.Ries, Bd. I u. II, Kettwig 1986.
Sprenger, Jakob u. Heinrich Institoris, Der Hexenhammer (Malleus maleficarum). Aus dem Lateinischen übertragen und eingeleitet von J.W.R.Schmidt, Berlin 1906.
Sticker, Georg, Entwicklungsgeschichte der Medizinischen Fakultät an der Alma Julia, in: Max Buchner (Hg.), Aus der Vergangenheit der Universität, Berlin 1932.
Thüngen, Rudolph Frhr.v., Das reichsritterschaftliche Geschlecht der Freiherren von Thüngen, I.Bd., Würzburg 1926.
Walinski- Kiehl, Robert, 'Godly States', Confessional Conflict and Witch-Hunting in Early Modern Germany (unveröffentlichtes Manuskript [1986]).
Weiß, Elmar, Geschichte der Stadt Grünsfeld, Grünsfeld 1981.
Wendehorst, Alfred, Kanoniker und Vikare des Stiftes Neumünster in der Würzburger Weihematrikel, in: Würzburger Diözesangeschichtsblätter 32 (1970), S.35-81.
Wittstadt, Klaus, Der Hexenwahn - seine Ursachen und Auswirkungen, in: Hexen. Veranstaltungsreihe vom 12.11. bis 11.12.1986. Dokumentation, Würzburg 1986, S.7-27.